중·고등 영어도 역시 **1위 해커스**다.

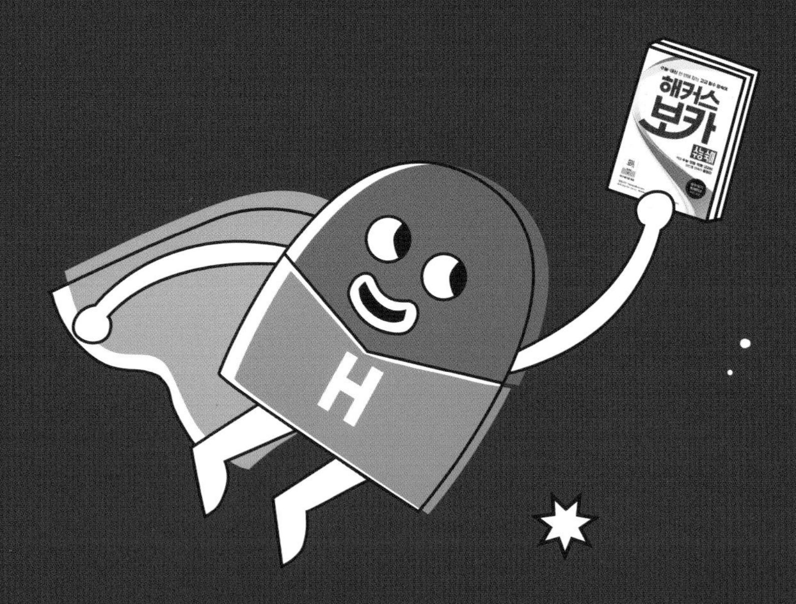

해커스북 중·고등

HackersBook.com

해커스 보카

수능 숙어가 특별한 이유!

꼭 알아야 할 **수능 필수 숙어**가 모두 있으니까!

1 수능 · 모평 · 학평 · 교과서에서 엄선한 **수능 필수 숙어**

2 어휘력을 폭넓게 향상시키는 **유의어 · 추가 표현**

숙어 하나를 외워도 **전략적**으로 외우니까!

3 숙어 암기가 쉬워지는
핵심 전치사 · 부사별 구성 & 자동 암기법

4 편리하고 효과적인 복습을 위한
미니 암기장 & Daily Quiz

해커스 어학연구소 자문위원단

수능·내신 한 번에 잡는 고교 필수 영숙어

해커스 보카

수능 숙어

해커스 어학연구소

목차

숙어 암기가 쉬워지는 **핵심 전치사·부사** 마스터하기 8

PART 01
전치사·부사로 암기하는 숙어

DAY 01 in (1) 16
DAY 02 in (2) 22
DAY 03 in (3) 28
DAY 04 into 34
DAY 05 out (1) 42
DAY 06 out (2) 50
DAY 07 out (3) 58
DAY 08 on (1) 64
DAY 09 on (2) 70
DAY 10 on (3) 76
DAY 11 off (1) 82
DAY 12 off (2) 90
DAY 13 at 96
DAY 14 over 102
DAY 15 up (1) 108
DAY 16 up (2) 114
DAY 17 up (3) 120
DAY 18 down 128
DAY 19 back 136
DAY 20 away 142

DAY 21 from ... 148
DAY 22 to (1) ... 154
DAY 23 to (2) ... 160
DAY 24 with (1) ... 166
DAY 25 with (2) ... 172
DAY 26 by ... 178
DAY 27 for (1) ... 184
DAY 28 for (2) ... 190
DAY 29 of (1) ... 196
DAY 30 of (2) ... 202

PART 02 테마별로 암기하는 숙어

DAY 31 수량·정도 ... 210
DAY 32 시간·빈도 ... 216
DAY 33 감정·태도 ... 222
DAY 34 성공·결과 ... 228
DAY 35 문제상황·노력 ... 234
DAY 36 계획·행동 ... 240
DAY 37 일상생활 (1) ... 246
DAY 38 일상생활 (2) ... 252
DAY 39 일상생활 (3) ... 258
DAY 40 강조·부연·부정 ... 264

숙어 의미가 보이는 대표 동사 14 ... 270
수능 출제 필수 속담 119 ... 286
INDEX ... 296

이 책의 구성과 특징

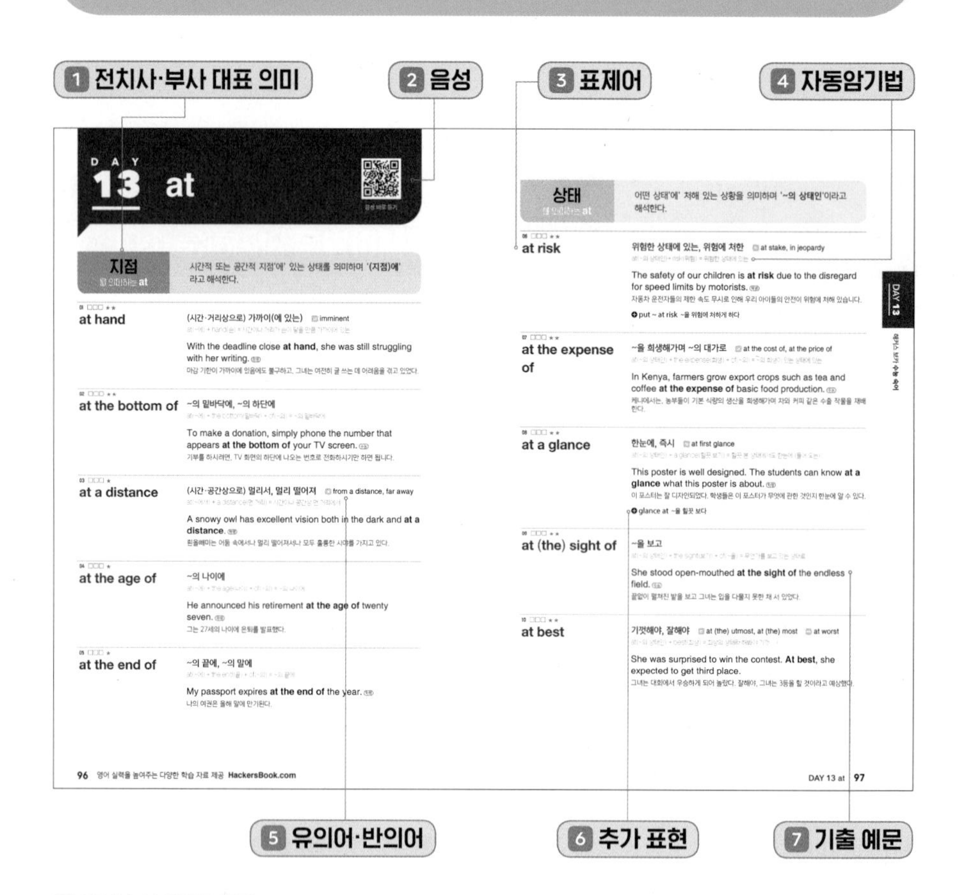

1 전치사·부사 대표 의미 표제어의 핵심이 되는 주요 전치사, 부사의 뜻을 학습할 수 있어요.

2 음성 모든 표제어, 표제어 뜻, 예문에 대한 음성을 QR 코드로 쉽게 들을 수 있어요.

3 표제어 수능, 모평, 학평, 교과서에서 엄선된 수능 필수 숙어 약 1,000개를 학습할 수 있어요.

4 자동암기법 표제어가 쉽게 외워지는 암기법을 통해 쉽고 효율적으로 숙어를 암기할 수 있어요.

5 유의어·반의어 표제어의 유의어와 반의어를 효율적으로 함께 학습할 수 있어요.

6 추가 표현 표제어와 관련된 추가 표현을 학습하면서, 어휘력을 한층 더 높일 수 있어요.

7 기출 예문 표제어가 실제 기출에서 어떻게 쓰였는지 확인하며 학습할 수 있어요.

● 교재에 사용된 약호

동 동의어 반 반의어 ⊕ 추가 표현 ( ) 생략 가능 어구 / 대체 어구

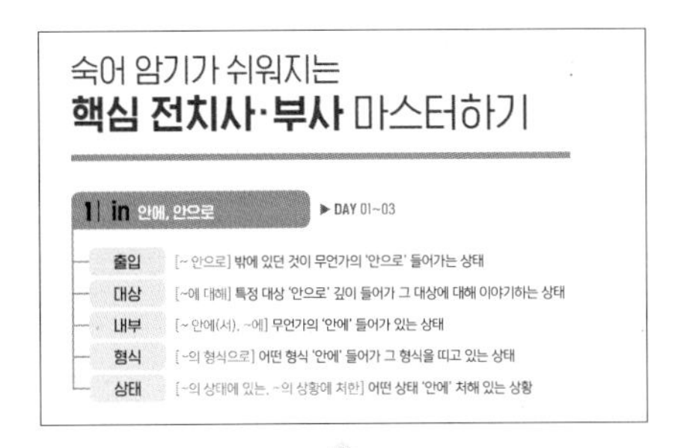

숙어 암기가 쉬워지는
핵심 전치사·부사 마스터하기

1 in 안에, 안으로 ▶ DAY 01~03

- **출입** [~ 안으로] 밖에 있던 것이 무언가의 '안으로' 들어가는 상태
- **대상** [~에 대해] 특정 대상 '안으로' 깊이 들어가 그 대상에 대해 이야기하는 상태
- **내부** [~ 안에(서), ~에] 무언가의 '안에' 들어가 있는 상태
- **형식** [~의 형식으로] 어떤 형식 '안에' 들어가 그 형식을 띠고 있는 상태
- **상태** [~의 상태에 있는, ~의 상황에 처한] 어떤 상태 '안에' 처해 있는 상황

숙어 암기가 쉬워지는 핵심 전치사·부사 마스터하기

표제어 학습 전에 숙어에 자주 쓰이는 전치사 부사의 기본 의미를 학습하여 숙어 암기의 기초를 다질 수 있어요.

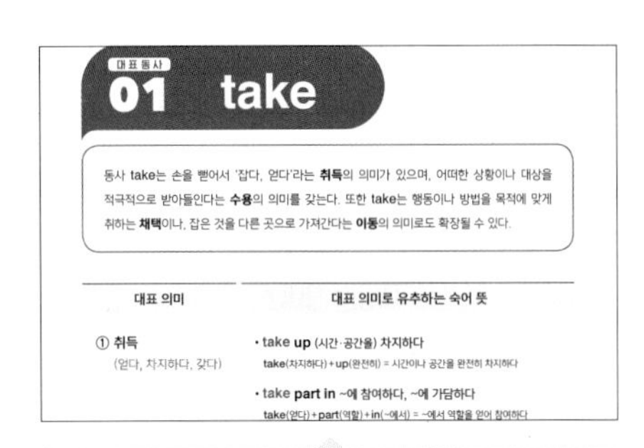

대표 동사
01 take

동사 take는 손을 뻗어서 '잡다, 얻다'라는 **취득**의 의미가 있으며, 어떠한 상황이나 대상을 적극적으로 받아들인다는 **수용**의 의미를 갖는다. 또한 take는 행동이나 방법을 목적에 맞게 취하는 **채택**이나, 잡은 것을 다른 곳으로 가져간다는 **이동**의 의미로도 확장될 수 있다.

대표 의미	대표 의미로 유추하는 숙어 뜻
① 취득 (얻다, 차지하다, 갖다)	• **take up** (시간·공간을) 차지하다 take(차지하다) + up(완전히) = 시간이나 공간을 완전히 차지하다 • **take part in** ~에 참여하다, ~에 가담하다 take(얻다) + part(역할) + in(~에서) = ~에서 역할을 얻어 참여하다

숙어 의미가 보이는 대표 동사 14

숙어에 자주 쓰이는 동사의 기본 의미들을 학습하여 숙어의 의미를 유추하는 방법을 학습할 수 있어요.

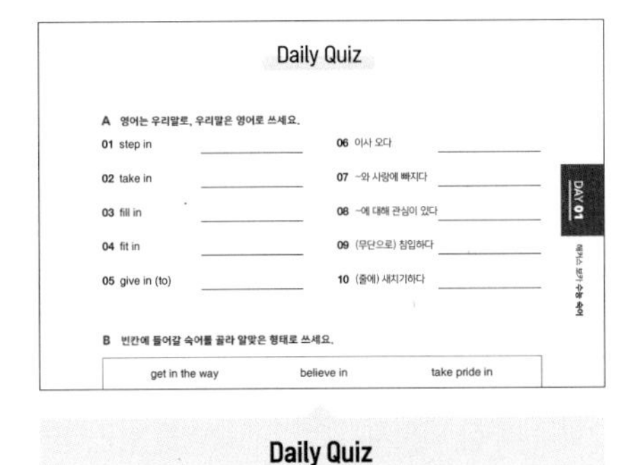

Daily Quiz

A 영어는 우리말로, 우리말은 영어로 쓰세요.

01 step in	______	06 이사 오다	______
02 take in	______	07 ~와 사랑에 빠지다	______
03 fill in	______	08 ~에 대해 관심이 있다	______
04 fit in	______	09 (무단으로) 침입하다	______
05 give in (to)	______	10 (줄에) 새치기하다	______

B 빈칸에 들어갈 숙어를 골라 알맞은 형태로 쓰세요.

get in the way	believe in	take pride in

DAY 01
해커스 보카 수능 숙어

Daily Quiz

매 Day마다 제공되는 Daily Quiz를 통해 학습한 내용을 복습하고 학업 성취도를 확인할 수 있어요.

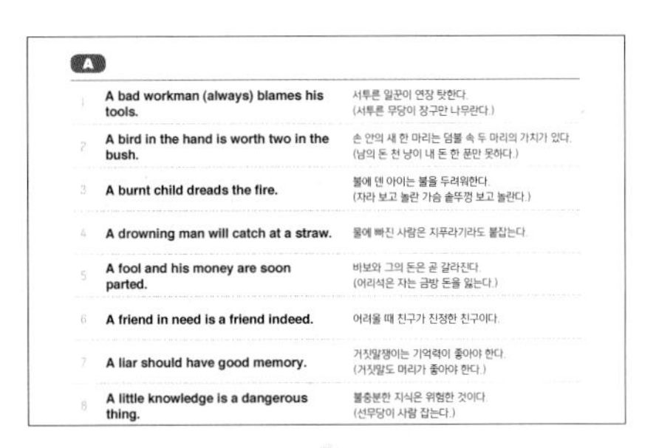

A

1	**A bad workman (always) blames his tools.**	서투른 일꾼이 연장 탓한다. (서투른 무당이 장구만 나무란다.)
2	**A bird in the hand is worth two in the bush.**	손 안의 새 한 마리는 덤불 속 두 마리의 가치가 있다. (남의 돈 천 냥이 내 돈 한 푼만 못하다.)
3	**A burnt child dreads the fire.**	불에 덴 아이는 불을 두려워한다. (자라 보고 놀란 가슴 솥뚜껑 보고 놀란다.)
4	**A drowning man will catch at a straw.**	물에 빠진 사람은 지푸라기라도 붙잡는다.
5	**A fool and his money are soon parted.**	바보와 그의 돈은 곧 갈라진다. (어리석은 자는 금방 돈을 잃는다.)
6	**A friend in need is a friend indeed.**	어려울 때 친구가 진정한 친구이다.
7	**A liar should have good memory.**	거짓말쟁이는 기억력이 좋아야 한다. (거짓말도 머리가 좋아야 한다.)
8	**A little knowledge is a dangerous thing.**	불충분한 지식은 위험한 것이다. (선무당이 사람 잡는다.)

수능 출제 필수 속담 119

수능에 출제되었거나 출제될 확률이 높은 속담 119개를 학습하여 속담문제도 대비할 수 있어요.

➕ 추가 학습 자료로 숙어 실력 업그레이드!

미니 암기장

미니 암기장을 가지고 언제 어디서나 간편하게 숙어를 학습할 수 있어요.

단어가리개

단어가리개를 이용한 셀프테스트로 숙어의 암기 여부를 쉽고 빠르게 확인할 수 있어요.

3회독 학습플랜

1회독

표제어 + 자동 암기법 + 예문 + Daily Quiz

— 하루에 1 Day씩 자동 암기법을 통해 표제어를 암기하고, 예문을 통해 숙어의 쓰임을 학습하세요.

— Daily Quiz로 배운 내용을 복습하세요.

2회독

표제어 + 자동 암기법 + 예문 + 유의어·반의어 + 추가 표현

— 하루에 2 Day씩 학습하면서 1회독 때 외웠던 표제어를 복습하세요. 잘 외워지지 않는 숙어를 따로 체크하세요.

— 표제어의 유의어·반의어, 추가 표현까지도 꼼꼼하게 학습하세요.

3회독

잘 외워지지 않는 숙어

— 1~2회독 때 잘 외워지지 않았던 숙어를 복습하며 다시 암기하세요

숙어암기 TIP

- 미니 암기장을 이용하면 언제 어디서나 간편하게 복습할 수 있어요.
- 해커스북(HackersBook.com)에서 부가물로 제공되는 나만의 단어장 양식을 활용해서 단어장을 만들면, 잘 외워지지 않는 숙어를 더 효율적으로 학습할 수 있어요.

학습을 완료한 Day에 체크 표시를 해서 학습 여부를 기록해보세요.

DAY 01	DAY 02	DAY 03	DAY 04
□□□	□□□	□□□	□□□
DAY 05	**DAY 06**	**DAY 07**	**DAY 08**
□□□	□□□	□□□	□□□
DAY 09	**DAY 10**	**DAY 11**	**DAY 12**
□□□	□□□	□□□	□□□
DAY 13	**DAY 14**	**DAY 15**	**DAY 16**
□□□	□□□	□□□	□□□
DAY 17	**DAY 18**	**DAY 19**	**DAY 20**
□□□	□□□	□□□	□□□
DAY 21	**DAY 22**	**DAY 23**	**DAY 24**
□□□	□□□	□□□	□□□
DAY 25	**DAY 26**	**DAY 27**	**DAY 28**
□□□	□□□	□□□	□□□
DAY 29	**DAY 30**	**DAY 31**	**DAY 32**
□□□	□□□	□□□	□□□
DAY 33	**DAY 34**	**DAY 35**	**DAY 36**
□□□	□□□	□□□	□□□
DAY 37	**DAY 38**	**DAY 39**	**DAY 40**
□□□	□□□	□□□	□□□

숙어 암기가 쉬워지는

핵심 전치사·부사 마스터하기

1 | in 안에, 안으로

▶ DAY 01~03

- **출입** [~ 안으로] 밖에 있던 것이 무언가의 '안으로' 들어가는 상태
- **대상** [~에 대해] 특정 대상 '안으로' 깊이 들어가 그 대상에 대해 이야기하는 상태
- **내부** [~ 안에(서), ~에] 무언가의 '안에' 들어가 있는 상태
- **형식** [~의 형식으로] 어떤 형식 '안에' 들어가 그 형식을 띠고 있는 상태
- **상태** [~의 상태에 있는, ~의 상황에 처한] 어떤 상태 '안에' 처해 있는 상황

2 | into 안으로

▶ DAY 04

- **출입** [~ 안으로] 밖에 있던 것이 무언가의 '안으로' 들어가는 상태
- **방향** [~을 향해] 어떤 장소로 '안으로' 들어가기 위해 그 방향으로 움직이는 상태
- **변화** [(변화된 모습)으로] 새로운 상황의 '안으로' 들어가서 변화가 일어나는 상태

3 | out 밖으로, 밖에

▶ DAY 05~07

- **밖으로** [밖으로] 안에 있던 것을 '밖으로' 꺼내 드러나게 하는 상태
- **외부** [밖에(서)] 무언가가 '밖에' 있거나 '밖에서' 행해지는 상태
- **이탈** [벗어나, 벗어난] 기준이나 원위치에서 '밖으로' 벗어나 있는 상태
- **출현·발생** [생겨나] 보이지 않던 것이 '밖으로' 드러나 생겨나는 상태
- **소멸·감소** [꺼진, 다 떨어진] 가지고 있던 것이 '밖으로' 전부 빠져나가 다 떨어진 상태
- **전체·완료** [완전히, 끝까지] 내면의 힘을 전부 '밖으로' 발휘하여 전체를 완료하는 상태

4 | on 표면 위에

▶ DAY 08~10

- **표면** [(~위)에(서)] 시간이나 공간의 '표면 위에' 있는 상태
- **작동·발생** [작동하는, 발생하는] '표면에' 기반한 힘으로 무언가를 작동·발생시키는 상태
- **기반** [~에 기반하여] 무언가의 '표면 위에' 접촉하여 그것을 기반으로 하는 상태
- **지속** [계속 (~하는), 이어서] '표면에' 기반한 힘으로 행위·상태가 지속되는 상태
- **대상** [~에 (대해), ~을] '표면적'으로 접촉하고 있는 대상

5 | off 떨어져 나와

▶ DAY 11~12

- **이탈** [벗어나, 멀리] 기준이나 원위치에서 멀리 '떨어져 나와' 이탈한 상태
- **분리** [떼어낸] 원래의 상태에서 무언가가 '떨어져 나와' 분리된 상태
- **쇠퇴·소멸** [낮아져, 없어져] 기량이 점점 '떨어져 나와' 쇠퇴·소멸한 상태
- **중단** [중단하여, 그만두어] 진행 경로에서 '떨어져 나와' 중단된 상태
- **전체·완료** [완전히, 끝까지] 무언가를 끝내서 주어진 의무에서 완전히 '떨어져 나온' 상태

6 | at ~에, ~에서

▶ DAY 13

- **지점** [(지점)에] 시간적·공간적 지점'에' 있는 상태
- **상태** [~의 상태인] 어떤 상태'에' 처해 있는 상황
- **대상** [~을, ~에 대해] 어떤 대상'에' 대해 특정한 행동를 하는 상태

숙어 암기가 쉬워지는
핵심 전치사·부사 마스터하기

7 | over 너머로, 넘어, 위쪽에서
▶ DAY 14

- **너머·초과** [~ 위로, 너머로, 넘어서] 기준 위치의 위쪽 '너머로' 이동하는 상태
- **전체·완료** [전체에 걸쳐, 온통, 끝난] 대상의 '위쪽에서' 대상 전체를 바라보는 상태
- **전환** [뒤집어] 대상의 한 측면을 '넘어' 다른 면으로까지 뒤집어 전환하는 상태

8 | up 위로, 위쪽에
▶ DAY 15~17

- **위쪽** [위로, 위에] 무언가가 '위쪽에' 위치하거나 '위로' 올라가는 상태
- **상승·성장** [올라가, 상승하여, 성장하여] 기존보다 '위로' 상승·성장하는 상태
- **출현** [나타나] 수면 아래에 있던 것이 '위로' 올라와 나타나는 상태
- **도달** [닿아, 도달하여] 목표 위치나 정도까지 '위로' 올라와 도달한 상태
- **전체** [완전히, 전부] 맨 아래쪽에서부터 맨 '위쪽'까지 빠짐 없이 전부

9 | down 아래로, 아래에
▶ DAY 18

- **아래·하강** [아래에, 아래로] 무언가가 '아래에' 위치하거나 '아래로' 내려가는 상태
- **저하·감소** [약해져, 줄여서, 낮아져] 수준이나 정도가 '아래로' 내려와 저하·감소하는 상태
- **전체·완료** [완전히, 전부] 맨 위에서부터 맨 '아래'까지 빠짐 없이 전부

10 | back 뒤로, 뒤에

▶ DAY 19

- **뒤쪽** [뒤(쪽으)로] 무언가가 '뒤에' 위치하거나 '뒤로' 이동하는 상태
- **회귀·역행** [원상태로, 제자리로] 시간을 '뒤로' 돌려 이전 상태·위치로 돌아가는 상태
- **억압** [억눌러] 무언가가 발생하려거나 튀어 나오려는 것을 '뒤로' 억누르는 상태

11 | away 멀리

▶ DAY 20

- **거리감** [멀리] 기준점과 거리가 '멀리' 떨어져 있는 상태
- **이탈** [벗어나] 기준점에서 '멀리' 벗어나 이탈한 상태
- **소멸** [사라져, 없어져] 원래 있던 곳에서 '멀리' 벗어나 사라져 버린 상태

12 | from ~에서, ~으로부터

▶ DAY 21

- **기준·근원** [~에서, ~으로부터] 기준점이나 근원지'에서' 시작되거나 나온 것
- **원인** [~으로 인해] 어떠한 원인'에서' 시작되거나 나온 것
- **구별** [~과] 기준이 되는 대상'에서' 다른 대상을 분리시켜 구별하는 상태

숙어 암기가 쉬워지는
핵심 전치사·부사 마스터하기

13 | to ~에 (대해), ~으로, ~까지
▶ DAY 22~23

- **대상** [~에, ~에게, ~에 대해] 목표로 하는 대상'에' 특정한 행위를 하는 상태
- **방향·이동** [~을 향해, ~으로, ~ 쪽으로] 목표하는 방향'으로' 이동하는 상태
- **도달** [~까지, ~에 이르도록] 목표하는 수준'까지' 이동하여 도달하는 상태
- **집착·고수** [~에 집착하여] 목표하는 대상'에' 집착하여 끝까지 고수하는 상태
- **비교·대조** [~보다] 다른 대상과 기준 대상'에 대해' 비교나 대조를 실행하는 상태
- **적합·일치** [~에 맞춰] 어떤 상황이나 대상'에' 적합하거나 일치하도록 맞춰 가는 상태

14 | with ~과 (함께), ~에 대해
▶ DAY 24~25

- **동반** [~과 (함께)] 어떤 대상'이 함께' 동반되는 상태
- **매개·수단** [~으로, ~에 의해] 어떤 대상'이 함께' 동반되어 매개체나 수단으로 사용되는 상태
- **대상** [~에 (대해), ~을] 동반된 대상'에 대해' 특정한 행위를 하는 상태

15 | by 옆에(서)
▶ DAY 26

- **주변·옆** [~ 옆에, ~에, ~ 곁에] 무언가의 주변이나 '옆에' 있는 상태
- **수단·원인** [~에 의해] 무언가가 '옆에' 있으면서 수단·원인으로 이용되는 상태
- **정도·차이** [~씩, ~의 차이로] 기준점의 바로 '옆에서' 약간의 차이가 나는 상태

16 | for ~을 위해, ~을 향해, ~ 때문에, ~ 에 대해, ~으로서

▶ DAY 27~28

- **목표** [~을 위해, ~을 찾아] 목표를 '위해' 나아가며 추구하는 상태
- **방향** [~을 향해] 목적지에 도달하기 '위해' 특정한 방향으로 나아가는 상태
- **이유** [~때문에, ~으로] 특정한 이유 '때문에' 어떤 상태가 된 것
- **대상** [~을, ~를, ~에 대한, ~에 대해] 특정한 대상'에 대해' 가리키는 것
- **속성** [~으로(서)] 대상이 그것의 속성'으로서' 가지고 있는 것
- **기간** [~ 동안] 한 시점에서 다른 시점'을 향해' 나아가면서 발생하는 일정 기간

17 | of ~에 대해, ~의, ~을 제거하여

▶ DAY 29~30

- **대상** [~을, ~를, ~에 대한, ~에 대해] 특정한 대상'에 대해' 가리키는 것
- **구성·요소** [~으로 (구성된)] 전체'에 대해' 일부가 되는 구성 요소
- **소속·포함** [~의, ~ (중)에서] 어떤 사람이나 사물'의' 소속이 되거나 포함된 상태
- **원인** [~에 의해] 결과나 행동'의' 원인
- **분리** [~을 제거하여, ~에서 떨어져] 어떤 대상'을 제거하여' 분리된 상태

해커스북 중·고등
HackersBook.com

PART 01

전치사·부사로 암기하는 숙어

DAY 01 · in (1)
DAY 02 · in (2)
DAY 03 · in (3)
DAY 04 · into
DAY 05 · out (1)
DAY 06 · out (2)
DAY 07 · out (3)
DAY 08 · on (1)
DAY 09 · on (2)
DAY 10 · on (3)
DAY 11 · off (1)
DAY 12 · off (2)
DAY 13 · at
DAY 14 · over
DAY 15 · up (1)
DAY 16 · up (2)
DAY 17 · up (3)
DAY 18 · down
DAY 19 · back
DAY 20 · away
DAY 21 · from
DAY 22 · to (1)
DAY 23 · to (2)
DAY 24 · with (1)
DAY 25 · with (2)
DAY 26 · by
DAY 27 · for (1)
DAY 28 · for (2)
DAY 29 · of (1)
DAY 30 · of (2)

DAY 01 in (1)

출입을 의미하는 in

밖에 있던 것이 무언가의 '안으로' 들어가는 상태를 의미하며, '~ **안으로**'라고 해석한다.

01 □□□ ★★
get involved in

1. ~에 연루되다, ~에 관계되다 ⊜ get caught up in
get(~하게 되다) + involved(포함된) + in(~ 안으로) = ~ 안으로 포함되어 연루되다

2. ~에 몰두하다 ⊜ be absorbed in, be engaged in
get(~하게 되다) + involved(몰두한) + in(~에) = ~에 몰두하게 되다

The student **got involved in** a car accident while jaywalking. 학평
그 학생은 무단횡단을 하다가 교통사고에 연루되었다.

Get involved in meaningful activities.
의미 있는 활동들에 몰두하라.

02 □□□ ★★
step in

개입하다, 끼어들다 ⊜ cut in, interfere, meddle in
step(발을 내딛다) + in(~ 안으로) = 상황 안으로 발을 내디뎌 끼어들다

I needed to **step in** to stop the fight.
나는 싸움을 멈추기 위해 개입해야 했다.

03 □□□ ★★
move in

이사 오다
move(이동하다) + in(~ 안으로) = 새로운 집 안으로 이동하다

I just **moved in** yesterday. 학평
저는 어제 막 이사 왔어요.

04 □□□ ★★
get in

~ 안에 들어가다, ~을 타다 ⊜ enter
get(가다) + in(~ 안으로) = ~ 안으로 들어가서 타다

Visitors can **get in** the planes that are on display. 모평
방문객들은 전시된 비행기들 안에 들어갈 수 있다.

05 □□□ ★★
turn in

~을 제출하다, ~을 건네다 ⊜ submit, hand in
turn(향하게 하다) + in(~ 안으로) = ~을 제출함 안으로 향하게 하다

Please make sure to **turn in** your homework today. 모평
오늘 반드시 숙제를 제출해주세요.

06 □□□ ★★

hand in

~을 제출하다 ⊜ turn in, submit

hand(넘겨주다) + in(~ 안으로) = ~을 제출함 안으로 넘겨주다

I need to **hand in** an assignment by tomorrow. (모평)

나는 내일까지 과제를 제출해야 한다.

07 □□□ ★★

take in

1. ~을 이해하다, ~을 받아들이다

take(받아들이다) + in(~ 안으로) = 정보를 머리 안으로 받아들이다

2. ~을 섭취하다

take(받아들이다) + in(~ 안으로) = 음식을 몸 안으로 받아들이다

It took some time to **take in** the complicated situation.

그 복잡한 상황을 이해하는 데에는 시간이 좀 걸렸다.

Taking in too much water could kill you. (학평)

너무 많은 물을 섭취하는 것은 당신을 죽게 할 수 있다.

08 □□□ ★

come in

(~ 안으로) 들어오다 ⊜ enter

come(오다) + in(~ 안으로) = ~ 안으로 들어오다

Come in and have a seat. (학평)

들어와서 앉으세요.

09 □□□ ★

fit in

1. ~ 안으로 꼭 맞게 들어가다 ⊜ fit into

fit(꼭 들어맞다) + in(~ 안으로) = ~ 안으로 꼭 들어맞게 들어가다

2. 어울리다, 어울려 지내다

fit(들어맞다) + in (~ 안으로) = 사람들 무리 안으로 들어와 어울려 지내다

Robo-fish can **fit in** places where divers and submarines can't. (학평)

로봇 물고기는 잠수부들이나 잠수함들이 들어가지 못하는 곳에 들어맞을 수 있다.

He had some friends who had trouble **fitting in**. (교과서)

그에게는 어울려 지내는 데 어려움을 겪고 있는 몇몇 친구들이 있었다.

⊕ fit in with ~와 어울려 지내다, ~와 맞다

10 □□□ ★

be absorbed in

~에 몰두하다, ~에 열중하다 ⊜ immerse oneself in

be absorbed(빨아들여지다) + in(~ 안으로) = ~ 안으로 몰두하여 깊이 빨아들여지다

She was such a good talker that I **was absorbed in** her speech.

그녀가 무척 훌륭한 연설가여서 나는 그녀의 연설에 몰두했다.

11 □□□ ★

break in

1. (무단으로) 침입하다 ⊜ break into, invade, intrude

break(부수고 들어가다) + in(~ 안으로) = 문을 부수고 들어가 안으로 침입하다

2. 끼어들다, 방해하다 ⊜ interrupt, cut in

break(끊다) + in(~ 안으로) = 상대방의 말을 끊고 안으로 끼어들다

Someone **broke in** and everything was out of order in the house.
누군가가 침입했고 집 안에는 모든 것이 어질러져 있었다.

To make a correction in the conversation, I had to **break in**.
대화에서 잘못된 것을 정정하기 위해, 나는 끼어들어야 했다.

12 □□□ ★

fill in

1. (서류 등을) 작성하다 ⊜ fill out, write

fill(채워 넣다) + in(~ 안으로) = 서류의 빈칸 안으로 내용을 채워 넣어 작성하다

2. (~의 자리를) 대신하다 ⊜ take one's place

fill(채우다) + in(~ 을) = 누군가의 빈자리를 채워 대신하다

I'm **filling in** an application form for a marathon. (학평)
나는 마라톤 신청서를 작성하고 있다.

I will **fill in** for Jane while she is sick.
Jane이 몸이 안 좋은 동안, 나는 그녀의 자리를 대신할 것이다.

13 □□□ ★

give in (to)

(~에) 굴복하다, (~을) 마지못해 받아들이다 ⊜ yield, surrender

give(내어주다) + in(~ 안으로) + to(~에 대해)
= ~에 대해 손을 내어주어 상대의 제안을 안으로 받아들여 굴복하다

We had to **give in to** difficult circumstances.
우리는 어려운 환경에 굴복해야 했다.

14 □□□ ★

get in the way

방해가 되다 ⊜ hinder, hold back

get(가다) + in(~ 안으로) + the way(길) = 길 안으로 들어가 방해물이 되다

He didn't let his disability **get in the way**. (학평)
그는 자신의 장애가 방해가 되도록 두지 않았다.

15 □□□ ★

cut in line

(줄에) 새치기하다 ⊜ jump the line

cut(끊다) + in(~ 안으로) + line(줄) = 줄 안으로 끊고 들어가 새치기하다

The young man came out of nowhere and **cut in line**. (수능)
그 젊은 남자는 난데없이 나타나서 새치기했다.

16 □□□ ★

fall in love with

~와 사랑에 빠지다, ~에게 반하다 ⊜ fall for

fall(빠지다) + in(~ 안으로) + love(사랑) + with(~와) = ~와 사랑 안으로 빠지다

She **fell in love with** a young man and married him. (학평)

그녀는 한 젊은 남자와 사랑에 빠졌고 그와 결혼했다.

대상
을 의미하는 **in**

특정 대상 '안으로' 깊이 들어가 그 대상에 대해 이야기하는 상태를 의미하며, '**~에 대해**'라고 해석한다.

17 □□□ ★★★

be interested in

~에 대해 관심이 있다

be interested(관심이 있다) + in(~에 대해) = ~에 대해 관심이 있다

She wants to be a violinist because she **is interested in** playing in an orchestra. (교과서)

그녀는 관현악단에서 연주하는 것에 대해 관심이 있기 때문에 바이올린 연주자가 되고 싶어 한다.

18 □□□ ★★

major in

~을 전공하다 ⊜ specialize in

major(전공하다) + in(~을) = ~을 전공하다

He **majors in** music and hopes to be a guitarist. (모평)

그는 음악을 전공하며 기타 연주자가 되기를 원한다.

19 □□□ ★★

specialize in

~을 전문으로 하다, ~을 전공하다

specialize(전문으로 하다) + in(~을) = ~을 전문으로 하다

We had a talk on stress with a doctor **specializing in** mental health. (교과서)

우리는 정신 건강을 전문으로 하는 의사와 스트레스에 대한 대화를 나누었다.

20 □□□ ★★

take pride in

~에 자부심을 갖다, ~을 자랑하다 ⊜ be proud of

take(갖다) + pride(자부심) + in(~에 대해) = ~에 대해 자부심을 갖다

We look for employees who **take pride in** their work. (수능)

우리는 자신의 일에 자부심을 갖는 직원들을 찾는다.

21 □□□ ★

believe in

(~의 존재를) 믿다

believe(믿다) + in(~에 대해) = ~에 대해 존재한다고 믿다

Do you have any superstitions you **believe in**? (학평)

너는 믿는 미신이 있니?

22 □□□ ★

deal in

(특정 상품을) 거래하다, 취급하다 ⊜ trade in, sell

deal(거래하다) + in(~을) = ~을 거래하다

The merchant **deals in** silk and other merchandise. (수능)

그 상인은 비단 및 다른 상품을 거래한다.

⊕ deal with 을 다루다, ~을 처리하다

Daily Quiz

A 영어는 우리말로, 우리말은 영어로 쓰세요.

01 step in ________________

02 take in ________________

03 fill in ________________

04 fit in ________________

05 give in (to) ________________

06 이사 오다 ________________

07 ~와 사랑에 빠지다 ________________

08 ~에 대해 관심이 있다 ________________

09 (무단으로) 침입하다 ________________

10 (줄에) 새치기하다 ________________

B 빈칸에 들어갈 숙어를 골라 알맞은 형태로 쓰세요.

get in the way	believe in	take pride in
hand in	major in	get in

11 I need to ________________ an assignment by tomorrow.

나는 내일까지 과제를 제출해야 한다.

12 Do you have any superstitions you ________________?

너는 믿는 미신이 있니?

13 We look for employees who ________________ their work.

우리는 자신의 일에 자부심을 갖는 직원들을 찾는다.

14 He ________________ music and hopes to be a guitarist.

그는 음악을 전공하며 기타 연주자가 되기를 원한다.

15 He didn't let his disability ________________.

그는 자신의 장애가 방해가 되도록 두지 않았다.

정답

01 개입하다, 끼어들다 **02** ~을 이해하다, ~을 받아들이다, ~을 섭취하다 **03** (서류 등을) 작성하다, (~의 자리를) 대신하다
04 ~ 안으로 꼭 맞게 들어가다, 어울리다, 어울려 지내다 **05** (~에) 굴복하다, (~을) 마지못해 받아들이다 **06** move in **07** fall in love with
08 be interested in **09** break in **10** cut in line **11** hand in **12** believe in **13** take pride in **14** majors in **15** get in the way

DAY 02 in (2)

내부를 의미하는 in

무언가의 '안에' 들어가 있는 상태를 의미하며, **'~ 안에서, ~ 안에, ~에'**라고 해석한다.

---

01 □□□ ★★★
engage in

~에 참여하다, ~에 관여하다 ⊜ take part in, participate in

engage(참여하다) + in(~ 안에) = ~ 안에 참여하다

Our community offers a safe place to **engage in** sports.
우리 지역 사회는 스포츠에 참여할 수 있는 안전한 장소를 제공한다.

---

02 □□□ ★★★
participate in

~에 참가하다, ~에 가담하다 ⊜ take part in, engage in

participate(참가하다) + in(~ 안에) = ~ 안에 참가하다

You can **participate in** the photo contest by uploading photos online. (학평)
당신은 온라인에 사진을 업로드함으로써 사진 대회에 참가할 수 있습니다.

---

03 □□□ ★★★
take part in

~에 참여하다, ~에 가담하다 ⊜ participate in, engage in

take(얻다) + part(역할) + in(~에서) = ~에서 역할을 얻어 참여하다

In schools, students may **take part in** many activities. (수능)
학교에서, 학생들은 여러 활동에 참여할 수 있다.

---

04 □□□ ★★
lie in

~에 달려 있다, ~에 (놓여) 있다

lie(놓여 있다) + in(~에) = 운명 등이 어떤 것의 손에 놓여 그것에 달려 있다

My future **lies in** the success of my business.
나의 미래는 내 사업의 성공에 달려 있다.

---

05 □□□ ★
stay in

(밖으로 나가지 않고) 집에 있다

stay(머무르다) + in(~ 안에) = 집 안에 머무르다

It rained so much that I **stayed in** and watched TV. (수능)
비가 너무 많이 와서 나는 밖으로 나가지 않고 집에 있으면서 TV를 보았다.

06 □□□ ★★★

keep ~ in mind

~을 꼭 기억하다, ~을 명심하다 ⊜ remember

keep(계속 두다) + in(~ 안에) + mind(마음) = ~을 마음 안에 계속 두고 기억하다

Keep this advice **in mind** when you travel.

여행할 때 이 조언을 꼭 기억하라.

⊕ have ~ in mind ~을 생각하다, ~을 염두에 두다

07 □□□ ★★

have ~ in mind

~을 생각하다, ~을 염두에 두다

have(가지다) + in(~ 안에) + mind(마음) = ~을 마음 안에 가지고 있다

I **have** some flowers **in mind** for my mom's present. (학평)

나는 엄마의 선물로 몇 가지 꽃을 생각하고 있다.

⊕ keep ~ in mind ~을 꼭 기억하다, ~을 명심하다

08 □□□ ★

run in one's family

~의 집안 내력이다, 유전되다 ⊜ be passed down, be inherited

run(계속되다) + in(~ 안에서) + one's family(누군가의 가족)
= 누군가의 가족 안에서 계속되는 내력이다

According to doctors, gray hair **runs in your family**. (학평)

의사들에 따르면, 흰 머리는 당신의 집안 내력이다.

09 □□□ ★

stand in line

줄을 서다 ⊜ queue

stand(서다) + in(~ 안에) + line(줄) = 줄 안에 서다

Many people are **standing in line** to buy movie tickets. (학평)

많은 사람들이 영화표를 사기 위해 줄을 서 있다.

10 □□□ ★★★

in terms of

~의 면에서는, ~에 관해서는 ⊜ with regard to, in connection with

in(~에서) + terms(조건) + of(~의) = ~의 조건의 측면에서

People think of health only **in terms of** their physical bodies. (수능)

사람들은 오직 신체적인 면에서만 건강을 생각한다.

11 □□□ ★★

in (the) face of

(문제·어려움에) 직면해서도, ~에도 불구하고 ⊜ in spite of

in(~에) + the face(정면) + of(~의) = 문제 상황의 정면에 직면해서

The leader maintained her hope **in the face of** discouraging circumstances. (학평)

그 지도자는 비관적인 상황에 직면해서도 희망을 유지했다.

12 □□□ ★★

in case of

~의 경우에는, ~의 경우에 대비하여 ⊜ in the event of

in(~에) + case(경우) + of(~의) = ~의 경우에는

In case of rain, the event will be cancelled.

비가 올 경우에는, 그 행사가 취소될 것이다.

13 □□□ ★★

in place

1. 제자리에 (있는), 적소에

in(~에) + place(자리) = 제자리에 있는

2. 실행 중인, 준비가 된 ⊜ in operation

in(~에) + place(위치) = 장치나 제도가 실행될 위치에 있는

After using the dumbbells, put them back **in place.** (학평)

아령을 쓴 후에는, 그것들을 다시 제자리에 두어라.

Stricter regulations are **in place** to reduce food waste.

음식물 쓰레기를 줄이기 위해 더욱 엄격한 규제들이 실행 중이다.

⊕ in place of ~ 대신에 in one's place ~ 대신에

14 □□□ ★★

in place of

~ 대신에 ⊜ instead of

in(~에서) + place(자리) + of(~의) = 다른 ~의 자리에서 대신

A stuntman performs dangerous actions **in place of** the actors. (수능)

스턴트맨은 배우들 대신에 위험한 액션들을 연기한다.

⊕ in place 제자리에 (있는), 적소에, 준비가 된, 실행 중인

15 □□□ ★★

in public

사람들 앞에서, 공개적으로 ⊜ publicly, openly

in(~ 안에서) + public(사람들) = 사람들 안에서 공개적으로

Men rarely cry **in public** because a man showing emotion would look weak. (학평)

감정을 드러내는 남자는 약해 보일 수 있기 때문에 남자들은 사람들 앞에서 거의 울지 않는다.

16 □□□ ★

in the distance

저 멀리(에서), 먼 곳에 ⊜ far away, at a distance

in(~에서) + the distance(먼 거리) = 먼 거리에서

We heard a deer crying **in the distance.** (수능)

우리는 저 멀리에서 사슴 한 마리가 우는 것을 들었다.

17 □□□ ★

in line with

~과 일치하는, ~에 따라 ⊜ in accordance with

in(~ 안에) + line(계열) + with(~과) = ~과 같은 계열 안에 있어서 일치하는

Her goals were **in line with** the organizational goals.

그녀의 목표들은 조직의 목표들과 일치했다.

18 □□□ ★

in oneself

그 자체로, 본질적으로 ⊜ inherently, intrinsically

in(~ 안에) + oneself(자기 자신) = 자기 자신 안에 있는 그 자체로

Shoes are not dirty **in themselves**, but it is dirty to place them on the dining table. (학평)

신발 그 자체로 더럽지는 않지만, 그것들을 식탁 위에 두는 것은 더럽다.

19 □□□ ★

in (the) light of

~을 고려하면, ~에 비추어 보면 ⊜ in view of

in(~에서) + the light(관점) + of(~의) = ~의 관점에서 보아 고려해보면

In light of the bad effects of alcohol, we should ban drinking.

술의 부정적 영향을 고려하면, 우리는 음주를 금지해야 한다.

형식 을 의미하는 in

어떤 형식 '안에' 들어가 그 형식을 띠고 있는 상태를 의미하며, '**~의 형식으로, ~의 형태로**'라고 해석한다.

20 □□□ ★★★

in advance

미리, 사전에 ⊜ beforehand, ahead of time

in(~의 형식으로) + advance(선불) = 선불의 형식으로 미리

Booking tickets **in advance** gets you a 20% discount. (모평)

미리 티켓을 예약하는 것은 당신에게 20퍼센트 할인을 제공합니다.

21 □□□ ★★

in turn

1. 차례대로, 교대로 ⊜ in order, by turns

in(~의 형식으로) + turn(차례) = 차례가 돌아가는 형식으로

2. 결국 ⊜ in the end, finally, eventually

in(~의 상태에 있는) + turn(전환) = 기존과 다르게 전환된 상태에서 결국

He counted 'seven, eight, nine', while turning up three fingers **in turn**. (모평)

그는 세 손가락을 차례대로 위로 올리며 '7, 8, 9'를 세었다.

Soap helps people wash their hands, and **in turn**, improves their health. (교과서)

비누는 사람들이 손을 씻도록 도와서, 결국, 그들의 건강도 향상시킨다.

22 □□□ ★★

in return (for)

(~에 대한) 보답으로, (~에 대한) 응답으로

in(~의 형태로) + return(보답) + for(~에 대한) = ~에 대한 보답의 형태로

If you participate in store recycling programs, we will give you gift cards **in return**. (모평)

가게 재활용 프로그램에 참가하시면, 저희는 보답으로 당신께 상품권을 제공할 것입니다.

23 □□□ ★

in a row

연이어, 계속해서 ⊜ in succession, consecutively

in(~의 형태로) + a row(한 줄) = 한 줄로 연이어 있는 형태로

Once the photo printer is fully charged, you can print up to 30 photos **in a row**. (학평)

포토 프린터가 한 번 완전히 충전되면, 당신은 사진을 연이어 30장까지 출력할 수 있다.

24 □□□ ★

in honor of

~에게 경의를 표하며, ~을 기념하여 ⊜ in celebration of

in(~의 형태로) + honor(존경) + of(~에 대한) = ~에 대한 존경의 형태로

We gave him a medal **in honor of** his accomplishment. 모평

우리는 그의 업적에 경의를 표하며 그에게 메달을 수여했다.

Daily Quiz

A 영어는 우리말로, 우리말은 영어로 쓰세요.

01 engage in ____________

02 lie in ____________

03 in line with ____________

04 in turn ____________

05 in honor of ____________

06 ~의 집안 내력이다 ____________

07 ~을 꼭 기억하다 ____________

08 공개적으로 ____________

09 (~에 대한) 보답으로 ____________

10 연이어, 계속해서 ____________

B 빈칸에 들어갈 숙어를 골라 알맞은 형태로 쓰세요.

in terms of	in (the) face of	stay in
in place of	participate in	in advance

11 You can ____________ the photo contest by uploading photos online.
당신은 온라인에 사진을 업로드함으로써 사진 대회에 참가할 수 있습니다.

12 A stuntman performs dangerous actions ____________ the actors.
스턴트맨은 배우들 대신에 위험한 액션들을 연기한다.

13 Booking tickets ____________ gets you a 20% discount.
미리 티켓을 예약하는 것은 당신에게 20퍼센트 할인을 제공합니다.

14 People think of health only ____________ their physical bodies.
사람들은 오직 신체적인 면에서만 건강을 생각한다.

15 The leader maintained her hope ____________ discouraging circumstances.
그 지도자는 비관적인 상황에도 직면해서도 희망을 유지했다.

정답

01 ~에 참여하다, ~에 관여하다 **02** ~에 달려 있다, ~에 (놓여) 있다 **03** ~과 일치하는, ~에 따라 **04** 차례대로, 교대로, 결국
05 ~에게 경의를 표하며, ~을 기념하여 **06** run in one's family **07** keep ~ in mind **08** in public **09** in return (for) **10** in a row
11 participate in **12** in place of **13** in advance **14** in terms of **15** in (the) face of

DAY 03 in (3)

음성 바로 듣기

상태를 의미하는 in

어떤 상태 '안에' 처해 있는 상황을 의미하며, '**~의 상태에 있는, ~의 상황에 처한**'이라고 해석한다.

01 □□□ ★★★

result in

~을 초래하다 = cause, bring about, give rise to

result(결과로 되다) + in(~의 상태에 있는) = 결과적으로 ~의 상태에 있게 되다

Dizziness can even **result in** throwing up. 수능

현기증은 심지어 구토를 초래할 수도 있다.

02 □□□ ★★

set in

시작되다

set(착수하다) + in(~의 상태에 있는) = 착수해서 어떤 상태에 있기 시작하다

Anger began to rise. Hatred **set in.** 학평

화가 치밀어 오르기 시작했다. 증오가 시작되었다.

03 □□□ ★★

call in sick

전화로 병가를 내다

call(전화하다) + in(~의 상태에 있는) + sick(아픈) = 아픈 상태로 전화하여 병가를 내다

We are busy today because two waitresses **called in sick.** 학평

두 명의 여종업원이 전화로 병가를 냈기 때문에 우리는 오늘 바쁘다.

04 □□□ ★

stay in shape

몸매를 유지하다, 건강을 유지하다 = keep one's figure, keep healthy

stay(머무르다) + in(~의 상태에 있는) + shape(몸매) = 같은 몸매인 상태에 머무르다

Diet is as important as exercise to **stay in shape.** 학평

식단은 몸매를 유지하기 위해 운동만큼 중요하다.

05 □□□ ★★★

in person

직접, 몸소 = personally

in(~의 상황에 처한) + person(개인) = 개인 대 개인의 상황에서 직접

Please submit your photographs **in person** or via email. 모평

당신의 사진들을 직접 제출하거나 이메일을 통해 제출해 주세요.

06 □□□ ★★★
in need

어려움에 처한, 빈곤한 ⊜ in difficulty, in poverty
in(~의 상황에 처한) + need(필요) = 도움을 필요로 하는 어려운 상황에 처한

The charity will raise money to cover the medical costs of those **in need.** (모평)
그 자선 단체는 어려움에 처한 사람들의 의료비를 충당할 자금을 모을 것이다.

⊕ in need of ~을 필요로 하는

07 □□□ ★★★
in response to

~에 대응하여, ~에 대한 반응으로
in(~의 상태에 있는) + response(대응) + to(~에 대해) = ~에 대해 대응 상태에 있는

Coastal trees become stronger **in response to** strong winds and heavy rainfall. (수능)
해안의 나무들은 강한 바람과 폭우에 대응하여 더욱더 강해진다.

08 □□□ ★★★
in particular

특히 ⊜ especially, particularly
in(~의 상황에 처한) + particular(특정한) = 특정한 상황에서는

Some animals, insects **in particular**, lay eggs and die before winter. (교과서)
몇몇 동물들, 특히 곤충들은, 알을 낳고 겨울이 되기 전에 죽는다.

09 □□□ ★★
in detail

상세하게 ⊜ specifically
in(~의 상태에 있는) + detail(세부 내용) = 세부 내용까지 언급하는 상태에 있는

I called Foodbank's office and asked **in detail** how I could donate food. (교과서)
나는 식량 저장 배급소의 사무실에 전화해서 어떻게 음식을 기부할 수 있는지를 상세하게 물어보았다.

10 □□□ ★★
in essence

본질적으로, 실질적으로 ⊜ essentially, fundamentally
in(~의 상태에 있는) + essence(본질) = 본질의 상태로

In essence, crowdfunding is the fusion of social networking and venture capitalism. (학평)
본질적으로, 크라우드 펀딩은 소셜 네트워킹과 벤처 자본주의의 융합이다.

11 □□□ ★★
in charge (of)

(~을) 책임지는, (~을) 맡은 ⊜ responsible (for)
in(~의 상태에 있는) + charge(책임) + of(~에 대한) = ~에 대한 책임 상태에 있는

A new manager came to be **in charge of** running the manufacturing location. (학평)
한 새로운 관리자가 와서 그 생산 지점 경영을 책임지게 되었다.

12 □□□ ★★

in contrast (to)

(~과) 대조적으로, (~에) 반해서 ⊜ on the other hand

in(~의 상태에 있는) + contrast(대조) + to(~에 대해) = ~에 대해 대조적인 상태로

In contrast to the traditional extended family, most modern family members live far away from each other. (모평)

전통적인 대가족과 대조적으로, 대부분의 현대 가족 구성원들은 서로에게서 멀리 떨어져 산다.

13 □□□ ★★

in the absence of

~이 없을 때 ⊖ in the presence of

in(~의 상황에 처한) + the absence(없음) + of(~의) = ~이 없는 상황에서

Corn and beans together form a balanced diet **in the absence of** meat. (수능)

고기가 없을 때 옥수수와 콩은 함께 균형 잡힌 식단을 구성한다.

14 □□□ ★★

in stock

재고로, 비축되어 ⊜ in store

in(~의 상태에 있는) + stock(재고) = 재고의 상태로

This brochure shows the models we have **in stock**. (학평)

이 소책자는 우리가 재고로 가지고 있는 모델들을 보여준다.

15 □□□ ★★

in general

일반적으로, 대체로 ⊜ generally, by and large, as a whole

in(~의 상태에 있는) + general(일반적인) = 일반적인 상태에서 보면

In general, European science and knowledge was recorded in Latin for centuries. (학평)

일반적으로, 수 세기 동안 유럽의 과학과 지식은 라틴어로 기록되었다.

16 □□□ ★★

in effect

1. 실제로는, 사실상 ⊜ in fact, in reality

in(~의 상태에 있는) + effect(결과) = 실제 결과의 상태에서는

2. 시행 중인, 발효 중인 ⊜ in force

in(~의 상태에 있는) + effect(실행) = 실행의 상태에 있는

She and I look very different, but **in effect**, we have very similar tastes.

그녀와 나는 매우 달라 보이지만, 실제로는 우리가 매우 비슷한 취향을 가지고 있다.

Most road closures will be **in effect** between 6 a.m. and 3 p.m. (학평)

대부분의 도로 폐쇄는 오전 6시에서 오후 3시 사이에 시행 중일 것이다.

17 □□□ ★★

in favor of

~에 찬성하여, ~을 위해 ⊜ supportive of ⊖ against

in(~의 상태에 있는) + favor(찬성) + of(~에 대해) = ~에 대해 찬성 상태로

Most people are **in favor of** using our resources wisely. (학평)

대부분의 사람들은 우리의 자원을 현명하게 이용하는 것에 찬성한다.

18 □□□ ★★
in vain

소용없는, 헛된 ⊜ to no purpose, useless, of no use
in(~의 상태에 있는) + vain(쓸모없는) = 쓸모없는 상태에 있는

I attempted to pull him toward shore, but **in vain.** (모평)
나는 그를 해안 쪽으로 끌어당기려 했지만, 소용없었다.

19 □□□ ★★
in practice

1. 실제로
in(~의 상황에 처한) + practice(실제) = 실제 상황에서

2. 실행되는
in(~의 상태에 있는) + practice(실행) = 실행의 상태에 있는

The method is ideal in theory, but it is unrealistic **in practice**.
그 방법은 이론적으로는 완벽하지만, 실제로는 비현실적이다.

Even though Hippocrates lived nearly 2,500 years ago, his ideas are still **in practice.** (학평)
비록 히포크라테스는 거의 2,500년 전에 살았지만, 그의 사상은 여전히 실행되고 있다.

20 □□□ ★★
in short

요약하면 ⊜ in brief
in(~의 상태에 있는) + short(짧은) = 짧은 상태에 있도록 요약하면

We hope our children grow up to be honest. **In short**, we want our children to develop a conscience. (수능)
우리는 아이들이 커서 정직해지기를 바란다. 요약하면, 우리는 아이들이 양심을 기르기를 원한다.

21 □□□ ★★
in question

1. 논의되고 있는, 해당하는
in(~의 상태에 있는) + question(안건) = 안건인 상태로 논의되고 있는

2. 불확실한, 의심스러운
in(~의 상태에 있는) + question(질문) = 질문의 상태로 남아 있어 불확실한

We want to find out how much ability he has for the task **in question**.
우리는 논의되고 있는 그 작업에 대해 그가 얼마나 많은 능력을 갖추고 있는지 알고 싶다.

For companies that fail to compete successfully, their survival can be **in question.** (수능)
성공적으로 경쟁하지 못하는 기업들은, 그들의 생존이 불확실할 수 있다.

⊕ out of question 틀림없이, 물론 out of the question 불가능한

22 □□□ ★
in accordance with

~에 따라, ~과 일치하여 ⊜ according to, in line with
in(~의 상태에 있는) + accordance(일치) + with(~과) = ~과 일치하도록 따르는 상태로

Some people define characteristics **in accordance with** blood types. (학평)
일부 사람들은 혈액형에 따라 성격을 정의한다.

23 □□□ ★

in full

전부 ⊜ in all, altogether

in(~의 상태에 있는) + full(완전한) = 모든 것이 있는 완전한 상태로 전부

If you're not delighted with your purchase, we will refund your money **in full.** (교과서)

당신의 구매에 만족하지 않으실 경우, 저희는 금액을 전부 환불해드릴 것입니다.

24 □□□ ★

in progress

(현재) 진행 중인 ⊜ underway

in(~의 상태에 있는) + progress(진행) = 진행의 상태에 있는

One group finished their project, and the other four groups are still **in progress.** (수능)

한 그룹은 그들의 프로젝트를 완료했고, 나머지 네 그룹은 아직 진행 중이다.

25 □□□ ★

in search of

~을 찾아서, ~을 추구하여 ⊜ in pursuit of

in(~의 상태에 있는) + search(찾기) + of(~에 대해) = ~에 대해 찾는 상태로

Now, people move from company to company **in search of** what they want. (학평)

이제, 사람들은 그들이 원하는 것을 찾아서 회사를 이곳저곳 옮겨 다닌다.

Daily Quiz

A 영어는 우리말로, 우리말은 영어로 쓰세요.

01 in need ____________

02 in effect ____________

03 in short ____________

04 in question ____________

05 in practice ____________

06 소용 없는, 헛된 ____________

07 ~에 대한 반응으로 ____________

08 특히 ____________

09 (~을) 책임지는 ____________

10 전부 ____________

B 빈칸에 들어갈 숙어를 골라 알맞은 형태로 쓰세요.

result in	in stock	stay in shape
in the absence of	in favor of	set in

11 Most people are ____________ using our resources wisely.
대부분의 사람들은 우리의 자원을 현명하게 이용하는 것에 찬성한다.

12 Corn and beans together form a balanced diet ____________ meat.
고기가 없을 때 옥수수와 콩은 함께 균형 잡힌 식단을 구성한다.

13 Dizziness can even ____________ throwing up.
현기증은 심지어 구토를 초래할 수도 있다.

14 Anger began to rise. Hatred ____________.
화가 치밀어 오르기 시작했다. 증오가 시작되었다.

15 This brochure shows the models we have ____________.
이 소책자는 우리가 재고로 가지고 있는 모델들을 보여준다.

정답

01 어려움에 처한, 빈곤한 **02** 실제로는, 사실상, 시행 중인, 발효 중인 **03** 요약하면 **04** 논의되고 있는, 해당하는, 불확실한, 의심스러운 **05** 실제로, 실행되는 **06** in vain **07** in response to **08** in particular **09** in charge (of) **10** in full **11** in favor of **12** in the absence of **13** result in **14** set in **15** in stock

DAY
04 into

출입
을 의미하는 into

밖에 있던 것이 무언가의 '안으로' 들어가는 상태를 의미하며, '**~ 안으로**'라고 해석한다.

---

01 □□□ ★

look into

~을 들여다보다, ~을 조사하다 = investigate, examine

look(보다) + into(~ 안으로) = ~의 안으로 들여다보다

When I **looked into** her eyes, I could see her kindness.

그녀의 눈을 들여다보았을 때, 나는 그녀의 친절함을 볼 수 있었다.

---

02 □□□ ★

get into

1. ~에 들어가다 = enter

get(가다) + into(~ 안으로) = ~ 안으로 들어가다

2. (~한 상태에) 처하다

get(상태가 되다) + into(~으로) = ~한 상태로 되다

3. (학교에) 입학하다, (집단·모임 등에) 들어가다

get(가다) + into(~ 안으로) = 학교나 집단 안으로 들어가다

I'm trying to **get into** my apartment, but the new door lock seems to be out of order. 수능

나는 아파트에 들어가려 하고 있는데, 새 도어락이 고장 난 것 같다.

People who lie **get into** trouble when someone uncovers their lies. 학평

거짓말을 하는 사람들은 누군가가 그들의 거짓말을 알아내면 곤경에 처한다.

Everybody wants to **get into** good schools.

모든 사람들은 좋은 학교에 입학하기를 원한다.

⊕ get into the habit of ~ ~하는 습관이 생기다
get into shape 건강을 유지하다, 몸매를 가꾸다

---

03 □□□ ★

be into

~에 푹 빠져 있다, ~에 관심이 많다 = be interested in

be(~한 상태이다) + into(~ 안으로) = ~의 안으로 푹 빠져 있는 상태이다

I **am into** baking these days. I want to share my bread with other people. 학평

나는 요즘 제빵에 푹 빠져 있다. 나는 내 빵을 다른 사람들과 나누고 싶다.

04 □□□ ★

break into

1. ~에 침입하다 ⊜ break in

break(부수고 들어가다) + into(~ 안으로) = 문을 부수고 안으로 들어가 침입하다

2. (웃음·울음 등을) 터뜨리다, 갑자기 ~하기 시작하다 ⊜ burst into

break(깨다) + into(~으로) = 마음속 감정이 몸이라는 틀을 깨고 ~으로 나오다

An intruder **broke into** the house.
한 침입자가 그 집에 침입했다.

The crowd **broke into** cheers when they saw Jacob emerge from the burning building. (학평)
군중들은 불타는 건물에서 Jacob이 나오는 것을 봤을 때 환호성을 터뜨렸다.

⊕ break into pieces 여러 조각으로 깨지다

05 □□□ ★

tap into

~을 활용하다, ~을 이용하다 ⊜ utilize, make use of

tap(이용하다) + into(~ 안으로) = 깊이 보관된 것의 안으로 들어가서 그것을 이용하다

The art class will help you **tap into** your creativity.
미술 수업은 당신이 당신의 창의력을 활용하도록 도와줄 것이다.

06 □□□ ★

inquire into

~을 조사하다, ~을 탐구하다

inquire(조사하다) + into(~ 안으로) = ~ 안으로 들어가 그것을 속속들이 조사하다

He **inquired into** the nature of the universe. (학평)
그는 우주의 본질을 탐구했다.

⊕ inquire after ~의 안부를 묻다

07 □□□ ★★

take ~ into account

~을 고려하다, ~을 감안하다 ⊜ take ~ into consideration, consider

take(가져가다) + into(~ 안으로) + account(회계 장부)
= 어떤 값을 회계 장부 안으로 가져가서 고려하다

Moral decisions require **taking** other people **into account**. (모평)
도덕적 결정은 다른 사람들을 고려하는 것을 필요로 한다.

08 □□□ ★

fall into place

앞뒤가 맞다, 딱 맞아 떨어지다 ⊜ fit together, make sense

fall(떨어지다) + into(~ 안으로) + place(자리) = 자리 안으로 들어와 딱 맞아 떨어지다

Everything will work out better once my plan **falls into place**.
내 계획이 딱 맞아 떨어지기만 하면 모든 것이 더 잘 해결될 것이다.

방향을 의미하는 into

어떤 장소의 '안으로' 들어가기 위해 그 방향으로 움직이는 상태를 의미하며, '**~을 향해, ~ 쪽으로**'라고 해석한다.

09 □□□ ★★
run into

~와 마주치다 ⊜ come across, bump into, encounter
run(달리다) + into(~을 향해) = ~를 향해 달리다가 마주치다

While shopping, I was glad to **run into** my old friend. (모평)
쇼핑하는 동안, 나는 오랜 친구와 마주치게 되어 기뻤다.

10 □□□ ★★
crash into

~에 충돌하다 ⊜ smash into, bump into
crash(충돌하다) + into(~을 향해) = ~을 향해 충돌하다

When this lighthouse didn't exist, many ships **crashed into** the rocks. (모평)
이 등대가 존재하지 않았을 때에는, 많은 선박들이 바위에 충돌했다.

11 □□□ ★
flood into

~로 밀려들다
flood(밀려들다) + into(~을 향해)= ~로 밀려들다

Starting in the 1960s, people began **flooding into** Chattanooga, a former factory town. (수능)
1960년대부터, 사람들은 이전에 공업 도시였던 채터누가로 밀려들기 시작했다.

⊕ flood with ~으로 넘쳐나다

12 □□□ ★
venture into

~에 과감히 발을 들이다
venture(과감히 가다) + into(~을 향해) = ~을 향해 과감히 가다

For centuries, people have **ventured into** the icy northern territory. (학평)
수 세기 동안, 사람들은 얼음으로 뒤덮인 북쪽 영토에 과감히 발을 들여 왔다.

13 □□□ ★
bump into

1. ~과 부딪치다
bump(부딪치다) + into(~ 쪽으로) = ~쪽으로 부딪치다

2. ~와 마주치다 ⊜ encounter, come across, run into
bump(부딪치다) + into(~ 쪽으로) = ~쪽으로 부딪쳐서 마주치다

I just **bumped into** someone and broke my glasses. (학평)
나는 방금 누군가와 부딪쳐서 안경을 깨뜨렸다.

She waved when she **bumped into** her math teacher at the movie theater.
그녀는 영화관에서 그녀의 수학 선생님과 마주쳤을 때 손을 흔들었다.

변화 를 의미하는 into

새로운 상황의 '안으로' 들어가서 변화가 일어나는 상태를 의미하며, '**(변화된 모습)으로**'라고 해석한다.

14 □□□ ★

grow into

~으로 성장하다

grow(성장하다) + into(~으로) = ~으로 성장하다

Education can help girls **grow into** women with good jobs. (학평)

교육은 여자아이들이 좋은 직업을 가진 여성으로 성장하도록 도와줄 수 있다.

15 □□□ ★

burst into

(웃음·울음 등을) 터뜨리다, 갑자기 ~하기 시작하다 ⊜ break into

burst(터져 나오다) + into(~으로) = 참았던 감정 등이 터져 ~으로 나오다

The singer **burst into** tears while singing. (교과서)

그 가수는 노래를 부르던 중에 울음을 터뜨렸다.

16 □□□ ★

turn into

~으로 변하다, ~이 되다 ⊜ transform into

turn(변하다) + into(~으로) = ~으로 변하다

As I entered the classroom, the tense atmosphere **turned into** wild laughter. (학평)

내가 교실에 들어가자, 긴장된 분위기가 격렬한 웃음소리로 변했다.

⊕ turn A into B A를 B로 바꾸다

17 □□□ ★

enter into

1. (논의·처리·일 등을) 시작하다, ~에 들어가다 ⊜ commence

enter(들어가다) + into(~으로) = 무언가를 시작함으로써 새로운 단계로 들어가다

2. (관계·계약 등을) 맺다

enter(들어가다) + into(~ 안으로) = 어떤 관계 안으로 들어가다

3. (생각·감정 등에) 공감하다, 이해하다

enter(들어가다) + into(~ 안으로) = 상대방의 마음 안으로 들어가서 공감하다

Let's **enter into** the new project.

새로운 프로젝트를 시작합시다.

He was a successful merchant, who **entered into** many profitable partnerships. (수능)

그는 성공한 상인이었으며, 그는 수익성 있는 많은 제휴 관계를 맺었다.

When we read literature, we **enter into** characters' emotions. (수능)

우리가 문학을 읽을 때, 우리는 등장인물들의 감정에 공감한다.

18 □□□ ★

translate into

~이라는 결과를 낳다 ≡ result in, cause

translate(바뀌다) + into(~으로) = 다른 상황으로 바뀌는 결과를 낳다

Tiny differences in product quality **translate into** vast differences in payoff. (학평)

제품 품질의 작은 차이는 성과에서의 큰 차이라는 결과를 낳는다.

⊕ translate A into B A를 B로 번역하다

19 □□□ ★★

come into play

작동하기 시작하다, 활동하게 되다

come(~이 되다) + into(~으로) + play(작용) = 작용하는 상태로 되다

People's behavior changes when incentives **come into play**. (학평)

인센티브가 작동하기 시작하면 사람들의 행동은 변한다.

20 □□□ ★

come into effect

효력이 발생하다, 시행되다 ≡ go into effect, take effect

come(~이 되다) + into(~으로) + effect(효력) = 효력 있는 상태로 되다

Recently, new building codes **came into effect** in our city. (수능)

최근에, 우리 시에서 새로운 건축 법규가 시행되었다.

21 □□□ ★

come into being

탄생하다, 생기다, 출현하다 ≡ come into existence

come(~이 되다) + into(~으로) + being(존재) = 존재하는 상태로 되다

All products **come into being** as a result of the efforts of many people. (학평)

모든 제품들은 많은 사람들의 노력의 결과로 탄생한다.

22 □□□ ★

call into question

~에 이의를 제기하다, ~을 의심하다 ≡ raise a question, doubt

call(불러오다) + into(~으로) + question(논점) = 의심을 품어 논점으로 불러오다

He **called into question** the idea that the earth was flat.

그는 지구가 평평하다는 생각에 이의를 제기했다.

23 □□□ ★

translate A into B

A를 B로 번역하다

translate(~을 번역하다) + A + into(~으로) + B = A를 B로 번역하다

It's difficult to **translate** jokes **into** other languages.

농담을 다른 언어로 번역하는 것은 어렵다.

⊕ translate into ~이라는 결과를 낳다

24 □□□ ★

talk A into B

B하도록 A를 설득하다 ㊐ persuade A into B, convince A into B

talk(말하다) + A + into(~으로) + B = A에게 말하여 B하는 상태로 만들다

The salesperson **talked** me **into** buying the wallet.

그 판매원은 지갑을 사도록 나를 설득했다.

25 □□□ ★

convert A into B

A를 B로 전환하다, A를 B로 바꾸다 ㊐ change A into B

convert(~을 전환하다) + A + into(~으로) + B = A를 B로 전환하다

We can **convert** coconut oil **into** soap.

우리는 코코넛 오일을 비누로 바꿀 수 있다.

⊕ be converted into ~으로 전환되다

26 □□□ ★

divide A into B

A를 B로 나누다, A를 B로 분류하다 ㊐ split A into B, sort A into B

divide(~을 나누다) + A + into(~으로) + B = A를 B로 나누다

Usually, experts **divide** media **into** two categories: "old" and "new" media. (교과서)

보통, 전문가들은 매체를 '오래된' 매체와 '새로운' 매체라는 두 종류로 분류한다.

⊕ be divided into ~으로 나뉘다

27 □□□ ★

transform A into B

A를 B로 탈바꿈시키다, A를 B로 바꾸다 ㊐ convert A into B

transform(~을 탈바꿈시키다) + A + into(~으로) + B = A를 B로 탈바꿈시키다

The habit of asking questions **transforms** you **into** an active listener. (학평)

질문하는 습관은 당신을 적극적인 청취자로 탈바꿈시킨다.

28 □□□ ★

turn A into B

A를 B로 바꾸다

turn(변화시키다) + A + into(~으로) + B = A를 B로 변화시키다

Upcycling can **turn** waste **into** something useful. (교과서)

업사이클링은 쓰레기를 유용한 것으로 바꿀 수 있다.

29 □□□ ★

put ~ into action

(계획 등을) 실행에 옮기다 ㊐ put ~ into practice

put(놓다) + into(~으로) + action(실행) = ~을 실행하는 상태로 놓다

When you put your dreams into words, you begin **putting** them **into action**. (학평)

당신의 꿈을 말로 표현하면, 당신은 그것을 실행에 옮기기 시작한다.

30 □□□ ★

be brought into being

~이 생기다

be brought(~하도록 되다) + into(~으로) + being(존재) = 존재의 상태로 되다

A new nation **was brought into being** after the war.

전쟁 이후 새로운 국가가 생겼다.

Daily Quiz

A 영어는 우리말로, 우리말은 영어로 쓰세요.

01 fall into place ____________

02 venture ino ____________

03 bump into ____________

04 talk A into B ____________

05 divide A into B ____________

06 A를 B로 번역하다 ____________

07 ~으로 성장하다 ____________

08 ~을 들여다보다 ____________

09 ~에 푹 빠져 있다 ____________

10 ~을 고려하다 ____________

B 빈칸에 들어갈 숙어를 골라 알맞은 형태로 쓰세요.

tap into	crash into	come into play
break into	enter into	come into being

11 The crowd ____________ cheers when they saw Jacob emerge from the burning building.

군중들은 불타는 건물에서 Jacob이 나오는 것을 봤을 때 환호성을 터뜨렸다.

12 People's behavior changes when incentives ____________.

인센티브가 작동하기 시작하면 사람들의 행동은 변한다.

13 When this lighthouse didn't exist, many ships ____________ the rocks.

이 등대가 존재하지 않았을 때에는, 많은 선박들이 바위에 충돌했다.

14 When we read literature, we ____________ characters' emotions.

우리가 문학을 읽을 때, 우리는 등장인물들의 감정에 공감한다.

15 All products ____________ as a result of the efforts of many people.

모든 제품들은 많은 사람들의 노력의 결과로 탄생한다.

정답

01 앞뒤가 맞다, 딱 맞아 떨어지다 **02** ~에 과감히 발을 들이다 **03** ~과 부딪치다, ~와 마주치다 **04** B하도록 A를 설득하다
05 A를 B로 나누다, A를 B로 분류하다 **06** translate A into B **07** grow into **08** look into **09** be into **10** take ~ into account
11 broke into **12** come into play **13** crashed into **14** enter into **15** come into being

DAY

05 out (1)

음성 바로 듣기

밖으로 를 의미하는 out

안에 있던 것을 '밖으로' 꺼내 드러나게 하는 상태를 의미하며, '**밖으로**'라고 해석한다.

01 □□□ ★★★

point out

~을 가리키다, ~을 지적하다, ~을 언급하다 ⊜ mention, indicate

point(가리키다) + out(밖으로) = 손가락을 밖으로 꺼내 ~을 가리키다

He **points out** that physical health is closely linked to mental health.

그는 신체적 건강이 정신적 건강과 밀접하게 연관되어 있음을 지적한다.

02 □□□ ★★★

check out

1. (도서관에서 책을) 대출하다 ⊜ borrow

check(확인하다) + out(밖으로) = 확인을 거쳐 책을 밖으로 가져가다

2. ~을 살펴보다 ⊜ inspect, investigate

check(살피다) + out(완전히) = ~을 구석구석 완전히 살펴보다

3. (호텔에서) 체크아웃하다

check(확인하다) + out(밖으로) = 호텔 숙박 후 확인을 거쳐 밖으로 나가다

Each person is allowed to **check out** up to 5 books at a time. 모평

한 사람당 한 번에 5권까지 대출하도록 허용된다.

Check out the left wheel in the front. 학평

앞쪽의 왼쪽 바퀴를 살펴보아라.

I have to **check out** of my room by 11. 학평

나는 11시까지 나의 객실에서 체크아웃해야 한다.

03 □□□ ★★

pick out

~을 고르다, ~을 선택하다 ⊜ select, choose

pick(고르다) + out(밖으로) = ~을 골라서 밖으로 뽑아내다

She **picked out** the flowers for her wedding bouquet. 학평

그녀는 자신의 결혼식 부케를 위한 꽃을 골랐다.

04 □□□ ★★

come out

1. 나오다, 벗어나다 ⊜ get out

come(오다) + out(밖으로) = 밖으로 나오다

2. (성질이) 드러나다, 나오다

come(오다) + out(밖으로) = 성질이 밖으로 나와 드러나다

He watched the people **come out** of the arrival gate, but Julie wasn't there. 학평

그는 사람들이 도착 게이트에서 나오는 것을 지켜봤지만, Julie는 그곳에 없었다.

The photograph of the waterfall **came out** nice. 모평

그 폭포 사진은 잘 나왔다.

05 □□□ ★★

reach out

1. 연락을 취하다, 접근하다

reach(연락하다) + out(밖으로) = 밖으로 연락을 취하다

2. 손을 뻗다 ⊜ extend a hand

reach(뻗다) + out(끝까지) = 손을 끝까지 뻗다

In general, Asians do not **reach out** to strangers. 학평

일반적으로, 아시아인들은 낯선 사람에게 접근하지 않는다.

A woman **reached out** to catch the bird. 교과서

한 여자가 그 새를 잡기 위해 손을 뻗었다.

06 □□□ ★★

stick out

1. ~을 내밀다, ~을 튀어나오게 하다 ⊜ extend

stick(내밀다) + out(밖으로) = ~을 밖으로 내밀다

2. 툭 튀어나오다, 눈에 띄다 ⊜ stand out

stick(튀어나오다) + out(밖으로) = 밖으로 툭 튀어나와 눈에 띄다

Gorillas **stick out** their tongues to show anger. 학평

고릴라는 분노를 표현하기 위해 혀를 내민다.

The banner on the wall looks great. It **sticks out.** 학평

벽에 걸린 현수막이 멋져 보인다. 그것은 눈에 띈다.

07 □□□ ★★

throw out

~을 버리다 ⊜ throw away, get rid of, discard

throw(던지다) + out(밖으로) = ~을 밖으로 던져 버리다

People **throw out** large quantities of food each year.

사람들은 매년 상당한 양의 음식을 버린다.

08 □□□ ★★

hand out

~을 나눠주다 ⊜ distribute, give out, pass out

hand(주다) + out(밖으로) = ~을 안에서 밖으로 꺼내 사람들에게 주다

Volunteers **handed out** water to the runners. 모평

자원봉사자들은 달리는 사람들에게 물을 나눠주었다.

⊕ hand in ~을 제출하다

09 □□□ ★★

lay out

1. ~을 제시하다 ⊜ set forth

lay(제시하다) + out(밖으로) = 머릿속에 있는 ~을 밖으로 꺼내 제시하다

2. ~을 펼치다, ~을 배치하다

lay(놓다) + out(밖으로) = ~을 밖으로 꺼내 펼쳐 놓다

When trying to convince someone, most people try to **lay out** a logical argument. 학평

누군가를 설득하려고 할 때, 대부분의 사람들은 논리적인 주장을 제시하려 한다.

He **laid** his clothes **out** on the floor.

그는 자신의 옷을 바닥 위에 펼쳤다.

10 □□□ ★★

speak out

(뜻을) 공개적으로 밝히다, (의견을) 분명하게 말하다

speak(표현하다) + out(밖으로) = 뜻이나 의견을 밖으로 표현하여 밝히다

She **spoke out** for civil rights, women's rights, and poor people. 학평

그녀는 시민권, 여성권, 그리고 가난한 사람들을 지지하는 의견을 분명하게 말했다.

11 □□□ ★★

let out

1. (소리 등을) 내다, 지르다 ⊜ shout, give out

let(~하게 두다) + out(밖으로) = 소리 등을 밖으로 나가게 두다

2. (밖으로) 내보내다, 유출하다

let(~하게 두다) + out(밖으로) = 안에 있던 것을 밖으로 나가게 두다

She **let out** a scream of fear as she fell into the water. 모평

그녀는 물에 빠지면서 공포의 비명을 질렀다.

Ventilation can **let out** indoor dirt and germs. 학평

환기는 실내의 먼지와 세균을 밖으로 내보낼 수 있다.

12 □□□ ★★

pull out

1. ~을 빼내다, ~을 꺼내다 ⊜ draw, extract

pull(당기다) + out(밖으로) = ~을 밖으로 당겨서 빼내다

2. (차량이나 운전자가) 빠져나가다 ⊜ exit, withdraw

pull(빼다) + out(밖으로) = 차를 밖으로 빼서 장소를 떠나다

He was so enraged that he **pulled out** a gun. 학평

그는 너무 화가 나서 총을 꺼냈다.

As soon as she **pulled out**, another car took the space.

그녀가 빠져나가자마자, 또 다른 차가 그 자리를 차지했다.

13 □□□ ★★

move out

(살던 집에서) 이사를 나가다
move(이사하다) + out(밖으로) = 집 밖으로 이사를 나가다

He will find a more stable job and **move out** of his parents' house. (교과서)
그는 더 안정적인 일자리를 찾아서 부모님 집에서 이사를 나갈 것이다.

14 □□□ ★★

draw out

1. ~을 이끌어내다 ⊜ extract
draw(이끌다) + out(밖으로) = ~을 밖으로 이끌어내다

2. ~을 제거하다
draw(뽑다) + out(밖으로) = ~을 밖으로 뽑아서 제거하다

3. (기운을 북돋워) ~가 말하게 만들다 ⊜ loosen up
draw(이끌다) + out(밖으로) = ~가 속에 있는 얘기를 밖으로 꺼내도록 이끌다

We can **draw out** lessons from our experiences.
우리는 경험으로부터 교훈을 이끌어낼 수 있다.

Desertification could occur because warmer temperatures **draw** moisture **out** of the soil. (학평)
따뜻해진 기온이 흙에서 수분을 제거하기 때문에 사막화가 발생할 수 있다.

Her attitude **draws out** her guests and gets them to be open with her. (학평)
그녀의 태도는 손님들이 말하게 만들고 그녀에게 마음을 터놓게 한다.

15 □□□ ★

call out

1. ~를 불러내다, ~를 소집하다
call(부르다) + out(밖으로) = ~를 밖으로 불러내다

2. (큰 소리로) ~을 외치다, ~을 부르다 ⊜ shout out, yell out
call(외치다) + out(밖으로) = 큰 소리를 내어 밖으로 ~을 외치다

He **called out** another dancer to battle him on stage. (수능)
그는 무대에서 자신과 대결할 또 다른 댄서를 불러냈다.

The workers moved quickly as their leader **called out** orders. (학평)
노동자들은 그들의 지휘관이 지시사항을 외침에 따라 빠르게 움직였다.

16 □□□ ★

go out

1. (밖으로) 나가다, 외출하다 ⊜ leave
go(가다) + out(밖으로) = 밖으로 나가다

2. (불 등이) 꺼지다, 나가다 ⊜ shut down, turn off
go(~이 되다) + out(꺼진) = 꺼진 상태가 되다

Don't forget to bring a charger whenever you **go out**. (수능)
외출할 때마다 충전기를 가져가는 것을 잊지 마라.

The light in the bathroom **went out**. (학평)
화장실의 전등이 나갔다.

17 □□□ ★

pass out

1. ~을 나눠주다 ⊜ hand out

pass(건네다) + out(밖으로) = ~을 밖으로 꺼내서 건네다

2. 의식을 잃다, 기절하다 ⊜ faint

pass(기절하다) + out(꺼진) = 의식이 꺼져 기절하다

The flight attendants began **passing out** drinks. (학평)

승무원들이 음료를 나눠주기 시작했다.

He noticed someone walking towards him, just as he was **passing out**. (교과서)

의식을 잃어가던 바로 그 순간에, 그는 누군가가 자신에게로 걸어오는 것을 알아차렸다.

18 □□□ ★

take out

1. ~을 밖으로 내다, ~을 없애다, ~을 빼다 ⊜ remove, throw out

take(가져가다) + out(밖으로)= 밖으로 가져가서 ~을 없애다

2. ~를 데리고 나가다, ~을 가지고 나가다

take(데리고 가다) + out(밖으로) = 밖으로 ~를 데리고 가다

Those are the newspapers I've already read. I'll **take** them **out** for recycling later. (학평)

그것들은 내가 이미 읽은 신문들이다. 나는 나중에 재활용을 위해 그것들을 밖으로 내둘 것이다.

Now I'm going to **take** the dog **out** for a walk.

나는 이제 개를 데리고 나가서 산책할 거야.

19 □□□ ★

leak out

새어 나오다, 유출되다, 누설되다

leak(새다) + out(밖으로) = 밖으로 새어 나오다

There's water **leaking out** of the pipe from under the sink. (모평)

싱크대 아래의 배관에서 물이 새어 나오고 있다.

20 □□□ ★

hold out

1. (손 등을) 내밀다, 뻗다 ⊜ extend, reach out

hold(들다) + out(밖으로) = 손을 밖으로 뻗어 들다

2. 버티다, 저항하다 ⊜ resist, withstand ⊖ yield, succumb, give in

hold(버티다) + out(끝까지) = 끝까지 버티다

Tom **held out** his hands towards us. (교과서)

Tom은 우리를 향해 두 손을 내밀었다.

He **held out** to the end to get his payoff. (학평)

그는 보상을 얻기 위해 끝까지 버텼다.

21 □□□ ★

give out

1. ~을 나눠주다, ~을 지급하다 ⊜ hand out, provide

give(주다) + out(밖으로) = ~을 밖으로 나눠주다

2. ~을 발표하다 ⊜ proclaim, announce

give(내다) + out(밖으로) = 말로 ~을 밖으로 내어 전하다

3. (소리·냄새·빛 등을) 내다, 방출하다 ⊜ emit, give off

give(내다) + out(밖으로) = 밖으로 소리, 냄새, 빛 등을 내다

Parents **give out** Christmas presents to their kids.
부모들은 자녀들에게 크리스마스 선물을 나눠준다.

Always listen to the pilot when he or she **gives out** safety reminders during the flight. (학평)
비행 중 조종사가 안전 주의사항을 발표할 때는 항상 조종사에게 귀를 기울여라.

An electric catfish that lives in Africa **gives out** painful electric shocks. (학평)
아프리카에 사는 전기메기는 고통스러운 전기 충격을 방출한다.

⊕ give in 굴복하다, 마지못해 받아들이다

22 □□□ ★

turn ~ inside out

(옷·호주머니 등을) 뒤집다 ⊜ reverse

turn(뒤집다) + inside(안쪽) + out(밖으로) = 옷, 호주머니 안쪽을 밖으로 뒤집다

Turn the cushion **inside out** and fill it with cotton.
쿠션을 뒤집어서 그것을 솜으로 채워라.

23 □□□ ★

step out

나가다, 나오다

step(걸음을 옮기다) + out(밖으로) = 밖으로 걸음을 옮겨 나가다

To become a better leader, you have to **step out** of your comfort zone. (수능)
더 나은 지도자가 되기 위해, 당신은 편안함을 느끼는 영역에서 나와야 한다.

⊕ step in 개입하다, 끼어들다

24 □□□ ★

single out

~을 선발하다, ~을 선정하다 ⊜ choose, select, pick

single(선발하다) + out(밖으로) = ~을 선발하여 밖으로 뽑아내다

Most predators **single out** a single individual in order to successfully capture their prey. (학평)
대부분의 포식자들은 성공적으로 그들의 먹이를 잡기 위해 하나의 개체를 선정한다.

25 □□□ ★

bring out

1. ~을 끌어내다, ~을 발휘시키다 = elicit

bring(~하도록 이끌다) + out(밖으로) = 내재된 ~을 밖으로 이끌어내다

2. ~을 꺼내다

bring(가져오다) + out(밖으로) = 안에 있던 ~을 밖으로 가져와서 꺼내다

The color yellow **brings out** positive and cheerful emotions.
노란색은 긍정적이고 쾌활한 감정을 끌어낸다.

I'll **bring out** a new smart watch model for you. (학평)
제가 당신을 위해 신규 스마트워치 모델을 꺼낼게요.

26 □□□ ★

get out of

~에서 나오다, ~에서 벗어나다 = be discharged from, leave

get(가다) + out(밖으로) + of(~에서) = ~에서 밖으로 나와서 가다

He just **got out of** the hospital a few days ago. (수능)
그는 며칠 전에 막 병원에서 나왔다.

27 □□□ ★

cry out for

~을 간절히 바라다

cry(외치다) + out(밖으로) + for(~을 위해) = ~을 얻기 위해 밖으로 외치다

They are **crying out for** an apology. (교과서)
그들은 사과를 간절히 바라고 있다.

⊕ cry out ~을 외치다, 비명을 지르다

28 □□□ ★

look out for

1. ~을 주의하다

look(시선을 돌리다) + out(밖으로) + for(~을 위해) = ~을 경계하기 위해 시선을 밖으로 돌려 주의하다

2. ~를 보살피다 = take care of

look(관심을 가지다) + out(완전히) + for(~에 대해) = ~에 대해 완전히 관심을 가지다

You should **look out for** cars when crossing the road.
길을 건널 때는 차들을 주의해야 한다.

Sometimes we are too stressed out to **look out for** others. (교과서)
때때로 우리는 스트레스를 너무 많이 받아서 다른 사람들을 보살필 수 없다.

Daily Quiz

A 영어는 우리말로, 우리말은 영어로 쓰세요.

01 reach out ____________

02 hand out ____________

03 lay out ____________

04 step out ____________

05 bring out ____________

06 ~을 버리다 ____________

07 툭 튀어나오다 ____________

08 새어 나오다 ____________

09 ~을 간절히 바라다 ____________

10 ~을 가리키다 ____________

B 빈칸에 들어갈 숙어를 골라 알맞은 형태로 쓰세요.

pick out	call out	move out
pass out	hold out	check out

11 He will find a more stable job and ____________ of his parents' house.
그는 더 안정적인 일자리를 찾아서 부모님 집에서 이사를 나갈 것이다.

12 He noticed someone walking towards him, just as he was ____________.
의식을 잃어가던 바로 그 순간에, 그는 누군가가 자신에게로 걸어오는 것을 알아차렸다.

13 He ____________ to the end to get his payoff.
그는 보상을 얻기 위해 끝까지 버텼다.

14 She ____________ the flowers for her wedding bouquet.
그녀는 자신의 결혼식 부케를 위한 꽃을 골랐다.

15 Each person is allowed to ____________ up to 5 books at a time.
한 사람당 한 번에 5권까지 대출하도록 허용된다.

정답

01 연락을 취하다, 접근하다, 손을 뻗다 **02** ~을 나눠주다 **03** ~을 제시하다, ~을 펼치다, ~을 배치하다 **04** 나가다, 나오다 **05** ~을 끌어내다, ~을 발휘시키다, ~을 꺼내다 **06** throw out **07** stick out **08** leak out **09** cry out for **10** point out **11** move out **12** passing out **13** held out **14** picked out **15** check out

D A Y

06 out (2)

외부 를 의미하는 out

무언가가 '밖에' 있거나 '밖에서' 행해지는 상태를 의미하며 **'밖에, 밖에서'**라고 해석한다.

01 □□□ ★★★

turn out

1. ~으로 드러나다, 결국은 ~이 되다 = end up

turn(~하게 되다) + out(밖에) = 숨겨져 있던 ~이 결국 밖에 드러나게 되다

2. ~을 만들어 내다 = produce

turn(~하게 되다) + out(생겨나) = ~을 만들어서 생겨나게 만들다

I followed a recipe from the Internet, but it didn't **turn out** well. (학평)

나는 인터넷에 있는 요리법을 따라 했지만, 그것은 결국은 잘 되지 않았다.

The author **turns out** books on an annual basis.

그 작가는 1년 단위로 책을 만들어 낸다.

02 □□□ ★★

work out

1. 운동하다 = exercise

work(움직이다) + out(밖에서) = 밖에서 움직이며 운동하다

2. (일 등이) 잘 풀리다 = go well

work(잘 되어 가다) + out(완전히) = 일이 완전히 잘 되어 가다

3. (문제 등을) 해결하다 = solve, resolve, fix

work(해결하다) + out(완전히) = 문제를 완전히 해결하다

4. (계획 등을) 생각해 내다 = hit upon

work(가동시키다) + out(완전히) = 두뇌를 완전히 가동시켜 계획을 생각해 내다

If you **work out** with a friend, you will enjoy it more. (학평)

만약 친구와 함께 운동한다면, 당신은 그것을 더욱 즐기게 될 것이다.

I believe that everything is going to **work out** perfectly. (모평)

나는 모든 것이 완벽하게 잘 풀릴 것이라고 믿는다.

She **worked out** the problem on her own.

그녀는 문제를 스스로 해결했다.

He will **work out** a way to save the business. (학평)

그는 사업을 살려낼 방안을 생각해 낼 것이다.

03 □□□ ★★

keep out

~을 안에 들이지 않다, ~을 막다 ⊜ exclude, shut out

keep(계속 두다) + out(밖에) = ~을 들어오지 못하도록 밖에 두다

Close all the windows to **keep out** the dust. 학평

먼지를 안에 들이지 않도록 모든 창문을 닫아라.

⊕ keep out of ~을 피하다, ~을 멀리하다

04 □□□ ★

eat out

외식하다 ⊜ dine out, go out to eat

eat(먹다) + out(밖에서) = 밖에서 먹다

Last time, we **ate out**, but this time I'd like to cook. 학평

지난번엔 우리가 외식했지만, 이번에는 내가 요리를 하고 싶어.

05 □□□ ★

hang out

어울리다, 시간을 보내다 ⊜ socialize

hang(어슬렁거리다) + out(밖에서) = 밖에서 어슬렁거리며 시간을 보내다

She likes to **hang out** with her friends. 교과서

그녀는 친구들과 어울리는 것을 좋아한다.

06 □□□ ★

sit out

1. 밖에 놓여 있다

sit(놓여 있다) + out(밖에) = 밖에 놓여 있다

2. (연극·강연 등을) 끝까지 앉아 듣다

sit(앉다) + out(끝까지) = 연극이나 강연에서 끝까지 앉아 있다

Leave good foods like apples and pistachios **sitting out** instead of candy. 학평

사탕 대신에 사과와 피스타치오 같은 좋은 음식이 밖에 놓여 있게 두어라.

If you don't feel comfortable with the class, **sit** it **out**. 학평

그 수업이 불편하게 느껴지더라도, 그것을 끝까지 앉아 들어라.

이탈을 의미하는 out

기준이나 원위치에서 '밖으로' 벗어나 있는 상태를 의미하며 **'벗어나, 벗어난'**이라고 해석한다.

07 □□□ ★★

rule out

~을 제외시키다, ~을 배제하다 ⊜ exclude

rule(선을 긋다) + out(벗어나) = 선을 그어 ~을 밖으로 벗어나게 해서 제외시키다

The adoption of the technology **ruled out** the possibility of errors.

그 기술의 채택은 오류의 가능성을 배제했다.

08 □□□ ★★

stand out

눈에 띄다, 두드러지다, 뛰어나다 ⊜ stick out

stand(서다) + out(벗어나) = 평균에서 벗어나게 서 있어서 눈에 띄다

Be more active to **stand out** from other jobseekers. (학평)

다른 구직자들 중에서 눈에 띄기 위해서는 더 적극적으로 행동하라.

09 □□□ ★

leave out

1. ~를 소외시키다 ⊜ exclude

leave(~하게 하다) + out(벗어나) = ~를 무리에서 벗어나게 하다

2. ~을 빼다, ~을 생략하다 ⊜ omit

leave(빼다) + out(밖으로) = ~을 밖으로 빼다

The fear of being **left out** can keep people glued to social media. (모평)

소외되는 것에 대한 두려움은 사람들이 소셜 미디어에 계속 열중하게 할 수 있다.

Mainstream media conveniently **leave out** information. (학평)

주류 매체들은 편의대로 정보를 생략한다.

10 □□□ ★

fall out

떨어져 나오다, 빠지다

fall(떨어지다) + out(벗어나) = 있던 곳에서 벗어나 떨어지다

A poor diet caused her hair to **fall out**. (학평)

빈약한 식사는 그녀의 머리카락이 빠지게 했다.

11 □□□ ★

be knocked out

1. 기절하다

be knocked(타격을 받다) + out(벗어나) = 타격을 받아 정신이 몸을 벗어나 기절하다

2. 녹초가 되다 ⊜ exhaust, wear out

be knocked(타격을 받다) + out(완전히) = 타격을 받아 완전히 녹초가 되다

A bird hit the glass and **was knocked out**. (모평)

새 한 마리가 유리에 부딪혀서 기절했다.

After working a 14-hour shift, she **was knocked out**.

14시간의 교대 근무가 끝난 후, 그녀는 녹초가 되었다.

12 □□□ ★★

go out of business

폐업하다 ⊜ close (down) business, shut down

go(~하게 되다) + out(벗어나) + of(~에서) + business(영업) = 영업 상태에서 벗어나게 되다

It's a pity to see local bookstores **going out of business** nowadays. (학평)

요즘 동네 서점들이 폐업하는 것을 보면 안타깝다.

13 □□□ ★

go out of one's way

각별히 노력하다, 일부러 ~하다 ⊜ go the extra mile, go to great lengths

go(되다) + out(벗어나) + of(~에서) + one's way(자신의 길)
= 자신이 가던 길에서 벗어나게 되도록 각별히 노력하다

Citizens **went out of their way** to put garbage in trash cans, and the streets were clean again. (학평)

시민들은 각별히 노력해서 쓰레기를 쓰레기통에 넣었고, 거리들은 다시 깨끗해졌다.

14 □□□ ★★

out of control

통제할 수 없이 ⊜ helplessly, recklessly

out(벗어나) + of(~에서) + control(통제) = 통제에서 벗어나

His mind was racing **out of control**. (학평)

그의 마음은 통제할 수 없이 뛰고 있었다.

15 □□□ ★

out of order

고장 난, 상태가 나쁜 ⊜ broken, on the blink

out(벗어나) + of(~에서) + order(정상 상태) = 정상 상태에서 벗어나 있는

I'm so annoyed that my tablet PC is **out of order**. (학평)

내 태블릿 피시가 고장 나서 정말 짜증이 난다.

16 □□□ ★

out of sight

눈에 보이지 않는 ⊜ unseen

out(벗어난) + of(~에서) + sight(시야) = 시야에서 벗어난

Out of sight, out of mind. (수능)

눈에 보이지 않으면, 마음에서도 멀어진다.

17 □□□ ★

out of fashion

유행에 뒤떨어진 ⊜ unfashionable ⊖ in vogue, in fashion

out(벗어난) + of(~에서) + fashion(유행) = 유행에서 벗어난

Nobody wants to look ridiculous by wearing something **out of fashion**. (학평)

그 누구도 유행에 뒤떨어진 것을 입어서 우스꽝스럽게 보이고 싶어 하지 않는다.

18 □□□ ★

out of date

시대에 뒤떨어진, 구식인

out(벗어난) + of(~에서) + date(시대) = 시대에서 벗어난

My blouse I bought last year is already **out of date**. (학평)

내가 작년에 산 블라우스는 이미 구식이다.

19 □□□ ★

out of place

(장소·상황에) 어울리지 않는, 부적절한 ⊜ improper, inappropriate

out(벗어난) + of(~에서) + place(장소) = 장소에서 벗어나 어울리지 않는

His outfit was **out of place** for the event. (학평)

그의 복장은 그 행사에 어울리지 않았다.

20 □□□ ★
out of tune

조화되지 않는, 일치하지 않는 ⊜ in tune, in harmony
out(벗어난) + of(에서) + tune(조화) = 조화에서 벗어난

We don't like being **out of tune** with our surroundings and ourselves. 학평
우리는 주변 환경과 우리 자신이 조화되지 않은 것을 좋아하지 않는다.

21 □□□ ★
out of the question

논외의, 불가능한 ⊜ impossible, impracticable
out(벗어난) + of(~에서) + the question(논점) = 논점에서 벗어난

Without outdoor gardening space, cultivating vegetables is **out of the question**. 학평
실외 정원 공간이 없으면, 채소를 재배하는 것은 불가능하다.

⊕ out of question 틀림없이, 물론

출현·발생 을 의미하는 **out**

보이지 않던 것이 '밖으로' 드러나 생겨나는 상태를 의미하며 **'생겨나, 생겨난'**이라고 해석한다.

22 □□□ ★★
carry out

1. (약속·의무 등을) 이행하다 ⊜ complete, accomplish
carry(진행시키다) + out(생겨난) = 내재된 의무가 밖으로 생겨나도록 진행시키다

2. (실험·시험 등을) 수행하다 ⊜ perform, conduct
carry(진행시키다) + out(생겨난) = 실험 등의 결과가 생겨나도록 진행시키다

Family members **carry out** the obligations of their roles. 모평
가족 구성원들은 자신들의 역할의 의무를 이행한다.

The participants will **carry out** experiments. 학평
참가자들은 실험을 수행할 것이다.

23 □□□ ★★
set out

1. ~하려고 나서다, ~하려고 의도하다 ⊜ intend, mean
set(~되게 하다) + out(생겨난) = ~하는 행동이 생겨나게 하려고 나서다

2. 시작하다, 출발하다 ⊜ embark, leave
set(시작하다) + out(밖으로) = 밖으로 나가 시작하다

He never **sets out** to govern but only to serve people. 수능
그는 결코 사람들을 통치하려고 나서지 않으며 오로지 섬기려고 나선다.

He made all the preparations, and then **set out** for his trip. 학평
그는 모든 준비를 하고 나서, 자신의 여행을 시작했다.

24 □□□ ★
burst out

(웃음·울음 등을) 터뜨리다
burst(터뜨리다) + out(생겨나) = 웃음이나 울음을 터뜨려 생겨나게 하다

Everyone **burst out** laughing. 학평
모두가 웃음을 터뜨렸다.

25 □□□ ★
break out

1. (일·사고·재해가) 발생하다, (전쟁이) 발발하다 ≡ happen, arise
break(나타나다) + out(생겨난) = 일, 사고, 재해가 생겨 나타나다

2. 벗어나다 ≡ escape, flee
break(부수다) + out(벗어난) = 있던 곳을 부수고 벗어나다

The Imjin War **broke out** in 1592. 교과서
1592년에 임진왜란이 발발했다.

To be creative, you should **break out** of the box.
창의적이기 위해서, 당신은 틀에서 벗어나야 한다.

26 □□□ ★
grow out of

1. ~에서 생기다 ≡ come from
grow(자라다) + out(생겨난) + of(~에서) = ~에서 생겨나 자라다

2. (성장하면서) ~에서 벗어나다
grow(성장하다) + out(벗어난) + of(~에서) = 성장하면서 ~에서 벗어나다

3. ~이 맞지 않을 정도로 너무 커지다 ≡ outgrow
grow(커지다) + out(벗어난) + of(~에서) = ~에서 벗어날 정도로 크기가 커지다

The Fair Trade movement is **growing out of** many organizations.
공정 무역 운동이 많은 조직에서 생기고 있다.

Many kids bite their nails, but they **grow out of** it.
많은 아이들이 자신의 손톱을 깨물지만, 성장하면서 그것에서 벗어난다.

My son has **grown out of** the bed, so he needs a larger one.
내 아들은 침대가 맞지 않을 정도로 너무 커져서, 그에게는 더 큰 침대가 필요하다.

27 □□□ ★★
out of the blue

느닷없이, 갑자기 ≡ out of nowhere
out(생겨난) + of(~에서) + the blue(파란 하늘) = 파란 하늘에서 생겨난 날벼락처럼 느닷없이

The expression "**out of the blue**" means something happens unexpectedly. 수능
'느닷없이'라는 표현은 어떤 일이 예상치 못하게 일어난다는 의미이다.

28 □□□ ★

out of nowhere

뜬금없이, 불쑥, 갑자기

out(생겨난) + of(~에서) + nowhere(아무 데도 아닌 곳) = 아무 데도 아닌 곳에서 갑자기 생겨나 불쑥

A dog came **out of nowhere**.

개 한 마리가 갑자기 나타났다.

Daily Quiz

A 영어는 우리말로, 우리말은 영어로 쓰세요.

01 hang out ____________

02 out of order ____________

03 out of the blue ____________

04 break out ____________

05 burst out ____________

06 녹초가 되다 ____________

07 조화되지 않는 ____________

08 외식하다 ____________

09 논외의, 불가능한 ____________

10 ~으로 드러나다 ____________

B 빈칸에 들어갈 숙어를 골라 알맞은 형태로 쓰세요.

out of control	out of place	stand out
carry out	keep out	out of sight

11 Be more active to ____________ from other jobseekers.

다른 구직자들 중에서 눈에 띄기 위해서는 더 적극적으로 행동하라.

12 His outfit was ____________ for the event.

그의 복장은 그 행사에 어울리지 않았다.

13 Family members ____________ the obligations of their roles.

가족 구성원들은 자신들의 역할의 의무를 이행한다.

14 Close all the windows to ____________ the dust.

먼지를 안에 들이지 않도록 모든 창문을 닫아라.

15 His mind was racing ____________.

그의 마음은 통제할 수 없이 뛰고 있었다.

정답

01 어울리다, 시간을 보내다 **02** 고장 난, 상태가 나쁜 **03** 느닷없이, 갑자기 **04** (일·사고·재해가) 발생하다, (전쟁이) 발발하다, 벗어나다 **05** (웃음·울음 등을) 터뜨리다 **06** be knocked out **07** out of tune **08** eat out **09** out of the question **10** turn out **11** stand out **12** out of place **13** carry out **14** keep out **15** out of control

DAY

07 out (3)

소멸·감소를 의미하는 out

가지고 있던 것이 '밖으로' 전부 빠져나가 떨어진 상태를 의미하며, '**꺼진, 다 떨어진**'이라고 해석한다.

01 □□□ ★★

put out

1. (불을) 끄다 ≒ extinguish
put(상태로 두다) + out(꺼진) = 불씨를 꺼진 상태로 두다

2. (쓰레기 등을 집 밖으로) 내다 놓다
put(놓다) + out(밖에) = 쓰레기 등을 밖에 내다 놓다

3. (힘 등을) 발휘하다, 내다 ≒ exert, use
put(두다) + out(밖으로) = 가지고 있는 힘을 밖으로 두다

Firefighters will show you how to **put out** fires. 학평
소방관들이 불을 끄는 방법을 보여줄 것이다.

He didn't know where to **put out** his garbage. 학평
그는 쓰레기를 어디에 내다 놓아야 할지 몰랐다.

Many people suppose that the writer must **put out** some effort, but no work needs to be done by the reader. 학평
많은 사람들이 작가는 어느 정도 노력을 발휘해야 하지만, 독자가 해야 할 노력은 없다고 생각한다.

02 □□□ ★★

weed out

(불필요한 것을) 제거하다, 뽑아 버리다 ≒ eliminate, get rid of
weed(잡초를 뽑다) + out(다 떨어진) = 잡초가 다 떨어지도록 뽑아서 제거하다

Hierarchies are good at **weeding out** obviously bad ideas. 학평
위계 제도는 명백히 터무니없는 생각을 제거하는 것을 잘한다.

03 □□□ ★

wear out

닳다, 못 쓰게 되다
wear(닳다) + out(다 떨어진) = 닳아서 다 떨어지다

The memory functions of our brain **wear out** with age. 학평
우리 뇌의 기억 기능은 나이가 들면서 닳는다.

04 □□□ ★★★

run out (of)

(~이) 다 떨어지다, (~을) 다 써 버리다 ⊜ be out (of)

run(~이 되다) + out(다 떨어진) + of(~이) = ~이 다 떨어지게 되다

The ice cream seller **ran out of** plates, so he put the ice cream on top of rolled waffles. 모평

아이스크림 판매자는 접시가 다 떨어져서, 아이스크림을 돌돌 말린 와플 위에 얹었다.

05 □□□ ★★

out of stock

(일시적으로) 품절된, 매진된 ⊜ sold out ⊖ in stock

out(다 떨어진) + of(~에서) + stock(재고) = 물품이 재고에서 다 떨어진

The size you want is currently **out of stock**. 학평

당신이 원하는 사이즈는 현재 품절입니다.

06 □□□ ★

out of breath

숨이 찬, 숨이 가쁜

out(다 떨어진) + of(~이) + breath(숨) = 숨이 다 떨어져 숨이 가쁜

After walking for about an hour, she sweats a lot and is **out of breath**. 학평

한 시간 정도 걷고 나면, 그녀는 땀을 많이 흘리고 숨이 찬다.

전체·완료 를 의미하는 out

내면의 힘을 전부 '밖으로' 발휘하여 전체를 완료하는 상태를 의미하며, **'완전히, 끝까지'**라고 해석한다.

07 □□□ ★★★

fill out

(문서·서류를) 작성하다, 기입하다 ⊜ complete, fill in

fill(채우다) + out(완전히) = 문서나 서류의 빈칸을 완전히 채우다

Please don't forget to **fill out** the questionnaire and take it to the doctor. 모평

문진표를 작성해서 의사에게 가져가는 것을 잊지 마세요.

08 □□□ ★★★

figure out

~을 이해하다, ~을 알아내다 ⊜ understand, make out

figure(생각하다) + out(끝까지) = ~을 끝까지 생각하여 이해하다

Scientists are trying to **figure out** why the Arctic is melting fast. 학평

과학자들은 왜 북극이 빠르게 녹고 있는지를 알아내려고 노력하고 있다.

09 □□□ ★★★

find out

~을 알아내다, ~을 찾아내다 ⊜ discover, track down

find(알아내다) + out(끝까지) = ~을 끝까지 확인하여 알아내다

Black boxes are used to **find out** the causes of airplane crashes. 교과서

블랙박스는 비행기 추락 사고의 원인을 알아내는 데 사용된다.

10 □□□ ★★

try out

1. ~을 시험적으로 사용해 보다, ~을 테스트해 보다 ≡ sample, test

try(시험하다) + out(완전히) = 성능 점검을 위해 한 번 완전히 시험해 보다

2. (선발 등을 위한 경쟁에) 지원하다 ≡ audition, apply for

try(시도하다) + out(완전히) = 선발되기 위해 완전 제대로 시도하여 지원해 보다

Customers can **try out** products before they actually make a purchase. (학평)

고객들은 실제로 구매하기 전에 제품을 테스트해 볼 수 있다.

He was ready to **try out** for the basketball team. (모평)

그는 농구팀에 지원할 준비가 되어 있었다.

11 □□□ ★★

die out

자취를 감추다, 멸종되다

die(사라지다) + out(완전히) = 완전히 사라져 자취를 감추다

65 million years ago, 50 percent of all living things **died out**, including the dinosaurs. (학평)

6천 5백만 년 전, 공룡을 포함하여 모든 생명체의 50퍼센트가 멸종되었다.

12 □□□ ★★

smooth out

1. 주름을 펴다, 매끄럽게 하다 ≡ iron out, flatten

smooth(매끄럽게 하다) + out(완전히) = 주름을 펴서 완전히 매끄럽게 하다

2. (문제·장애 등을) 없애다, 해결하다 ≡ resolve, fix, solve

smooth(매끄럽게 하다) + out(완전히) = 문제를 완전히 매끄럽게 해결하다

Ironing a shirt involves **smoothing out** the fabric.

셔츠를 다림질하는 것은 옷감의 주름을 펴는 것을 수반한다.

Her husband tried to **smooth out** the problems in their relationship, but she wanted a divorce.

그녀의 남편은 그들의 관계의 문제들을 해결하려고 노력했지만, 그녀는 이혼을 원했다.

13 □□□ ★

spread out

(널리) 퍼지다, 펼치다 ≡ sprawl out

spread(퍼지다) + out(완전히) = 완전히 퍼지다

The young couple's positive energy **spread out** to the village and all the villagers loved them. (교과서)

그 젊은 부부의 긍정적인 에너지는 마을에 널리 퍼졌고 모든 마을 사람들이 그들을 아주 좋아했다.

14 □□□ ★

cross out

(위에) 줄을 그어 지우다 ≡ eliminate

cross(줄을 긋다) + out(끝까지) = 틀린 단어 위에 끝까지 줄을 그어 지우다

Cross out the repeated phrases to shorten the sentences. (교과서)

문장을 짧게 하기 위해서는 반복되는 구절들은 줄을 그어 지워라.

15 □□□ ★

cut out

1. ~을 잘라 내다, ~을 오려내다

cut(자르다) + out(완전히) = ~을 모양대로 완전히 잘라내다

2. ~을 빼다, ~을 삭제하다 ⊟ take out, get rid of

cut(삭제하다) + out(밖으로) = ~을 범위 밖으로 완전히 빼다

He **cut out** a hole in paper. (교과서)

그는 종이에서 구멍을 오려냈다.

Selecting and assembling scenes, the filmmakers **cut out** parts that don't fit in well. (수능)

장면들을 선택해 조합해보면서, 영화 제작자들은 잘 어울리지 않는 부분들을 삭제한다.

⊕ cut in (말·대화에) 끼어들다

16 □□□ ★

spell out

1. ~을 생략하지 않고 전부 쓰다

spell(철자를 쓰다) + out(완전히) = 생략하지 않고 ~의 철자를 완전히 쓰다

2. ~을 자세히 설명하다 ⊟ make clear, clarify

spell(철자를 말하다) + out(밖으로) = 입 밖으로 ~의 철자를 하나하나 자세히 말하다

When you write for a wide audience, **spell out** words completely and don't use abbreviations.

폭넓은 청중을 위해 글을 쓸 때, 단어를 생략하지 말고 전부 쓰고 약어를 사용하지 마라.

The only way to avoid ambiguity is to **spell** things **out** as explicitly as possible. (학평)

모호함을 피하는 유일한 방법은 가능한 한 명확하게 상황을 자세히 설명하는 것이다.

17 □□□ ★

help out

도와주다, 거들다 ⊟ assist, help, aid

help(돕다) + out(끝까지) = 끝까지 돕다

Would you **help** me **out** with my English exam? (학평)

제 영어 시험과 관련하여 저를 도와주시겠어요?

18 □□□ ★

be sold out

다 팔리다, 매진되다

be sold(팔리다) + out(완전히) = 완전히 다 팔리다

The tickets **are** all **sold out.** (수능)

티켓이 전부 다 팔렸다.

⊕ sell out 다 팔리다, 매진되다, ~을 다 팔다

19 □□□ ★

dry out

~을 건조하게 하다, ~이 메말라지다

dry(건조시키다) + out(완전히) = ~을 완전히 건조시키다

The cold air outdoors and the hot air indoors in winter **dry out** your skin quickly. (학평)

겨울철 바깥의 찬 공기와 실내의 뜨거운 공기는 당신의 피부를 빨리 건조하게 한다.

20 □□□ ★

start out

(특히 사업·일을) 시작하다 ⊜ begin, start

start(시작하다) + out(완전히) = 준비를 완전히 해서 사업이나 일을 시작하다

Typically, owners of small businesses **start out** using their own savings. 학평

일반적으로, 작은 사업체의 소유주들은 자신이 저축한 돈을 써서 사업을 시작한다.

21 □□□ ★

sort out

1. ~을 정리하다, ~을 분류하다 ⊜ organize

sort(정리하다) + out(완전히) = ~을 완전히 정리하다

2. (문제 등을) 해결하다, 처리하다

sort(잘 해결하다) + out(완전히) = 문제를 완전히 잘 해결하다

Thanks a million for **sorting out** all those files. 학평

그 파일들을 모두 정리해줘서 정말 고마워요.

She **sorted out** tough questions about the world.

그녀는 이 세상에 관한 어려운 문제들을 해결했다.

22 □□□ ★

wipe out

1. ~을 없애다, ~을 완전히 파괴하다 ⊜ destroy, get rid of

wipe(지우다) + out(완전히) = ~을 완전히 지워서 없애다

2. ~을 닦아 내다

wipe(닦다) + out(완전히) = ~을 완전히 닦아 내다

The potato disease **wiped out** almost half of the potato crop in Ireland. 교과서

감자병은 아일랜드의 감자 수확량의 거의 절반을 완전히 파괴했다.

The cream perfectly **wipes out** dirt and oil.

그 크림은 먼지와 유분을 완벽하게 닦아 낸다.

23 □□□ ★

miss out on

~을 놓치다

miss(놓치다) + out(완전히) + on(~에 대해) = ~에 대해 완전히 놓치다

Don't **miss out on** getting your free graduation gift. 모평

무료 졸업 선물을 받는 것을 놓치지 마세요.

Daily Quiz

A 영어는 우리말로, 우리말은 영어로 쓰세요.

01 try out	________	06 ~을 놓치다	________
02 figure out	________	07 다 팔리다	________
03 fill out	________	08 (널리) 퍼지다	________
04 wipe out	________	09 도와주다, 거들다	________
05 spell out	________	10 (~을) 다 써버리다	________

B 빈칸에 들어갈 숙어를 골라 알맞은 형태로 쓰세요.

find out	cut out	weed out
wear out	put out	sort out

11 Hierarchies are good at ________ obviously bad ideas.

위계 제도는 명백히 터무니없는 생각을 제거하는 것을 잘한다.

12 Thanks a million for ________ all those files.

그 파일들을 모두 정리해줘서 정말 고마워요.

13 Black boxes are used to ________ the causes of airplane crashes.

블랙박스는 비행기 추락 사고의 원인을 알아내는 데 사용된다.

14 Firefighters will show you how to ________ fires.

소방관들이 불을 끄는 방법을 보여줄 것이다.

15 The memory functions of our brain ________ with age.

우리 뇌의 기억 기능은 나이가 들면서 닳는다.

정답

01 ~을 시험적으로 사용해 보다, ~을 테스트해 보다, (선발 등을 위한 경쟁에) 지원하다 **02** ~을 이해하다, ~을 알아내다 **03** (문서·서류를) 작성하다, 기입하다 **04** ~을 없애다, ~을 완전히 파괴하다, ~을 닦아 내다 **05** ~을 생략하지 않고 전부 쓰다, ~을 자세히 설명하다 **06** miss out on **07** be sold out **08** spread out **09** help out **10** run out (of) **11** weeding out **12** sorting out **13** find out **14** put out **15** wear out

DAY

08 on (1)

음성 바로 듣기

표면 을 의미하는 on

시간이나 공간의 '표면 위에' 있는 상태를 의미하며 **'~ 위에, ~에, ~에서'**라고 해석한다.

---

01 □□□ ★★

rest on

1. (시선 등이) ~에 머물다, ~에 놓여 있다 (유) fall on

rest(그대로 있다) + on(~에) = (시선 등이) ~에 그대로 머물러 있다

2. ~에 달려 있다, ~에 의지하다 (유) depend on, rely on, count on

rest(의지하다) + on(~에) = ~에 의지하다

As my gaze **rested on** my mother's gravestone, my eyes filled with tears.

내 시선이 어머니의 묘비에 머물렀을 때, 나의 눈에는 눈물이 가득 고였다.

Our hopes are **resting on** the new CEO to solve the company's financial problems.

우리의 희망은 회사의 재정 문제를 해결할 새 최고 경영자에게 달려 있다.

---

02 □□□ ★★

step on

~을 (짓)밟다

step(발을 딛다) + on(~ 위에) = ~ 위에 발을 디뎌 밟다

The woman's face changed when I **stepped on** her dress by mistake. (학평)

내가 실수로 그녀의 드레스를 밟자 그 여자의 표정이 변했다.

---

03 □□□ ★

put on

1. ~을 착용하다, ~을 입다 (유) wear

put(두다) + on(~ 위에) = 몸 위에 옷을 두어 착용하다

2. ~을 (피부에) 바르다 (유) apply

put(두다) + on(~ 위에) = 피부 위에 두어 바르다

3. ~을 무대에 올리다, ~을 공연하다

put(두다) + on(~ 위에) = 무대 위에 두어 공연하다

Why don't you **put on** sneakers instead of heels? (학평)

구두 대신 운동화를 착용하는 게 어때?

Don't forget to **put on** lotion after showering. (학평)

샤워 후 로션을 바르는 것을 잊지 마세요.

We can **put on** a magic show. It'll be fun. (수능)

우리는 마술 쇼를 무대에 올릴 수 있어요. 그것은 재미있을 거예요.

04 □□□ ★

fall on

(날짜가) ~에 해당되다, (어떤 날이) ~에 있다 ⊜ fall upon

fall(떨어지다) + on(~ 위에) = 날짜가 ~ 위에 떨어지다

Our physics test **falls on** the same day as the concert. 학평

우리의 물리학 시험은 그 콘서트와 같은 날에 있다.

05 □□□ ★

dwell on

1. ~을 곱씹다, ~을 깊이 생각하다 ⊜ reflect on, look back on

dwell(머무르다) + on(~에) = 생각이 ~에 계속 머물러 곱씹다

2. ~에 얽매이다 ⊜ fixate on

dwell(살다) + on(~에) = ~에 얽매여 살다

Successful people **dwell on** vivid pictures of their goals. 학평

성공하는 사람들은 그들의 목표에 대한 생생한 장면들을 깊이 생각한다.

Don't **dwell on** the lost money.

잃어버린 돈에 얽매이지 마라.

⊕ dwell in/at ~에 살다

06 □□□ ★

try on

~을 입어보다, ~을 신어보다 ⊜ put on, wear

try(해보다) + on(~ 위에) = 몸 위에 걸쳐보다

During the tour, you can **try on** traditional clothes. 학평

투어 동안, 당신은 전통 의상을 입어볼 수 있습니다.

07 □□□ ★

press on

1. ~을 누르다

press(압력을 가하다) + on(~ 위에) = ~ 위에 압력을 가해 누르다

2. (단호하게) 밀고 나아가다, 서둘러 나아가다

press(압력을 가하다) + on(~에) = ~에 압력을 가해 단호하게 밀고 나아가다

Pressing on the keys of the piano, she produced a beautiful sound.

피아노의 건반을 누르며, 그녀는 아름다운 소리를 냈다.

The mountain climbers **pressed on** despite the storm.

등산객들은 폭풍에도 불구하고 서둘러 나아갔다.

08 □□□ ★

get on

(탈 것에) 타다 ⊜ board

get(가다) + on(~ 위에) = ~ 위에 올라가서 타다

When **getting on** a bus, people will apologize if they touch a person at all. 수능

버스에 탈 때, 사람들은 한 사람과 조금이라도 닿는다면 사과할 것이다.

⊕ get on with ~을 계속하다

09 □□□ ★

fall on hard times

힘든 시기를 보내다 ⊜ go through hard times

fall(떨어지다) + on(~ 위에) + hard times(힘든 시기) = 힘든 시기 위에 떨어지다

He has **fallen on hard times** and is about to lose his home. (학평)

그는 힘든 시기를 보내왔고 자신의 집을 곧 잃을 듯하다.

10 □□□ ★

fall on deaf ears

(요구 등이) 묵살되다, 무시되다

fall(떨어지다) + on(~ 위에) + deaf ears(들리지 않는 귀)
= 들리지 않는 귀 위에 떨어진 듯 요구가 묵살되다

I asked my neighbor to keep my dogs in check, but my words **fell on deaf ears.** (학평)

나는 이웃에게 나의 강아지들을 통제해달라고 부탁했지만, 나의 말은 무시되었다.

11 □□□ ★★★

on the other hand

반면에, (다른) 한편으로는

on(~에서) + the other hand(반대쪽 손) = 반면에

Students who don't sleep well may lose focus. **On the other hand**, students who sleep well stay focused.

잠을 잘 자지 못하는 학생들은 집중력을 잃을 수 있다. 반면에, 잠을 잘 자는 학생들은 계속 집중한 상태를 유지한다.

12 □□□ ★★★

on behalf of

1. ~을 대표하여, ~을 대신하여 ⊜ as a representative of, in place of

on(~에서) + behalf(편) + of(~의) = ~의 편에서 대표하여

2. ~을 위해서 ⊜ for the sake of

on(~에서) + behalf(편) + of(~의) = ~의 편에서 그 사람을 위해서

I will demonstrate how to build a simple structure **on behalf of** the Department of Architecture. (모평)

제가 건축학부를 대표하여 간단한 구조물을 짓는 방법을 설명할 것입니다.

The president took action **on behalf of** the poor citizens of the country.

대통령은 국가의 가난한 시민들을 위해서 조치를 취했다.

13 □□□ ★★

on the contrary

(이와) 반대로, 오히려 ⊜ in contrast, rather

on(~에서) + the contrary(정반대) = 정반대의 입장에서

When he lost his job, he did not feel unlucky. **On the contrary**, he felt fortunate.

그는 직장을 잃었을 때, 불행하다고 생각하지 않았다. 오히려, 그는 운이 좋다고 생각했다.

14 □□□ ★★
on the verge of

~하기 직전에, 막 ~하려고 하는 = at the point of, on the brink of

on(~ 위에서) + the verge(경계선) + of(~의) = ~의 시작 직전에 경계선 위에서

After years of experimentation, scientists are **on the verge of** developing a cure for the disease.

수년간의 실험 후에, 과학자들은 그 질병의 치료제를 개발하기 직전에 있다.

15 □□□ ★★
on time

제때에, 정각에 = on schedule, in time, punctually

on(~에) + time(예정된 시각) = 예정된 시각에 맞추어

Borrowers are responsible for returning items **on time** and in good condition. (수능)

대여자들은 물건들을 제때에 양호한 상태로 반납할 책임이 있다.

16 □□□ ★
on board

승선한, 승차한, 탑승한 = aboard

on(~ 위에) + board(갑판) = 승선하여 배의 갑판 위에 있는

He was nervous when he got **on board** for his first international cruise.

그는 자신의 첫 국제 유람선에 탑승했을 때 긴장했다.

17 □□□ ★
on top of

~ 외에도, ~뿐 아니라 = in addition to, besides, aside from

on(~ 위에) + top(꼭대기) + of(~의) = 가장 윗부분인 ~의 꼭대기 위에도 무언가가 더 있는

On top of being an excellent mother, she is a great cook.

그녀는 훌륭한 어머니일 뿐 아니라, 훌륭한 요리사이기도 하다.

18 □□□ ★
on fire

1. 불이 붙은, 불이 난

on(~ 위에) + fire(불) = 불 위에 있는

2. 잘 나가는, 성공한

on(계속 ~하는) + fire(화끈한 기운) = 잘 나가서 계속 화끈한 기운이 있는

The bus was **on fire**, and many people were hurt. (교과서)

버스에 불이 났고, 많은 사람들이 다쳤다.

The actor is **on fire**, appearing in several major films.

그 배우는 여러 편의 주요 영화에 출연하면서, 잘 나가고 있다.

19 □□□ ★
on hand

수중에, (마침) 가지고 있어 = available

on(~ 위에) + hand(손) = 손 위에 있는

Keep bottled water **on hand** in case there is an earthquake. (교과서)

지진이 있을 경우에 대비해서 병에 든 생수를 수중에 두어라.

20 □□□ ★

on earth

1. (의문문에서) 도대체, 대체 ⊜ in the world

on(~에서) + earth(지구) = 지구 전체에서 도대체 (왜 하필)

2. 이 세상의, 이 세상에서

on(~에서) + earth(지구) = 지구에서

Why **on earth** do people put so much emphasis on good posture? (교과서)

도대체 왜 사람들은 바른 자세를 그렇게 많이 강조하는 것일까?

No other species **on earth** is as creative as humans.

이 세상의 다른 어떤 종도 인간만큼 창의적이지 않다.

21 □□□ ★

on the spot

1. 현장에서 ⊜ on site, on the ground

on(~에서) + the spot(그 현장) = 그 현장에서

2. 즉각, 즉석에서 ⊜ immediately, right away

on(~에서) + the spot(그 장소) = 어떤 일이 벌어졌던 그 장소에서 즉각

We can get tickets **on the spot** if the waiting line is not that long. (학평)

대기 줄이 그렇게 길지 않으면 우리는 현장에서 티켓을 구할 수 있다.

Angered by his response, she fired him **on the spot**. (학평)

그의 대답에 화가 나서, 그녀는 즉각 그를 해고했다.

작동·발생을 의미하는 on

'표면에' 기반한 힘으로 무언가를 작동시키거나 발생시키는 상태를 의미하며 '**작동하는, 발생하는**'이라고 해석한다.

22 □□□ ★★

turn on

(TV·전기·가스·수도 등을) 켜다 ⊜ activate

turn(변화시키다) + on(작동하는) = 작동하는 상태로 변화시키다

Why don't we **turn on** the air conditioner? (모평)

우리 에어컨을 켜는 게 어때?

23 □□□ ★

go on

1. 발생하다, 일어나다 ⊜ happen, occur

go(되다) + on(발생하는) = 발생한 상태가 되다

2. 계속되다, 계속하다 ⊜ continue, proceed

go(진행되다) + on(계속) = 계속 진행되다

Be aware of what is **going on** in the world. (모평)

세상에 무슨 일이 일어나고 있는지 알고 있어라.

He works hard. If he **goes on** like this, he'll succeed. (수능)

그는 열심히 일한다. 만약 그가 이렇게 계속한다면, 그는 성공할 것이다.

Daily Quiz

A 영어는 우리말로, 우리말은 영어로 쓰세요.

01 dwell on ____________

02 on hand ____________

03 on time ____________

04 turn on ____________

05 on fire ____________

06 승선한 ____________

07 ~을 대표하여 ____________

08 ~을 입어보다 ____________

09 ~하기 직전에 ____________

10 현장에서, 즉각 ____________

B 빈칸에 들어갈 숙어를 골라 알맞은 형태로 쓰세요.

fall on deaf ears	on earth	on top of
fall on hard times	fall on	on the contrary

11 Our physics test ____________ the same day as the concert.
우리의 물리학 시험은 그 콘서트와 같은 날에 있다.

12 When he lost his job, he did not feel unlucky. ____________, he felt fortunate.
그는 직장을 잃었을 때, 불행하다고 생각하지 않았다. 오히려, 그는 운이 좋다고 생각했다.

13 I asked my neighbor to keep my dogs in check, but my words ____________.
나는 이웃에게 나의 강아지들을 통제해달라고 부탁했지만, 나의 말은 무시되었다.

14 Why ____________ do people put so much emphasis on good posture?
도대체 왜 사람들은 바른 자세를 그렇게 많이 강조하는 것일까?

15 ____________ being an excellent mother, she is a great cook.
그녀는 훌륭한 어머니일 뿐 아니라, 훌륭한 요리사이기도 하다.

정답

01 ~을 곱씹다, ~을 깊이 생각하다, ~에 얽매이다 **02** 수중에, (마침) 가지고 있어 **03** 제때에, 정각에 **04** (TV·전기·가스·수도 등을) 켜다 **05** 불이 붙은, 불이 난, 잘 나가는, 성공한 **06** on board **07** on behalf of **08** try on **09** on the verge of **10** on the spot **11** falls on **12** On the contrary **13** fell on deaf ears **14** on earth **15** On top of

DAY
09 on (2)

기반
을 의미하는 **on**

무언가의 '표면 위에' 접촉하여 그것을 기반으로 하는 상태를 의미하며 '**~에 기반하여, ~을 바탕으로**'라고 해석한다.

01 □□□ ★★★
based on

~에 기반하여, ~에 근거하여 ≡ on the basis of

based(근거를 둔) + on(~에 기반하여) = ~에 기반하여 근거를 둔

It is unfair to decide children's career paths **based on** the aptitude tests taken when they were 11 or 12 years old. (수능)

아이들이 11살이나 12살이었을 때 보았던 적성 검사에 근거하여 그들의 진로를 결정하는 것은 부당하다.

02 □□□ ★★
act on

1. ~에 따라 행동하다, ~을 따르다

act(행동하다) + on(~을 바탕으로) = ~을 바탕으로 따라서 행동하다

2. ~에 작용하다 ≡ work on, affect

act(작용하다) + on(~에) = ~에 작용하다

We trust leaders who **act on** their core values. (학평)

우리는 자신의 핵심 가치관에 따라 행동하는 지도자들을 신뢰한다.

Painkillers **act on** the nervous system, preventing pain signals from reaching the brain.

진통제는 신경계에 작용하여, 통증 신호가 뇌에 도달하는 것을 막는다.

03 □□□ ★
live on

1. ~을 먹고 살다, ~으로 살아가다 ≡ feed on, subsist on

live(살다) + on(~에 기반하여) = 어떤 음식이나 밑천에 기반하여 살다

2. 계속 살아가다 ≡ last, persist

live(살다) + on(계속) = 계속 살아가다

When I was a college student, I **lived on** ramen noodles.

내가 대학생이었을 때, 나는 라면을 먹고 살았다.

After her husband's death, her memory of him gave her the strength to **live on**.

남편의 죽음 이후, 그에 대한 그녀의 추억은 그녀에게 계속 살아갈 힘을 주었다.

04 □□□ ★

run on

1. ~으로 작동하다 ⊜ operate on, function by
run(작동하다) + on(~에 기반하여) = 어떤 연료나 동력에 기반하여 작동하다

2. 계속되다 ⊜ continue, persist
run(이어지다) + on(계속) = 계속 이어지다

Hybrid cars **run on** two engines. (학평)
하이브리드 자동차는 두 개의 엔진으로 작동한다.

Their argument **ran on** for an hour.
그들의 말다툼은 한 시간 동안 계속되었다.

05 □□□ ★

turn on one's heels

획 돌아서다, 발길을 돌리다 ⊜ turn back, turn around
turn(돌리다) + on(~에 기반하여) + one's heels(자신의 발꿈치)
= 자신의 발꿈치를 기반으로 하여 발길을 돌리다

He **turned on his heels** and went back to his limousine. (학평)
그는 발길을 돌려 자신의 리무진으로 돌아갔다.

06 □□□ ★

stand on one's own (two) feet

자립하다
stand(서다) + on(~에 기반하여) + one's own two feet(자신의 두 발)
= 타인의 도움 없이 자신의 두 발을 기반으로 서다

You taught me how to **stand on my own two feet** and live a full life. (학평)
당신은 자립해서 충실한 삶을 사는 법을 제게 가르쳐 주었습니다.

07 □□□ ★★

on a daily basis

매일 ⊜ every day, day after day
on(~에 기반하여) + a daily basis(매일의 단위) = 매일의 단위에 기반하여

Eating garlic **on a daily basis** can strengthen the body's immunity. (학평)
매일 마늘을 먹는 것은 신체의 면역력을 강화할 수 있다.

⊕ on a monthly basis 매달 on a regular basis 정기적으로
on a yearly basis 매년

08 □□□ ★★

on average

평균적으로, 대체로 ⊜ typically, for the most part, overall
on(~에 기반하여) + average(평균) = 평균에 기반하여

Fans of the show are, **on average**, over 50 years old.
그 쇼의 팬들은, 평균적으로, 50세가 넘는다.

09 □□□ ★★

on one's own

혼자서, 자기 스스로 ⊜ by oneself

on(~을 바탕으로) + one's own(자기 자신) = 타인의 도움 없이 자기 자신을 바탕으로

She learned to read and write **on her own.** 학평

그녀는 자기 스스로 읽고 쓰는 것을 배웠다.

10 □□□ ★

on the basis of

~에 근거하여, ~을 기반으로 ⊜ based on

on(~을 바탕으로) + the basis(근거) + of(~의) = ~의 근거를 바탕으로

The prisoner was convicted of the crime **on the basis of** a mistaken eyewitness account.

그 재소자는 잘못된 목격담에 근거하여 유죄를 선고받았다.

11 □□□ ★

on demand

요구에 따라, 필요에 따라 ⊜ at request

on(~을 바탕으로) + demand(요구) = 요구를 바탕으로

Now anyone can retrieve information **on demand** from the Internet. 학평

이제는 누구나 인터넷에서 필요에 따라 정보를 검색할 수 있다.

12 □□□ ★

on account of

~ 때문에 ⊜ because of

on(~에 기반하여) + account(근거) + of(~의) = ~의 근거에 기반하여

The plants are called "living stones" **on account of** their rock-like appearance. 학평

그 식물들은 바위 같은 생김새 때문에 '살아있는 돌'이라고 불린다.

13 □□□ ★

on purpose

고의로, 의도적으로 ⊜ intentionally, deliberately

on(~에 기반하여) + purpose(목적) = 뚜렷한 목적에 기반하여 고의로

Many people share fake news stories **on purpose.**

많은 사람들이 의도적으로 허위 뉴스 기사를 공유한다.

14 □□□ ★

on one's part

~에 의한, ~로서는

on(~에 기반하여) + one's part(누군가의 몫) = 누군가의 몫에 기반한

Frustration is sometimes the result of unrealistic expectations **on our part.** 학평

좌절은 때로는 우리에 의한 비현실적인 기대의 결과이다.

⊕ do one's part 자신의 본분을 다하다

지속 을 의미하는 on

'표면에' 기반한 힘으로 하는 행위나 상태가 지속되는 상태를 의미하며 **'계속 (~하는), 이어서'**이라고 해석한다.

15 □□□ ★★

carry on

~을 계속하다 = keep up, continue ↔ stop, quit, cease

carry(수행하다) + on(계속) = ~을 계속 수행하다

These tricks will enable you to **carry on** a social conversation with a foreigner. 수능

이러한 요령들은 당신이 외국인과 사교적인 대화를 계속할 수 있게 해줄 것이다.

16 □□□ ★

move on

(다음 화제·목적지로) 넘어가다, 옮기다 = proceed to, skip to

move(이동하다) + on(계속) = 다음 화제나 목적지로 계속 이동하다

Let's **move on** to the next topic. 학평

다음 주제로 넘어갑시다.

17 □□□ ★

look on

구경하다, 지켜보다 = watch, observe

look(보다) + on(계속) = 계속 지켜보다

Pedestrians **looked on** while the couple argued loudly in the street.

보행자들은 그 커플이 거리에서 큰 소리로 말다툼하는 동안 구경했다.

18 □□□ ★

hold on

1. (전화를 끊지 않고) 기다리다 = hold the line, wait

hold(잡다) + on(계속) = 전화기를 잡은 채 끊지 않고 계속 기다리다

2. (위험·곤란한 상황을) 참아내다 = endure, tolerate, put up with

hold(참다) + on(계속) = 계속 참아내다

Hold on a second, please. 학평

끊지 말고 잠시만 기다려주세요.

Don't give up. **Held on** tight and fought against it.

포기하지마. 꾹 참아내고 그것에 맞서 싸워.

⊕ hold on to ~을 지키다, ~을 고수하다, ~에 매달리다

19 □□□ ★

pass on

~을 전하다, ~을 (물려)주다 = inherit, pass down

pass(전하다) + on(이어서) = 대를 이어서 전하다

Long-lasting goods can be **passed on** from person to person. 학평

오래가는 물건은 사람에게서 사람에게로 전해질 수 있다.

20 □□□ ★

hang on

1. 기다리다 ⊜ hold on, wait

hang(기다리다) + on(계속) = 계속 기다리다

2. 견디다, 버티다

hang(기다리다) + on(계속) = 계속 기다리며 버티다

Hang on a minute. I'm tied up with a client right now. (학평)

잠시만 기다려주세요. 저는 지금 한 고객으로 인해 바빠서 꼼짝할 수 없어요.

If we **hang on** long enough, we will get rewards.

만약 우리가 충분히 길게 버티면, 보상을 받을 것이다.

21 □□□ ★

on and on

계속해서, 쉬지 않고 ⊜ continuously

on(계속) + and(그리고) + on(계속) = 계속하고 계속해서

The conversation went **on and on** for hours.

대화는 몇 시간 동안 계속해서 이어졌다.

22 □□□ ★

from now on

지금부터(는), 앞으로(는)

from(~부터) + now(지금) + on(계속) = 지금부터 계속

I will express my gratitude to my wife **from now on**.

나는 지금부터 아내에게 감사의 마음을 표현할 것이다.

23 □□□ ★★

go on to

(다음 항목으로) 넘어가다, (대학에) 진학하다 ⊜ proceed to

go(가다) + on(이어서) + to(~으로) = 앞선 일을 끝낸 후 이어서 다음 일로 넘어가다

He decided to **go on to** college to study Politics.

그는 정치학을 공부하기 위해 대학에 진학하기로 결정했다.

⊕ go on to + 동사원형 이어서 ~을 하기 시작하다

24 □□□ ★★

on (the) alert

(방심하지 않고) 경계하는, 대기하는

on(계속 ~하는) + the alert(경계) = 계속 경계하는

Animals are always **on the alert** for danger to survive.

동물들은 생존하기 위해 항상 위험을 경계한다.

25 □□□ ★

on duty

근무 중인, 근무 중에 ⊜ on the job

on(계속 ~하는) + duty(업무) = 계속 업무하는

A guard at Windsor Castle was accused of being asleep **on duty**. (학평)

윈저성의 한 보초병은 근무 중에 잠든 것으로 고발되었다.

Daily Quiz

A 영어는 우리말로, 우리말은 영어로 쓰세요.

01 on purpose ________________

02 carry on ________________

03 look on ________________

04 hang on ________________

05 on and on ________________

06 매일 ________________

07 지금부터(는) ________________

08 혼자서 ________________

09 ~을 전하다 ________________

10 ~ 때문에 ________________

B 빈칸에 들어갈 숙어를 골라 알맞은 형태로 쓰세요.

act on	on duty	on the alert
run on	move on	on demand

11 Animals are always ________________ for danger to survive.
동물들은 생존하기 위해 항상 위험을 경계한다.

12 Hybrid cars ________________ two engines.
하이브리드 자동차는 두 개의 엔진으로 작동한다.

13 We trust leaders who ________________ their core values.
우리는 자신의 핵심 가치관에 따라 행동하는 지도자들을 신뢰한다.

14 A guard at Windsor Castle was accused of being asleep ________________.
윈저성의 한 보초병은 근무 중에 잠든 것으로 고발되었다.

15 Now anyone can retrieve the information ________________ from the Internet.
이제는 누구나 인터넷에서 필요에 따라 정보를 검색할 수 있다.

정답

01 고의로, 의도적으로 **02** ~을 계속하다 **03** 구경하다, 지켜보다 **04** 기다리다, 견디다, 버티다 **05** 계속해서, 쉬지 않고 **06** on a daily basis **07** from now on **08** on one's own **09** pass on **10** on account of **11** on the alert **12** run on **13** act on **14** on duty **15** on demand

DAY 10 on (3)

음성 바로 듣기

대상을 의미하는 on

'표면'적으로 접촉하고 있는 대상을 의미하며 '**~에, ~을, ~에 대해**'라고 해석한다.

01 □□□ ★★★

depend on

1. ~에 의존하다, ~에 의지하다 ⊜ rely on, count on, rest on
depend(의존하다) + on(~에) = ~에 의존하다

2. ~에 달려 있다, ~에 의해 좌우되다 ⊜ be dependent on, be up to
depend(달려 있다) + on(~에) = ~에 달려 있다

Human beings have **depended on** the cooperation of others for the supply of food. (학평)
인간은 식량 공급에 있어 타인의 협조에 의존해 왔다.

Good sleep **depends on** what you eat. (모평)
숙면은 당신이 먹는 것에 의해 좌우된다.

02 □□□ ★★★

work on

1. ~을 작업하다 ⊜ set about, get down to
work(작업하다) + on(~을) = ~을 작업하다

2. (~을 해결하기 위해) 노력하다
work(노력하다) + on(~에 대해) = ~의 해결에 대해 노력하다

3. ~에(게) 작용하다, ~를 설득하다
work(작용하다) + on(~에) = 누군가에(게) 영향을 미치며 작용하다

We have been **working on** a project together for our history class. (모평)
우리는 우리의 역사 수업을 위한 프로젝트를 함께 작업해오고 있다.

He **worked on** a major problem for the company. (모평)
그는 회사를 위해 주요 문제를 해결하기 위해 노력했다.

The campaign is **working on** working class voters, persuading them to change votes.
그 캠페인은 노동 계급 유권자들에게 작용하여, 표를 바꾸도록 그들을 설득하고 있다.

03 □□□ ★★★

rely on

~에 의지하다, ~에 의존하다 ⊜ depend on, count on, rest on
rely(의지하다) + on(~에) = ~에 의지하다

Lone animals **rely on** their own senses to defend themselves. (모평)
혼자 다니는 동물들은 스스로를 방어하기 위해 자신의 감각에 의존한다.

04 □□□ ★★★

keep an eye on

~을 계속 지켜보다, ~을 감시하다 ⊜ keep track of, monitor, watch

keep(계속 두다) + an eye(눈) + on(~에) = ~에 눈을 계속 두고 지켜보다

Would you **keep an eye on** my luggage, please? (학평)

제 짐을 계속 지켜봐 주시겠어요?

⊕ have an eye for ~에 대한 안목이 있다

05 □□□ ★★

draw on

1. ~을 끌어내다, ~을 이용하다 ⊜ use, utilize

draw(끌어내다) + on(~을) = ~을 끌어내 이용하다

2. 가까워지다 ⊜ approach

draw(끌어당기다) + on(~을) = ~을 끌어당겨 가까워지다

Designers **draw on** their experience when approaching a new project. (수능)

설계자들은 새로운 프로젝트에 접근할 때 그들의 경험을 이용한다.

As the afternoon **drew on**, people began to leave the park.

오후가 가까워지자, 사람들이 공원을 떠나기 시작했다.

06 □□□ ★★

take on

1. (책임·일을) (떠)맡다 ⊜ undertake, take the responsibility for

take(받아들이다) + on(~을) = 책임이나 일을 받아들여서 맡다

2. (특정한 특질·모습을) 띠다 ⊜ be tinged with, assume

take(가지다) + on(~을) = 특정한 특질이나 모습을 가지다

No one should **take on** a pet without making an effort to give it a good life. (학평)

반려동물에게 좋은 삶을 제공하려는 노력 없이는 그 누구도 반려동물을 맡아서는 안 된다.

Usually, an octopus **takes on** the color of its surroundings. (학평)

보통, 문어는 그것의 주변 환경의 색을 띤다.

⊕ take off (항공기 등이) 이륙하다, (옷·모자 등을) 벗다

07 □□□ ★★

reflect on

~을 숙고하다, ~을 반성하다 ⊜ dwell on, look back on

reflect(심사숙고하다) + on(~을) = ~을 심사숙고하다

We have the ability to **reflect on** our own past errors. (학평)

우리는 우리 자신의 과거 실수들을 반성하는 능력을 가지고 있다.

08 □□□ ★★

insist on

~을 주장하다, ~을 강요하다 ⊜ assert, demand

insist(주장하다) + on(~을) = ~을 주장하다

Due to the camera's inferior quality, I **insist on** receiving a full refund. (모평)

카메라의 낮은 품질 때문에, 저는 전액 환불을 받는 것을 주장합니다.

09 □□□ ★★

concentrate on

~에 집중하다 ⊜ focus on

concentrate(집중하다) + on(~에) = ~에 집중하다

The brain isn't built to **concentrate on** two things at once. 모평

뇌는 동시에 두 가지 일에 집중할 수 있도록 설계되어 있지 않다.

10 □□□ ★★

be lost on

~에게 효과가 없다, ~에게 전혀 영향을 끼치지 못하다

be lost(허비되다) + on(~에게) = ~에게 아무런 효과가 없이 허비되다

The importance of wearing a helmet **was lost on** young bike riders.

헬멧을 쓰는 것의 중요성은 젊은 자전거 운전자들에게 전혀 영향을 끼치지 못했다.

11 □□□ ★★

count on

~를 믿다, ~에 의지하다 ⊜ depend on, rely on, rest on

count(의지하다) + on(~에) = ~에 의지하다

I can always **count on** my stylist when it comes to clothing and style. 모평

옷과 스타일에 관해서라면 나는 언제나 내 스타일리스트를 믿을 수 있다.

12 □□□ ★★

hit on

(생각을) 떠올리다 ⊜ hit upon, come up with, conceive of

hit(생각이 떠오르다) + on(~에 대해) = ~대해 생각이 떠오르다

While eating sushi, he **hit on** the idea of writing a screenplay about Japan.

초밥을 먹는 동안, 그는 일본에 대한 각본을 써야겠다는 생각을 떠올렸다.

13 □□□ ★

center on

~에 초점을 두다, ~에 집중하다 ⊜ focus on, concentrate on

center(초점을 두다) + on(~에) = ~에 초점을 두다

Mothers' rules and requests **center on** ensuring the children's safety. 모평

엄마들의 규칙과 요청은 아이들의 안전을 보장하는 것에 초점을 둔다.

⊕ be centered on ~에 집중되어 있다

14 □□□ ★

stumble on

~을 우연히 발견하다, ~를 우연히 만나다 ⊜ come across

stumble(우연히 발견하다) + on(~을) = ~을 우연히 발견하다

While browsing the Internet, I **stumbled on** an ad for a magazine, *the Economist*. 학평

인터넷을 둘러보다, 나는 『이코노미스트』라는 한 잡지에 관한 광고를 우연히 발견했다.

15 □□□ ★

decide on

~을 결정하다, ~으로 정하다 ⊜ determine, choose, select

decide(결정하다) + on(~에 대해) = ~에 대해 결정하다

The teachers' committee will evaluate the presentations and **decide on** a winner. (모평)

교사 위원회가 발표를 평가하고 우승자를 결정할 것이다.

16 □□□ ★

keep on

~을 (그대로) 계속하다 ⊜ continue, persist

keep(계속하다) + on(~을) = ~을 계속하다

We need to **keep on** developing our communication skills. (학평)

우리는 우리의 의사소통 역량을 발달시키는 것을 계속해야 한다.

17 □□□ ★

be hard on

1. ~에게 엄격하다, ~를 심하게 대하다 ⊜ criticize, beat up

be hard(엄하다) + on(~에게) = ~에게 엄하게 하다

2. ~에게 좋지 않다, ~에게 부당하다

be hard(가혹하다) + on(~에게) = ~에게 부당할 정도로 가혹하다

Don't **be** too **hard on** yourself. (교과서)

당신 스스로에게 너무 엄격해서는 안 된다.

Customers always complain to me about everything. It**'s** very **hard on** me. (학평)

고객들은 항상 모든 것에 대해 내게 불평한다. 그것은 내게 아주 부당하다.

18 □□□ ★

call on

~에게 요청하다, ~에게 부탁하다 ⊜ solicit, request

call(요청하다) + on(~에게) = ~에게 요청하다

The authorities **called on** citizens to use public transportation as the traffic was heavy. (학평)

교통이 혼잡했기 때문에 당국은 대중교통을 이용해달라고 시민들에게 요청했다.

⊕ call off ~을 취소하다, ~을 철회하다, ~을 중지하다

19 □□□ ★

catch on

1. 유행하다, 인기를 얻다 ⊜ catch (on) fire, become popular

catch(사로잡다) + on(~을) = 사람들의 관심과 마음을 사로잡다

2. 알다, 이해하다 ⊜ comprehend, understand

catch(알아채다) + on(~에 대해) = 몰랐던 것에 대해 알아채다

Folk music is an enjoyable genre, but it never **caught on** like rock and roll.

포크 음악은 즐길 수 있는 장르이지만, 결코 로큰롤처럼 인기를 얻지는 못했다.

I listened to the discussion and **caught on** quickly to what it was about.

나는 논의를 듣고 그것이 무엇에 관한 것인지 재빨리 이해했다.

20 □□□ ★

tell on

1. ~를 일러바치다, ~를 나쁘게 말하다 ⊜ turn in, blow the whistle on

tell(말하다) + on(~에 대해) = ~에 대해 안 좋게 말하다

2. ~에게 (안 좋은) 영향을 미치다 ⊜ affect, take a toll on

tell(영향을 미치다) + on(~에게) = ~에게 안 좋게 영향을 미치다

When you make an error, **telling on** yourself can be a good way to protect yourself.

실수했을 때, 스스로를 일러바치는 것은 당신 자신을 보호하는 좋은 방법이 될 수 있다.

The president's hair went gray during his first term. The stress of the job **told on** him.

대통령은 첫 임기 동안 머리가 백발이 되었다. 그 일의 스트레스가 그에게 영향을 미쳤다.

21 □□□ ★

have a hold on

~을 지배하는 힘이 있다

have(지니다) + a hold(지배력) + on(~에 대해) = ~에 대해 지배력을 지니다

Despite the fact that she treats me poorly, she **has a hold on** my heart.

그녀가 나를 형편없이 대한다는 사실에도 불구하고, 그녀는 내 마음을 지배하는 힘이 있다.

22 □□□ ★

have an effect on

~에 영향을 미치다 ⊜ have an impact on, have an influence on

have(지니다) + an effect(영향력) + on(~에 대해) = ~에 대해 영향력을 지니다

Every product we buy **has an effect on** the environment. (수능)

우리가 사는 모든 제품은 환경에 영향을 미친다.

Daily Quiz

A 영어는 우리말로, 우리말은 영어로 쓰세요.

01 draw on ____________

02 be lost on ____________

03 hit on ____________

04 stumble on ____________

05 rely on ____________

06 ~을 계속 지켜보다 ____________

07 ~을 주장하다 ____________

08 ~에게 엄격하다 ____________

09 ~를 일러바치다 ____________

10 유행하다 ____________

B 빈칸에 들어갈 숙어를 골라 알맞은 형태로 쓰세요.

reflect on	call on	concentrate on
take on	depend on	keep on

11 Good sleep ____________ what you eat.
숙면은 당신이 먹는 것에 의해 좌우된다.

12 Usually, an octopus ____________ the color of its surroundings.
보통, 문어는 그것의 주변 환경의 색을 띤다.

13 The brain isn't built to ____________ two things at once.
뇌는 동시에 두 가지 일에 집중할 수 있도록 설계되어 있지 않다.

14 We need to ____________ developing our communication skills.
우리는 우리의 의사소통 역량을 발달시키는 것을 계속해야 한다.

15 We have the ability to ____________ our own past errors.
우리는 우리 자신의 과거 실수들을 반성하는 능력을 가지고 있다.

정답

01 ~을 끌어내다, ~을 이용하다, 가까워지다 02 ~에게 효과가 없다, ~에게 전혀 영향을 끼치지 못하다 03 (생각을) 떠올리다
04 ~을 우연히 발견하다, ~를 우연히 만나다 05 ~에 의지하다, ~에 의존하다 06 keep an eye on 07 insist on 08 be hard on 09 tell on
10 catch on 11 depends on 12 takes on 13 concentrate on 14 keep on 15 reflect on

DAY 11

off (1)

이탈을 의미하는 off

기준이나 원위치에서 멀리 '떨어져 나와' 이탈한 상태를 의미하며 '**벗어나, 멀리**'라고 해석한다.

01 □□□ ★★★

drop off

1. (다른 곳에) ~을 갖다주다, (차에서) ~를 내려주다

drop(내려놓다) + off(벗어나) = ~을 원래 있던 곳에서 벗어나서 내려놓다

2. 잠깐 잠들다 ㊂ doze off

drop(떨어뜨리다) + off(멀리) = 정신을 잠깐 멀리 떨어뜨려 잠들다

3. 줄어들다 ㊂ decrease, abate, fall off

drop(감소하다) + off(떨어져) = 수치나 정도가 떨어져 감소하다

Drop off the items at our donation booths.
저희의 기부 부스에 물건들을 갖다주세요.

I didn't get a good night's sleep, so I **dropped off** a few times in class the next day.
나는 잠을 푹 자지 못해서 다음 날 수업 시간에 몇 번 잠깐 잠들었다.

Due to the recession, revenue for the retail industry **dropped off**.
불경기로 인해, 소매업의 수익이 줄어들었다.

02 □□□ ★★

show off

~을 뽐내다, ~을 자랑하다

show(보여주다) + off(멀리) = 자랑하고 싶은 ~을 멀리까지 보여주다

Join our baking contest and **show off** your baking skills. (학평)
저희 제빵 대회에 참가해서 당신의 제빵 기술을 뽐내세요.

03 □□□ ★★

fall off

1. (~에서) 떨어지다

fall(떨어지다) + off(벗어나) = 기존에 있던 곳에서 벗어나 떨어지다

2. 줄어들다, 쇠퇴하다 ㊂ diminish, decrease, lessen, drop off

fall(줄어들다) + off(낮아져) = 기존의 수치나 정도에 비해 낮아져 줄어들다

He **fell off** the roof and broke his leg. (학평)
그는 지붕에서 떨어졌고 다리가 부러졌다.

Profits have **fallen off** from their peak a year ago.
수익이 1년 전 그들의 최고점에서 줄어들었다.

04 □□□ ★★

go off

1. 떠나다

go(가다) + off(벗어나) = 있던 곳에서 벗어나 떠나가다

2. (알람·경보가) 울리다, (폭탄이) 폭발하다 ⊜ set off, explode

go(~하게 되다) + off(멀리) = 알람이나 경보음이 멀리 퍼지게 될 정도로 울리다

3. (일이) 진행되다 ⊜ proceed

go(나아가다) + off(멀리) = 일이 멀리 나아가며 진행되다

It's risky to **go off** on one's own to try something new. 모평
새로운 것을 시도하기 위해 혼자서 떠나는 것은 위험하다.

I think something in your bag made the alarm **go off**. 학평
제 생각엔 당신의 가방 안에 있는 무언가가 알람을 울리게 한 것 같아요.

Our wedding reception will **go off** well.
우리의 결혼 피로연은 잘 진행될 것이다.

05 □□□ ★★

set off

1. (알람·경보가) 울리다, (폭죽을) 터뜨리다 ⊜ go off

set(~하게 하다) + off(멀리) = 알람이나 경보음이 멀리 울려 퍼지게 하다

2. ~을 유발하다 ⊜ give rise to, bring about

set(~이 되게 하다) + off(멀리) = 멀리까지 영향이 미치게 되어 ~을 유발하다

3. 출발하다 ⊜ hit the road

set(출발하다) + off(멀리) = 멀리 떠나기 위해 출발하다

Do not **set off** fireworks here. 학평
여기서 폭죽을 터뜨리지 마세요.

The wind **set off** John's ticklishness and his laughter. 학평
바람은 John의 간지럼과 웃음을 유발했다.

We **set off** from Seoul and headed southeast.
우리는 서울에서 출발하여 남동쪽으로 향했다.

06 □□□ ★★

take off

1. (항공기 등이) 이륙하다 ⊜ depart ⊖ land

take(가져가다) + off(벗어나) = 항공기가 땅에서 벗어나 하늘 위로 승객을 가져가다

2. (옷·모자 등을) 벗다 ⊜ undress ⊖ put on

take(가져가다) + off(떼어내) = 입고 있던 옷을 떼어내 가져가다

The plane should **take off** within two hours. 수능
그 비행기는 2시간 이내에 이륙할 것이다.

Take off those wet clothes before you catch a cold. 학평
감기에 걸리기 전에 그 젖은 옷을 벗으렴.

07 □□□ ★

get off

1. (교통수단에서) 내리다 ⊖ get on

get(가다) + off(벗어나) = 교통수단에서 벗어나기 위해 가다

2. 출발하다, 떠나다

get(가다) + off(멀리) = 멀리 가기 위해 출발하다

All students will have to **get off** at the next stop. 학평

모든 학생들은 다음 정류장에서 내려야 할 것이다.

Let's **get off** early on our trip.

우리 여행을 일찍 떠나자.

⊕ get ~% off ~퍼센트 할인을 받다

08 □□□ ★

put off

~을 미루다, ~을 연기하다 ⊜ postpone, hold off

put(두다) + off(멀리) = ~을 예정된 날짜에서 멀리 두어 미루다

We should **put off** our picnic due to bad weather. 학평

우리는 악천후로 인해 소풍을 연기해야 한다.

09 □□□ ★

head off

출발하다, 향하다 ⊜ head out

head(향하다) + off(멀리) = 멀리 향하기 위해 출발하다

We finished eating and decided to **head off** for more sightseeing. 학평

우리는 식사를 마쳤고 더 많은 관광을 하기 위해 출발하기로 결정했다.

10 □□□ ★

hold off

1. 연기하다, 늦추다 ⊜ put off, postpone

hold(막다) + off(멀리) = 예정된 날짜에 발생하려는 것을 막아 멀리 두고 연기하다

2. ~을 막다, ~를 물리치다

hold(막다) + off(완전히) = ~를 완전히 막아서 물리치다

The company **held off** on the launch of its product. 학평

그 회사는 제품의 출시를 연기했다.

The Spartan soldiers **held off** the Persian soldiers.

스파르타 병사들은 페르시아 병사들을 물리쳤다.

11 □□□ ★

run off

달아나다, 도망치다 ⊜ run away, get away

run(달리다) + off(멀리) = 멀리 달려서 달아나다

I tried to catch him, but he **ran off** quickly.

나는 그를 잡으려고 했지만, 그는 빠르게 달아났다.

12 □□□ ★

give off

(냄새를) 풍기다, (열·빛을) 방출하다 ≡ give forth, give out, emit

give(내다) + off(멀리) = 멀리 냄새 등을 내어 풍기다

These flowers **give off** fragrant scents.

이 꽃들은 향긋한 향기를 풍긴다.

13 □□□ ★

kick off

~을 시작하다, ~의 막을 열다 ≡ open, start, begin

kick(차다) + off(멀리) = 공을 멀리 차서 축구를 시작하듯 ~을 시작하다

The invention of pizza **kicked off** the tomato's popularity. 교과서

피자의 발명은 토마토의 인기의 막을 열었다.

14 □□□ ★

start off

~을 시작하다, ~을 출발하다 ≡ begin

start(시작하다) + off(벗어나) = 이전 것에서 벗어나 ~을 새롭게 시작하다

Being with my friends was a nice way to **start off** the new year.

내 친구들과 함께 있었던 것은 새해를 시작하는 좋은 방법이었다.

15 □□□ ★

see off

~를 배웅하다

see(보다) + off(멀리) = 멀리 가는 모습을 보며 ~를 배웅하다

This morning, he kindly **saw off** his friend at the airport. 교과서

오늘 아침에, 그는 친절하게도 공항에서 자신의 친구를 배웅해 주었다.

16 □□□ ★

keep off

~을 피하다, ~을 차단하다, ~을 막다

keep(유지하다) + off(멀리) = 멀리 떨어진 상태를 유지하여 ~을 피하다

Applying the lotion to your skin **keeps off** mosquitoes.

피부에 그 로션을 바르는 것은 모기를 차단한다.

17 □□□ ★

get off to a good start

좋은 출발을 하다, 출발이 순조롭다

get(가다) + off(벗어나) + to(~로) + a good start(좋은 출발)
= 기존 상황에서 벗어나 좋은 출발로 가다

Add blueberries to a smoothie to **get off to a good start** in the morning. 교과서

아침에 좋은 출발을 하기 위해서는 스무디에 블루베리를 첨가하세요.

18 □□□ ★

off duty

근무 중이 아닌, 비번인 ↔ on duty

off(벗어나) + duty(근무) = 근무에서 벗어나 있는

He was **off duty**, so I had to do the work instead of him.

그가 근무 중이 아니어서, 내가 그 대신 일을 해야 했다.

분리를 의미하는 off

원래의 상태에서 무언가가 '떨어져 나와' 분리된 상태를 의미하며 '**떼어낸**'이라고 해석한다.

---

19 □□□ ★★

cut off

1. ~을 잘라내다, ~을 베다 = cut out, cut down

cut(자르다) + off(떼어낸) = ~을 잘라서 떼어내다

2. ~을 중단시키다, ~을 가로막다 = block, shut off

cut(끊다) + off(중단하여) = 진행되고 있던 ~을 중단하여 끊다

Earlier pioneers **cut off** all trees, so we had to reforest the land.

초기 개척자들이 모든 나무를 베어 버렸기 때문에, 우리는 그 땅에 나무를 다시 심어야 했다.

Don't **cut** me **off** when I'm talking.

내가 이야기하고 있을 때는 나를 가로막지 마.

---

20 □□□ ★★

block off

1. (시간을) 따로 떼어두다 = set aside

block(구획화하다) + off(떼어낸) = 시간을 구획화해서 따로 떼어두다

2. (길·통로 등을) 막다, 차단하다

block(막다) + off(완전히) = 길이나 통로를 완전히 막아 차단하다

Block off a large chunk of time every day for creative work. (모평)

창조적인 일을 위해 매일 큰 분량의 시간을 따로 떼어두어라.

The big truck **blocked off** the road, and it caused a traffic problem.

큰 트럭이 길을 막았고, 그것은 교통 문제를 일으켰다.

---

21 □□□ ★★

peel off

(껍질 등을) 벗기다, (표면이) 벗겨지다 = peel away, come off

peel(껍질을 벗기다) + off(떼어낸) = 붙어있던 껍질을 떼어내 벗기다

After boiling the eggs, **peel off** the shells.

달걀을 삶은 후, 껍데기를 벗겨라.

---

22 □□□ ★

come off

(붙어 있던 것이) 떨어지다 = peel off, peel away

come(~이 되다) + off(떼어낸) = 붙어 있던 것이 떼어내어 떨어진 상태가 되다

Old paint coats are **coming off**, so we should redo the painting.

오래된 페인트칠들이 떨어지고 있어서, 우리는 페인트칠을 다시 해야 한다.

⊕ come on! 서둘러! 힘 내!

23 □□□ ★

break off

1. 분리되다, 갈라지다, 떨어져 나오다 ⊜ come off

break(끊어지다) + off(떼어낸) = 떼어내자 끊어지면서 분리되다

2. (하던 것을) 갑자기 중단하다 ⊜ stop, quit, cease

break(끊다) + off(완전히) = 하던 것을 갑작스럽게 완전히 끊어버리다

Sam **broke off** from the company and started his own firm.

샘은 회사에서 떨어져 나와서 자신의 회사를 차렸다.

The teacher **broke off** in the middle of a sentence.

선생님은 말을 하던 도중에 갑자기 (말을) 중단했다.

24 □□□ ★

shake off

1. (먼지 등을) 털어내다, (생각·느낌을) 떨쳐내다 ⊜ get rid of

shake(털다) + off(떼어낸) = 창틀 등에서 먼지를 털어 떼어내다

2. (뒤쫓는 사람을) 따돌리다

shake(털다) + off(멀리) = 뒤쫓아 오는 사람을 멀리 털어내 따돌리다

During her family's absence, she couldn't **shake off** feelings of isolation. (학평)

그녀의 가족들이 없는 동안, 그녀는 소외감을 떨쳐낼 수 없었다.

I ran fast to **shake off** the pursuer.

추적자를 따돌리기 위해 나는 빠르게 달렸다.

25 □□□ ★

lay off

1. ~를 해고하다 ⊜ dismiss, let ~ go

lay(두다) + off(떼어낸) = ~를 다니던 직장에서 떼어내 두어 해고하다

2. ~을 그만 먹다, ~을 그만하다

lay(두다) + off(멀리) = 하고 있던 ~을 멀리 두어 그만하다

Many companies had to **lay off** their employees due to the economic recession.

경기 침체로 인해 많은 회사들이 직원들을 해고해야 했다.

My father promised to **lay off** the midnight snacks and lose some weight. (교과서)

우리 아빠는 야식을 그만 먹고 살을 좀 빼겠다고 약속했다.

26 □□□ ★

tear off

~을 떼어내다, 옷을 벗어 던지다

tear(뜯다) + off(떼어낸) = 붙어 있던 것을 뜯어내 떼어내다

Kim **tore off** his clothes and jumped into the swimming pool.

Kim은 옷을 벗어 던지고 수영장 안으로 뛰어들었다.

27 □□□ ★

take one's eyes off

~에서 눈을 떼다

take(가져가다) + one's eyes(자신의 눈) + off(떼어내) = 바라보던 눈을 떼어내 딴 곳으로 가져가다

The show was so awesome that I couldn't **take my eyes off** the stage. 학평

그 쇼는 너무 멋져서 나는 무대에서 눈을 뗄 수 없었다.

Daily Quiz

A 영어는 우리말로, 우리말은 영어로 쓰세요.

01 show off ______________

02 hold off ______________

03 head off ______________

04 get off ______________

05 lay off ______________

06 (옷·모자 등을) 벗다 ______________

07 근무 중이 아닌 ______________

08 좋은 출발을 하다 ______________

09 ~을 유발하다 ______________

10 달아나다, 도망치다 ______________

B 빈칸에 들어갈 숙어를 골라 알맞은 형태로 쓰세요.

see off	drop off	give off
kick off	block off	put off

11 These flowers ______________ fragrant scents.

이 꽃들은 향긋한 향기를 풍긴다.

12 ______________ the items at our donation booths.

저희의 기부 부스에 물건들을 갖다주세요.

13 We should ______________ our picnic due to bad weather.

우리는 악천후로 인해 소풍을 연기해야 한다.

14 This morning, he kindly ______________ his friend at the airport.

오늘 아침에, 그는 친절하게도 공항에서 자신의 친구를 배웅해 주었다.

15 The invention of pizza ______________ the tomato's popularity.

피자의 발명은 토마토의 인기의 막을 열었다.

정답

01 ~을 뽐내다, ~을 자랑하다 **02** 연기하다, 늦추다, ~을 막다, ~를 물리치다 **03** 출발하다, 향하다 **04** (교통 수단에서) 내리다, 출발하다, 떠나다 **05** ~를 해고하다, ~을 그만 먹다, ~을 그만하다 **06** take off **07** off duty **08** get off to a good start **09** set off **10** run off **11** give off **12** drop off **13** put off **14** saw off **15** kicked off

D A Y
12 off (2)

쇠퇴·소멸 을 의미하는 off

기량이 점점 '떨어져 나와' 쇠퇴하거나 소멸한 상태를 의미하며 **'낮아져, 없어져'**라고 해석한다.

---

01 □□□ ★★

cool off

1. (더위·열기 등을) 식히다 ≡ cool down

cool(차갑게 하다) + off(낮아져) = 차갑게 해서 더위나 열기를 낮추다

2. 진정하다, ~를 진정하게 하다 ≡ calm down, soothe

cool(식히다) + off(없어져) = 뜨거운 화를 식혀 없애서 진정하다

This park is a popular place to **cool off** in the hot summer. 모평

이 공원은 뜨거운 여름에 더위를 식힐 수 있는 인기 있는 장소이다.

When a couple begins to argue, it is best to take time to **cool off** before continuing the conversation.

커플이 말다툼을 시작할 때는, 대화를 계속하기 전에 진정할 시간을 갖는 것이 가장 좋다.

---

02 □□□ ★

cross off

(선을 그어) ~을 지우다 ≡ cross out, strike out

cross(선을 긋다) + off(없어져) = 선을 그어서 ~을 없어지게 하다

Cross toothpaste **off** your shopping list since I already bought some earlier.

내가 이전에 이미 치약을 몇 개 사두었으니까 그것을 네 쇼핑 리스트에서 지우렴.

---

03 □□□ ★

wipe off

~을 닦아내다 ≡ wipe away

wipe(닦다) + off(없어져) = ~을 닦아서 없애다

She felt tears falling down her cheeks. She slowly **wiped** them **off**. 학평

그녀는 눈물이 자신의 볼을 타고 흘러내리는 것을 느꼈다. 그녀는 천천히 그것을 닦아냈다.

---

04 □□□ ★

wear off

닳아서 없어지다, 차츰 없어지다 ≡ wear out, fade away

wear(닳다) + off(없어져) = 닳아서 점점 없어지다

When people get a raise, they might be more motivated for a short period of time, but that soon **wears off**. 학평

사람들이 급여 인상을 받게 되면, 잠깐은 좀 더 동기 부여가 될지도 모르지만, 그것은 머지않아 차츰 없어진다.

05 □□□ ★
sell off

~을 (싸게) 팔아 치우다
sell(팔다) + off(없어져) = ~을 (싸게) 팔아서 없애버리다

Some ticket holders **sold off** their seats on the black market. 학평
일부 티켓 소지자들은 암시장에서 그들의 좌석을 팔아 치웠다.

06 □□□ ★
laugh off

~을 웃어넘기다 ≡ laugh away
laugh(웃다) + off(없어져) = ~을 웃어넘겨서 없애버리다

They just **laughed off** his strange joke.
그들은 그의 이상한 농담을 그냥 웃어넘겼다.

07 □□□ ★
doze off

졸다, 깜빡 잠이 들다
doze(졸다) + off(없어져) = 졸다가 깜빡 의식이 없어지다

Suddenly, just a few minutes after he **dozed off**, something woke him up. 학평
그가 깜빡 잠이 들고 나서 몇 분이 지나지 않아, 갑자기 무언가가 그를 깨웠다.

08 □□□ ★
off balance

균형을 잃은
off(없어져) + balance(균형)= 균형을 잃어 없어진

We don't like to be **off balance**. We want to keep things in a stable condition. 수능
우리는 균형을 잃는 것을 좋아하지 않는다. 우리는 상황을 안정된 상태로 유지하기를 원한다.

중단 을 의미하는 off

진행 경로에서 '떨어져 나와' 중단된 상태를 의미하며 '**중단하여, 그만두어**'라고 해석한다.

09 □□□ ★★
switch off

1. (스위치·전원 등을) 끄다 ≡ turn off
switch(스위치를 누르다) + off(중단하여) = 스위치를 눌러 작동을 중단시키다

2. ~에 흥미를 잃다, ~에 기운이 없어지다 ≡ be turned off, be shut down
switch(바꾸다) + off(없어져) = 관심 대상을 바꾸어 ~에 흥미가 없어지다

Due to the budget, we **switch off** all the streetlights at night.
예산 때문에, 우리는 이제 야간에 모든 가로등을 끈다.

Our brains **switch off** familiar things around us.
우리의 뇌는 우리 주변의 친숙한 것들에 흥미를 잃는다.

10 □□□ ★★
turn off

(TV·전기·가스·수도 등을) 끄다, 잠그다 ⊜ switch off
turn(변화시키다) + off(중단하여) = 작동하던 것을 중단하도록 변화시키다

Turn off the lights when you go to bed. 모평
잠자리에 들 때는 불을 꺼라.

11 □□□ ★
take time off

휴식을 취하다, 휴가를 내다 ⊜ take a vacation
take(갖다) + time(시간) + off(중단하여) = 일을 중단하고 휴식 시간을 갖다

You will work better if you **take time off** for relaxation. 모평
휴식을 위해서 휴가를 낸다면 당신은 일을 더 잘할 수 있을 것입니다.

⊕ take a day off 하루 휴가를 내다

12 □□□ ★
shut off

~을 멈추다, ~을 차단하다, ~을 끄다 ⊜ cut off, block off
shut(닫다) + off(중단하여) = 전기나 시스템을 닫아 ~을 중단시키다

When family members eat together, they should **shut off** the television.
가족 구성원들이 함께 식사할 때는, 텔레비전을 꺼야 한다.

13 □□□ ★
call off

~을 취소하다, ~을 철회하다, ~을 중지하다 ⊜ cancel
call(외치다) + off(그만두어) = ~을 그만둔다고 외쳐 취소하다

We had to **call off** the trip to Russia due to the war.
우리는 전쟁으로 인해 러시아로 가는 여행을 취소해야 했다.

14 □□□ ★
leave off

중단하다, 멈추다
leave(떠나다) + off(중단하여) = 중단한 채로 떠나다

Let's continue from where we **left off**. 모평
우리가 중단했던 곳부터 이어서 계속해 보자.

15 □□□ ★
on and off

하다가 말다가, 불규칙하게 ⊜ intermittently
on(진행하여) + and(그리고) + off(그만두어) = 진행하다가 그만하다가

It rained **on and off** for most of the day, so we decided to stay home.
비가 거의 온종일 불규칙하게 와서, 우리는 집에 있기로 했다.

전체·완료 를 의미하는 off

무언가를 끝내서 주어진 의무에서 완전히 '떨어져 나온' 상태를 의미하며, '**완전히, 끝까지**'라고 해석한다.

16 □□□ ★★★

pay off

1. (빚을) 갚다, 청산하다

pay(지불하다) + off(완전히) = 빚을 완전히 지불하여 갚다

2. 큰 벌이가 되다, 성과가 나다, 잘 되어가다

pay(이득이 되다) + off(완전히) = 완전히 이득이 될 만큼 큰 벌이가 되다

My parents **paid off** all of their credit cards in one year.
부모님은 1년 후에 그들의 모든 신용카드 빚을 갚으셨다.

The company's advertising must be **paying off** because it is receiving a lot of new inquiries.
그 회사의 광고는 새로운 문의를 많이 받고 있기 때문에 성과가 나고 있음이 틀림 없다.

17 □□□ ★★

fight off

~을 퇴치하다, ~를 물리치다

fight(싸우다) + off(끝까지) = 끝까지 싸워 ~을 퇴치하다

Our bodies have the natural ability to **fight off** bacteria and diseases. 수능
우리의 몸은 세균과 질병을 퇴치할 수 있는 자연적인 능력을 가지고 있다.

18 □□□ ★★

close off

~을 폐쇄하다, ~을 차단하다 ≡ block off

close(닫다) + off(완전히) = ~을 완전히 닫아 폐쇄하다

The police **closed off** the street to investigate the crime scene.
경찰은 범죄 현장을 조사하기 위해 도로를 폐쇄했다.

19 □□□ ★

carry off

1. ~을 잘 해내다 ≡ accomplish, achieve, complete

carry(수행하다) + off(끝까지) = ~을 끝까지 잘 수행해내다

2. ~을 실어 나르다

carry(나르다) + off(멀리) = ~을 멀리 실어 나르다

Without your help, I would never have been able to **carry off** the party.
네 도움이 없었다면, 나는 결코 그 파티를 잘 해낼 수 없었을 거야.

Ants **carry off** dead members to burial grounds. 모평
개미는 죽은 구성원을 매장지로 실어 나른다.

20 □□□ ★

pull off

~을 해내다, ~을 성공하다 ＝ achieve

pull(끌고 가다) + off(끝까지) = ~을 끝까지 끌고 가서 해내다

Successful businessmen know the way to **pull off** a successful deal. 학평

성공한 사업가들은 성공적인 거래를 성사시키는 방법을 알고 있다.

21 □□□ ★

work off

~을 해결하다, ~을 해소하다

work(해결하다) + off(완전히) = ~을 완전히 해결하다

Work is an effective means of **working off** anger. 수능

일은 분노를 해소하는 효과적인 수단이다.

22 □□□ ★

be well off

잘 살다, 부유하게 살다 ＝ be affluent, be wealthy ↔ be badly off

be well(형편이 좋다) + off(완전히) = 형편이 완전히 좋아서 잘 사는

Compared to past generations, we **are** quite **well off**. 학평

과거 세대들에 비하면, 우리는 상당히 부유하게 산다.

➕ be better off (~보다) 더 잘 살다

23 □□□ ★

be badly off

1. 넉넉지 못하다, 가난하다 ＝ be impoverished ↔ be well off

be badly(형편이 좋지 않다) + off(완전히) = 형편이 완전히 좋지 않아서 가난하다

2. (상황·상태가) 나쁘다, 난처하다

be badly(나쁘다) + off(완전히) = 상황이 완전히 나빠져 난처하다

He **was badly off** after losing his job.

그는 실직한 후에 넉넉지 못했다.

When she got the flu, she **was** too **badly off** to get out of bed.

독감에 걸렸을 때, 그녀는 상태가 너무 나빠서 침대에서 나올 수 없었다.

Daily Quiz

A 영어는 우리말로, 우리말은 영어로 쓰세요.

01 wipe off ________

02 cross off ________

03 wear off ________

04 work off ________

05 on and off ________

06 ~을 퇴치하다 ________

07 휴식을 취하다 ________

08 졸다 ________

09 균형을 잃은 ________

10 ~을 (싸게) 팔아 치우다 ________

B 빈칸에 들어갈 숙어를 골라 알맞은 형태로 쓰세요.

pull off	call off	switch off
close off	cool off	pay off

11 My parents ________ all of their credit cards in one year.
부모님은 1년 후에 그들의 모든 신용카드 빚을 갚으셨다.

12 Successful businessmen know the way to ________ a successful deal.
성공한 사업가들은 성공적인 거래를 성사시키는 방법을 알고 있다.

13 Our brains ________ familiar things around us.
우리의 뇌는 우리 주변의 친숙한 것들에 흥미를 잃는다.

14 This park is a popular place to ________ in the hot summer.
이 공원은 뜨거운 여름에 더위를 식힐 수 있는 인기 있는 장소이다.

15 We had to ________ the trip to Russia due to the war.
우리는 전쟁으로 인해 러시아로 가는 여행을 취소해야 했다.

정답

01 ~을 닦아내다 **02** (선을 그어) ~을 지우다 **03** 닳아서 없어지다, 차츰 없어지다 **04** ~을 해결하다, ~을 해소하다 **05** 하다가 말다가, 불규칙하게
06 fight off **07** take time off **08** doze off **09** off balance **10** sell off **11** paid off **12** pull off **13** switch off **14** cool off
15 call off

DAY
13 at

음성 바로 듣기

지점 을 의미하는 **at**

시간적 또는 공간적 지점'에' 있는 상태를 의미하며 '**(지점)에**' 라고 해석한다.

01 □□□ ★★

at hand

(시간·거리상으로) 가까이(에 있는) ≡ imminent

at(~에) + hand(손) = 시간이나 거리가 손이 닿을 만큼 가까이에 있는

With the deadline close **at hand**, she was still struggling with her writing. (모평)

마감 기한이 가까이에 있음에도 불구하고, 그녀는 여전히 글 쓰는 데 어려움을 겪고 있었다.

02 □□□ ★★

at the bottom of

~의 밑바닥에, ~의 하단에

at(~에) + the bottom(밑바닥) + of(~의) = ~의 밑바닥에

To make a donation, simply phone the number that appears **at the bottom of** your TV screen. (수능)

기부를 하시려면, TV 화면의 하단에 나오는 번호로 전화하시기만 하면 됩니다.

03 □□□ ★

at a distance

(시간·공간상으로) 멀리서, 멀리 떨어져 ≡ from a distance, far away

at(~에서) + a distance(먼 거리) = 시간이나 공간상 먼 거리에서

A snowy owl has excellent vision both in the dark and **at a distance.** (학평)

흰올빼미는 어둠 속에서나 멀리 떨어져서나 모두 훌륭한 시야를 가지고 있다.

04 □□□ ★

at the age of

~의 나이에

at(~에) + the age(나이) + of(~의) = ~의 나이에

He announced his retirement **at the age of** twenty seven. (모평)

그는 27세의 나이에 은퇴를 발표했다.

05 □□□ ★

at the end of

~의 끝에, ~의 말에

at(~에) + the end(끝) + of(~의) = ~의 끝에

My passport expires **at the end of** the year. (학평)

나의 여권은 올해 말에 만기된다.

상태
를 의미하는 at

어떤 상태'에' 처해 있는 상황을 의미하며 '**~의 상태인**'이라고 해석한다.

06 □□□ ★★
at risk

위험한 상태에 있는, 위험에 처한 ⊜ at stake, in jeopardy

at(~의 상태인)+ risk(위험) = 위험한 상태에 있는

The safety of our children is **at risk** due to the disregard for speed limits by motorists. (학평)

자동차 운전자들의 제한 속도 무시로 인해 우리 아이들의 안전이 위험에 처해 있습니다.

⊕ put ~ at risk ~을 위험에 처하게 하다

07 □□□ ★★
at the expense of

~을 희생해가며 ~의 대가로 ⊜ at the cost of, at the price of

at(~의 상태인) + the expense(희생) + of(~의) = ~의 희생이 있는 상태에 있는

In Kenya, farmers grow export crops such as tea and coffee **at the expense of** basic food production. (수능)

케냐에서는, 농부들이 기본 식량의 생산을 희생해가며 차와 커피 같은 수출 작물을 재배한다.

08 □□□ ★★
at a glance

한눈에, 즉시 ⊜ at first glance

at(~의 상태인) + a glance(힐끗 보기) = 힐끗 본 상태에서도 한눈에 (들어 오는)

This poster is well designed. The students can know **at a glance** what this poster is about. (학평)

이 포스터는 잘 디자인되었다. 학생들은 이 포스터가 무엇에 관한 것인지 한눈에 알 수 있다.

⊕ glance at ~을 힐끗 보다

09 □□□ ★★
at (the) sight of

~을 보고

at(~의 상태인) + the sight(보기) + of(~을) = 무언가를 보고 있는 상태로

She stood open-mouthed **at the sight of** the endless field. (수능)

끝없이 펼쳐진 밭을 보고 그녀는 입을 다물지 못한 채 서 있었다.

10 □□□ ★★
at best

기껏해야, 잘해야 ⊜ at (the) utmost, at (the) most ⊖ at worst

at(~의 상태인) + best(최상) = 최상의 상태라 해봐야 기껏

She was surprised to win the contest. **At best**, she expected to get third place.

그녀는 대회에서 우승하게 되어 놀랐다. 잘해야, 그녀는 3등을 할 것이라고 예상했다.

11 □□□ ★★

at length

1. 마침내, 드디어 ⊜ finally, eventually

at(~의 상태인) + length(긴 시간) = 긴 시간이 흐른 상태에서 마침내

2. 상세히, 길게 ⊜ long, thoroughly

at(~의 상태인) + length(긴 시간) = 긴 시간이 흐를 만큼 상세히

He went looking for a reliable-looking jeweler. **At length**, he saw one and went in. (모평)

그는 믿을 만해 보이는 보석상을 찾으러 갔다. 마침내, 그는 한 곳을 보았고 안으로 들어갔다.

The publisher talked **at length** about the novel.

출판업자는 그 소설에 대해 상세히 이야기했다.

12 □□□ ★★

at variance with

~과 일치하지 않는, ~과 상충하는 ⊜ inconsistent with

at(~의 상태인) + variance(불일치) + with(~과) = ~과 불일치 상태인

The politician's statements were **at variance with** the truth, meaning that he lied. (수능)

그 정치인의 진술은 사실과 일치하지 않았고, 이는 그가 거짓말을 했다는 것을 의미했다.

13 □□□ ★★

at an angle

기울어져, 비스듬히

at(~의 상태인) + an angle(각도) = 각도를 이룬 상태로 기울어져서

The chef held the knife **at an angle** to slice meat.

요리사는 고기를 썰기 위해 칼을 비스듬히 들었다.

14 □□□ ★★

at (one's) ease

편안하게, 안심하고 ⊜ relaxed, comfortable ⊝ on edge, anxious

at(~의 상태인) + one's ease(자신의 편안함) = 자신이 편안한 상태로

Interior designers often paint bright colors to put the viewer **at ease**.

인테리어 디자이너들은 보는 사람을 편안하게 하기 위해 종종 밝은색으로 페인트를 칠한다.

15 □□□ ★

at random

임의로, 무작위로, 마구잡이로 ⊜ arbitrarily

at(~의 상태인) + random(임의의) = 임의의 상태로

Look at five pages **at random** and count the number of words you know. (학평)

무작위로 다섯 페이지를 보고 당신이 아는 단어의 개수를 세어 보세요.

16 □□□ ★

at all cost(s)

무슨 수를 써서라도, 반드시 ⊜ at any expense, by any means

at(~의 상태인) + all(모든) + costs(희생) = 모든 희생이 있는 상태에도 반드시

Some sports coaches put pressure on children to win **at all costs**. (수능)

일부 스포츠 코치들은 아이들에게 무슨 수를 써서라도 이기도록 압박을 가한다.

17 □□□ ★

at a loss

당황한, 어쩔 줄을 모르는 ⊜ baffled

at(~의 상태인) + a loss(잃음) = 당황해서 할 말을 잃은 상태에 있는

I was **at a loss** to find out that I had gotten several speeding tickets.

나는 내가 여러 개의 과속 딱지를 받았다는 것을 알게 되어 당황했다.

18 □□□ ★

at stake

위험에 처한, 성패가 달린 ⊜ at risk, in jeopardy

at(~의 상황에 처한) + stake(도박) = 도박을 하는 것처럼 위험한 상황에 처한

If we fail to reduce greenhouse gas emissions, much will be **at stake**.

만약 우리가 온실가스 배출을 줄이지 못한다면, 많은 것이 위험에 처할 것이다.

19 □□□ ★

at one's disposal

~의 마음대로 사용할 수 있는 ⊜ at one's fingertips, available

at(~의 상태인) + one's disposal(자신의 자유 재량권)
= 자신의 자유 재량권에 따라 마음대로 사용할 수 있는

Painters have an infinite range of colors **at their disposal.** (학평)

화가들은 그들의 마음대로 사용할 수 있는 무한한 종류의 색깔을 가지고 있다.

대상을 의미하는 at

어떤 대상'에' 대해 특정한 행동을 하는 상태를 의미하며 '**~을, ~에 대해**'라고 해석한다.

20 □□□ ★★★

be good at

~을 잘하다, ~에 능숙하다 ⊜ be skilled at, be adept at ⊖ be poor at

be good(잘하다) + at(~을) = ~을 잘하다

Extroverts **are good at** performing tasks under pressure. (교과서)

외향적인 사람들은 압박감 속에서도 일을 수행하는 것을 잘한다.

21 □□□ ★★★

take a look at

~을 (한 번) 보다 ⊜ take a glance at

take(취하다) + a look(한 번 보기) + at(~을) = ~을 한 번 보는 자세를 취하다

Please **take a look at** the attached receipt. (학평)

첨부된 영수증을 한 번 봐 주세요.

22 □□□ ★★

stare at

(가만히) ~을 바라보다, ~을 응시하다 ⊜ look at, gaze at

stare(빤히 응시하다) + at(~을) = ~을 빤히 응시하다

As soon as you feel the beginning effects of seasickness, go to the deck of the ship and **stare at** the horizon. (학평)

뱃멀미의 초기 증상을 느끼는 즉시, 배의 갑판으로 가서 수평선을 바라보아라.

23 □□□ ★★
gaze at

(가만히) ~을 바라보다, ~을 응시하다 ⊜ look at, stare at

gaze(가만히 보다) + at(~을) = ~을 가만히 바라보다

Astronomers **gazed at** the moons of Jupiter.

천문학자들은 목성의 위성들을 바라보았다.

24 □□□ ★
point at

~을 가리키다, ~을 겨누다 ⊜ indicate, finger

point(가리키다) + at(~을) = 손가락으로 ~을 가리키다

As parents read books to children, they typically **point at** the picture and say the name of the object. (학평)

부모들이 아이들에게 책을 읽어줄 때, 그들은 일반적으로 그림을 가리키면서 그 사물의 명칭을 말한다.

25 □□□ ★
laugh at

1. ~을 비웃다, ~를 놀리다 ⊜ make fun of

laugh(웃다) + at(~에 대해) = ~에 대해 가리키며 비웃다

2. ~을 듣고 웃다, ~을 보고 웃다

laugh(웃다) + at(~에 대해) = ~에 대해 듣거나 보고 웃다

The critics **laughed at** his childish style of painting.

비평가들은 그의 유치한 그림 스타일을 비웃었다.

She **laughed at** the joke.

그녀는 농담을 듣고 웃었다.

26 □□□ ★
be aimed at

~을 목표로 하다, ~을 대상으로 하다 ⊜ be targeted at

be aimed(목표로 삼다) + at(~을) = ~을 목표로 삼다

I read *Pinocchio* to my three-month-old son, even though the book **is aimed at** four-year-old kids. (학평)

비록 그 책은 4세 아이들을 대상으로 하지만, 나는 3개월 된 아들에게 『피노키오』를 읽어준다.

Daily Quiz

A 영어는 우리말로, 우리말은 영어로 쓰세요.

01 at stake ____________________

02 at variance with ____________________

03 at a glance ____________________

04 be aimed at ____________________

05 at one's disposal ____________________

06 ~을 잘하다 ____________________

07 임의로 ____________________

08 무슨 수를 써서라도 ____________________

09 당황한 ____________________

10 ~을 비웃다 ____________________

B 빈칸에 들어갈 숙어를 골라 알맞은 형태로 쓰세요.

at hand	at best	at the expense of
at the age of	at the sight of	at ease

11 She was surprised to win the contest. ____________________, she expected to get third place.

그녀는 대회에서 우승하게 되어 놀랐다. 잘해야, 그녀는 3등을 할 것이라고 예상했다.

12 In Kenya, farmers grow export crops such as tea and coffee ____________________ basic food production.

케냐에서는, 농부들이 기본 식량의 생산을 희생해가며 차와 커피 같은 수출 작물을 재배한다.

13 She stood open-mouthed ____________________ the endless field.

끝없이 펼쳐진 밭을 보고 그녀는 입을 다물지 못한 채 서 있었다.

14 He announced his retirement ____________________ twenty seven.

그는 27세의 나이에 은퇴를 발표했다.

15 With the deadline close ____________________, she was still struggling with her writing.

마감 기한이 가까이에 있음에도 불구하고, 그녀는 여전히 글 쓰는 데 어려움을 겪고 있었다.

정답

01 위험에 처한, 성패가 달린 **02** ~과 일치하지 않는, ~과 상충하는 **03** 한눈에, 즉시 **04** ~을 목표로 하다, ~을 대상으로 하다 **05** ~의 마음대로 사용할 수 있는 **06** be good at **07** at random **08** at all cost(s) **09** at a loss **10** laugh at **11** At best **12** at the expense of **13** at the sight of **14** at the age of **15** at hand

DAY

14 over

음성 바로 듣기

너머·초과를 의미하는 over

기준 위치의 위쪽 '너머로' 이동하는 상태를 의미하며, '**~ 위로, 너머로, 넘어서**'라고 해석한다.

---

01 □□□ ★★★

take over

1. (기업·책임을) 이어받다, 인수하다 ⊜ inherit
take(받다) + over(너머로) = 기업이나 책임을 넘겨 받다

2. ~을 차지하다, ~을 장악하다 ⊜ acquire
take(차지하다) + over(전체에 걸쳐서) = 영역이나 범위 전체에 걸쳐서 ~을 차지하다

The newcomer will **take over** his job.
신입사원이 그의 일을 이어받을 것이다.

Golf course developers **take over** good farmland. 모평
골프장 개발업자들은 좋은 농지를 차지한다.

---

02 □□□ ★★★

pull over

(길 한쪽에) 차를 세우다 ⊜ pull up, stop
pull(당기다) + over(~ 위로) = 브레이크를 위로 당겨 차를 세우다

Why don't we **pull over**? It's raining cats and dogs. 학평
우리 차를 세우는 게 어때? 비가 억수같이 내리고 있어.

---

03 □□□ ★★

get over

~을 극복하다 ⊜ overcome
get(상태가 되다) + over(넘어서) = 문제나 위기를 넘어선 상태가 되어 ~을 극복하다

We can help you **get over** your nervousness and develop self-confidence. 학평
저희는 당신이 초조함을 극복하고 자신감을 기르도록 도와드릴 수 있습니다.

⊕ get over with ~을 해내다, ~을 끝내다

---

04 □□□ ★★

hand over

~을 넘겨주다, ~을 양도하다 ⊜ cede, give over
hand(건네주다) + over(너머로) = ~을 저 너머로 건네주다

Frightened by the robber, she **handed over** her wallet to him.
강도에 의해 겁에 질려, 그녀는 그에게 자신의 지갑을 넘겨주었다.

05 □□□ ★★
call over

(이름·명단을) 부르다 ⊜ summon
call(부르다) + over(너머로) = 저 너머로 부르다

Richard **called over** a waiter and asked him for whipped cream. 모평
Richard는 종업원을 불러 그에게 휘핑크림을 요청했다.

06 □□□ ★
run over

1. (차가) ~를 치다 ⊜ knock down, hit
run(돌진하다) + over(~ 위로) = 차가 누군가의 위로 돌진하다

2. (시간·비용 등이 예상을) 초과하다 ⊜ exceed
run(되다) + over(~을 초과하여) = 예상값을 초과한 상태가 되다

Electric cars are too quiet, so pedestrians are likely to be **run over** by them.
전기자동차는 너무 조용해서, 보행자들이 그것에 치일 가능성이 높다.

I was late because a client meeting had **run over**.
고객 미팅 시간이 예상을 초과해서 나는 늦었다.

⊕ run over with ~으로 넘치다 run over to ~에게 달려가다, ~에 잠깐 들르다

07 □□□ ★
fall over

(~에 걸려) 넘어지다
fall(넘어지다) + over(~ 위로) = 발이 ~에 걸려 그 위로 넘어지다

I lost my keys as I tripped and **fell over** a stone. 학평
나는 발이 돌에 걸려 넘어지면서 열쇠를 잃어버렸다.

08 □□□ ★
move over

비키다, 자리를 옮기다
move(이동하다) + over(너머로) = 공간을 만들기 위해 저 너머로 이동해 비키다

Please **move over**. This is an emergency! 교과서
비켜주세요. 응급상황입니다!

09 □□□ ★★
give oneself over to

~에 몰두하다, ~에 빠지다 ⊜ be absorbed in, immerse oneself in
give(주다) + oneself(자기 자신) + over(너머로) + to(~에)
= ~에 자기 자신을 넘겨 줄 만큼 몰두하다

Adults think that it is immature and childish to **give themselves over to** play. 수능
성인들은 놀이에 몰두하는 것이 미숙하고 유치하다고 생각한다.

10 □□□ ★
come over (to)

(~로) 오다
come(오다) + over(넘어서) + to(~로) = 원래 있던 곳을 넘어서 다른 곳으로 오다

Could you **come over to** my office right now? 학평
지금 당장 제 사무실로 와 주시겠어요?

전체·완료
를 의미하는 over

대상의 '위쪽에서' 그 대상 전체를 완전하게 바라보는 상태를 의미하며, '**전체에 걸쳐, 온통, 끝난**'이라고 해석한다.

11 □□□ ★★

go over

1. ~을 복습하다, ~을 검토하다 ⊜ review
go(지나가다) + over(전체에 걸쳐) = 배운 ~을 전체에 걸쳐 지나가며 복습하다

2. ~을 점검하다, ~을 조사하다 ⊜ examine, search, look into
go(지나가다) + over(전체에 걸쳐) = ~을 전체에 걸쳐 지나다니며 점검하고 조사하다

3. (건너)가다
go(가다) + over(너머로) = 저 너머로 건너가다

I went to the library to **go over** my notes one last time. (교과서)
나는 마지막으로 한 번 나의 필기 노트를 복습하기 위해 도서관에 갔다.

In my mind, I **went over** every decision I made. (학평)
마음속으로, 나는 내가 내렸던 모든 결정을 점검했다.

You'd better **go over** to the administrative office, and have your ID card reissued. (학평)
당신은 행정실로 가셔서, 신분증을 재발급 받으시는 게 좋겠어요.

⊕ go over to ~로 이동하다, ~로 건너가다

12 □□□ ★★

over and over

반복해서, 여러 번 되풀이하여
over(끝난) + and(그리고) + over(끝난) = 일이 끝나고 또 끝나는 것을 반복해서

Another tip for remembering names is to repeat them **over and over** in your head.
이름을 기억하는 또 다른 비법은 머릿속에서 이름을 여러 번 되풀이하여 말하는 것이다.

13 □□□ ★★

be over

끝나다 ⊜ be done, end, finish
be(~이다) + over(끝난) = 끝나다

When the election **is over**, you are responsible for removing the campaign posters. (학평)
선거가 끝나면, 당신은 선거 운동 포스터들을 치울 책임이 있다.

14 □□□ ★

have control over

~을 통제하다
have(가지다) + control(통제) + over(전체에 걸쳐) = ~의 전체에 걸쳐 통제권을 가지다

We don't **have** complete **control over** how the future will play out. (학평)
우리는 미래가 어떻게 될지 완벽히 통제할 수 없다.

15 □□□ ★
look over

~을 훑어보다, ~을 살펴보다 ⊜ examine

look(보다) + over(전체에 걸쳐) = ~을 전체에 걸쳐 눈으로 훑어보다

Can you **look over** my essay? 학평

내 에세이를 좀 훑어봐 줄래?

16 □□□ ★
think over

~을 곰곰이 생각하다 ⊜ ponder, deliberate, contemplate, mull over

think(생각하다) + over(~에 대해) = ~에 대해 곰곰이 생각하다

Think over all possible outcomes of your choice.

너의 선택으로 인해 일어날 수 있는 모든 결과를 곰곰이 생각해보아라.

17 □□□ ★
argue over

~을 두고 언쟁을 벌이다, ~에 대해 논의하다 ⊜ quarrel over

argue(논쟁하다) + over(~에 대해) = ~에 대해 논쟁하다

Merchants and shoppers **argued over** prices. 교과서

상인들과 쇼핑객들은 가격을 두고 언쟁을 벌였다.

18 □□□ ★
creep over

~을 엄습하다, ~에 살금살금 다가가다

creep(슬며시 다가오다) + over(온통) = 무언가가 슬며시 다가와 ~을 온통 뒤덮다

A chilly feeling **crept over** me. 학평

오싹한 기분이 나를 엄습했다.

19 □□□ ★
spread over

~에 퍼지다, ~을 뒤덮다

spread(퍼지다) + over(전체에 걸쳐) = 전체에 걸쳐 ~에 다 퍼지다

Because of our carelessness, deserts are **spreading over** many regions. 학평

우리의 부주의함으로 인해, 사막이 많은 지역에 퍼지고 있다.

20 □□□ ★
all over the world

전 세계에(서)

all(전부) + over(전체에 걸쳐) + the world(세계) = 전 세계에 걸쳐서

This area attracts thousands of tourists from **all over the world** every year. 학평

이 지역은 매년 전 세계에서 온 수천 명의 관광객들을 끌어 모은다.

21 □□□ ★★
over time

오랜 시간에 걸쳐, 시간이 흐르면서 ⊜ with time, as time goes by

over(전체에 걸쳐) + time(시간) = 시간 전체에 걸쳐 오랫동안

It is natural for words to change their meaning **over time**. 학평

단어가 시간이 흐르면서 그것의 의미를 바꾸는 것은 자연스러운 일이다.

전환
을 의미하는 **over**

대상의 한 측면을 '넘어' 다른 면으로까지 뒤집어 전환하는 상태를 의미하며, '**뒤집어**'라고 해석한다.

22 □□□ ★
turn over

1. ~을 뒤집다 ⊜ flip
turn(돌리다) + over(뒤집어) = ~을 뒤집어 돌리다

2. (통제권 등을) 넘기다 ⊜ hand over
turn(향하게 하다) + over(너머로) = 저 너머로 통제권을 향하게 하여 타인에게 넘기다

When the edges of a pancake turn brown, **turn** it **over**. (모평)
팬케이크의 가장자리가 갈색으로 변하면, 그것을 뒤집어라.

The city was **turned over** to the Roman troops. (학평)
그 도시는 로마군에게 (통제권이) 넘겨졌다.

23 □□□ ★★
switch over (to)

(~으로) 바꾸다, (~으로) 전환하다 ⊜ convert (to)
switch(바꾸다) + over(뒤집어) + to(~으로) = 원래 모습을 뒤집어 다른 모습으로 바꾸다

In order to reduce costs, we will **switch over to** an automated system.
비용을 줄이기 위해, 우리는 자동화 시스템으로 바꿀 것이다.

24 □□□ ★
turn ~ over in one's mind

~을 곰곰이 생각하다 ⊜ deliberate, ponder
turn(돌리다) + over(뒤집어) + in(~ 안에서) + one's mind(마음)
= 마음 안에서 생각을 이리저리 뒤집어 돌려 보다

Writing down future tasks will help you stop **turning** them **over in your mind**.
미래에 할 일을 적어두는 것은 당신이 그것을 곰곰이 생각하는 것을 멈추도록 도와줄 것이다.

25 □□□ ★
turn over a new leaf

개과천선하다, 새 사람이 되다
turn(돌리다) + over(뒤집어) + a new leaf(새 잎) = 새 잎으로 뒤집어 돌리다

He has **turned over a new leaf** and recently become a top student.
그는 개과천선하여 최근에 우등생이 되었다.

Daily Quiz

A 영어는 우리말로, 우리말은 영어로 쓰세요.

01 hand over ________________

02 creep over ________________

03 over time ________________

04 look over ________________

05 think over ________________

06 ~에 몰두하다 ________________

07 (차가) ~를 치다 ________________

08 ~을 극복하다 ________________

09 ~에 퍼지다 ________________

10 ~을 두고 언쟁을 벌이다 ________________

B 빈칸에 들어갈 숙어를 골라 알맞은 형태로 쓰세요.

pull over	come over	take over
go over	turn over a new leaf	move over

11 Could you ________________ to my office right now?

지금 당장 제 사무실로 와 주시겠어요?

12 Golf course developers ________________ good farmland.

골프장 개발업자들은 좋은 농지를 차지한다.

13 In my mind, I ________________ every decision I made.

마음속으로, 나는 내가 내렸던 모든 결정을 점검했다.

14 He has ________________ and recently become a top student.

그는 개과천선하여 최근에 우등생이 되었다.

15 Why don't we ________________? It's raining cats and dogs.

우리 차를 세우는 게 어때? 비가 억수같이 내리고 있어.

정답

01 ~을 넘겨주다, ~을 양도하다 **02** ~을 엄습하다, ~에 살금살금 다가가다 **03** 오랜 시간에 걸쳐, 시간이 흐르면서 **04** ~을 훑어보다, ~을 살펴보다 **05** ~을 곰곰이 생각하다 **06** give oneself over to **07** run over **08** get over **09** spread over **10** argue over **11** come over **12** take over **13** went over **14** turned over a new leaf **15** pull over

DAY
15 up (1)

위쪽
을 의미하는 up

무언가가 '위쪽에' 위치하거나 무언가가 '위로' 올라가는 상태를 의미하며, '**위에, 위로**'라고 해석한다.

01 □□□ ★★★

pick up

1. ~을 집다, ~을 줍다, ~을 들어 올리다
pick(집다) + up(위로) = ~을 위로 집어 올리다

2. (맡겨두거나 산 것을) 찾다, 찾아오다
pick(집다) + up(위로) = 맡겼거나 샀던 물건을 위로 집어 올려 찾아오다

3. (차에) ~를 태우다 = give ~ a ride
pick(집다) + up(위로) = 기다리는 ~를 위로 집어 올려 차에 태우다

4. (어떤 정보를) 알게 되다, (습관·재주 등을) 익히다 = learn
pick(집다) + up(위로) = 정보나 기술을 위로 집어 올려 머릿속에 넣다

The word "plogging" is a combination of jogging and **picking up** litter. (학평)
단어 '플로깅'은 조깅과 쓰레기를 줍는 것을 조합한 것이다.

I need to go to the shoe repair shop to **pick up** my shoes. (학평)
나는 내 신발을 찾아오기 위해 구두 수선점에 가야 한다.

I have to go to the airport to **pick up** my son. (학평)
나는 내 아들을 차에 태우기 위해 공항에 가야 한다.

It's difficult to **pick up** a foreign language.
외국어를 익히는 것은 어렵다.

02 □□□ ★★★

set up

~을 설치하다, ~을 설립하다, ~을 수립하다 = put up
set(놓다) + up(위에) = ~을 어떤 장소 위에 놓다

The speech contest is tomorrow, so I've just **set up** the chairs for the audience. (학평)
내일 웅변 대회가 있어서, 나는 방금 관객들을 위한 의자를 설치했다.

03 □□□ ★★
put up

1. ~을 내붙이다, ~을 게시하다 ⊜ post, hang up
put(두다) + up(위에) = ~을 게시판 위에 두어 붙이다

2. ~을 세우다, ~을 짓다 ⊜ set up
put(두다) + up(위에) = ~을 땅 위에 세워 두다

To attract customers' attention, I **put up** four posters. (학평)
고객들의 관심을 끌기 위해, 나는 포스터 4장을 내붙였다.

It took two years to **put up** this building.
이 건물을 짓는 데 2년이 걸렸다.

04 □□□ ★★
hang up

1. ~을 걸다 ⊜ hang, suspend, put up
hang(걸다) + up(위에) = ~을 천장이나 벽 위에 걸다

2. (전화를) 끊다
hang(걸다) + up(위에) = 통화 후 수화기 거치대 위에 수화기를 걸어 놓다

Why don't you **hang up** this picture on the wall? (학평)
이 그림을 벽에 거는 게 어때요?

You have to **hang up** the phone right now. (학평)
너는 지금 당장 전화를 끊어야 해.

05 □□□ ★★
bring up

1. (화제를) 꺼내다, (의견을) 내놓다 ⊜ mention, raise, address
bring(가져오다) + up(위로) = 이야기를 수면 위로 가져와 꺼내다

2. (아이를) 기르다, 양육하다 ⊜ raise
bring(~하도록 만들다) + up(성장하여) = 아이를 길러 성장하도록 만들다

Why don't you **bring up** the issue at our next residents' meeting?
다음 주민 회의에서 당신이 그 안건을 꺼내는 게 어때요?

She had been **brought up** with great care by her aunt. (학평)
그녀는 이모의 엄청난 보살핌으로 길러졌다.

06 □□□ ★★
build up

1. ~을 더 높이다, ~을 증진시키다 ⊜ enhance, boost, increase
build(쌓다) + up(위로) = ~을 위로 쌓아서 더 높이다

2. ~이 쌓이다, ~을 쌓다 ⊜ accumulate, add up
build(쌓이다) + up(위로) = ~이 점점 위로 쌓이다

When you exercise regularly, you can **build up** your physical strength. (학평)
규칙적으로 운동하면, 당신은 체력을 증진시킬 수 있다.

In your bathroom, germs can **build up** over a short time. (학평)
당신의 욕실에서, 세균은 짧은 시간에 쌓일 수 있다.

07 □□□ ★★

pile up

~이 쌓이다, ~을 쌓다 ⊜ accumulate, add up

pile(쌓이다) + up(위로) = ~이 점점 위로 쌓이다

When old newspapers **pile up** in your home, you can use them to wrap presents. 학평

집에 오래된 신문이 쌓이면, 당신은 선물을 포장하기 위해 그것들을 사용할 수 있다.

08 □□□ ★★

get up

일어서다, 일어나다 ⊜ wake up, stand up

get(상태가 되다) + up(위로) = 몸을 위로 일으킨 상태가 되다

She **got up** at 5:30 every morning to deliver the newspapers. 수능

그녀는 신문을 배달하기 위해 매일 아침 5시 30분에 일어났다.

09 □□□ ★★

cheer up

1. 기운을 내다 ⊜ lighten up

cheer(응원하다) + up(위로) = 스스로를 응원하여 자신의 기운을 위로 북돋우다

2. ~의 기운을 북돋아 주다 ⊜ lift one's spirits

cheer(응원하다) + up(위로) = ~를 응원하여 그 사람의 기운을 위로 북돋우다

Cheer up! You'll get another chance next time. 모평

기운 내! 다음에 또 한 번 기회가 있을 거야.

I've brought something to **cheer** you **up**. 학평

내가 너의 기운을 북돋아 줄 것을 가져왔어.

10 □□□ ★★

throw up

토하다 ⊜ vomit, puke

throw(분출하다) + up(위로) = 식도 아래에 있던 것을 위로 분출하다

He felt nauseous and kept **throwing up**.

그는 메스꺼움을 느꼈으며, 계속 토했다.

⊕ throw up one's hands/arms 두 손 다 들다, 단념하다

11 □□□ ★

lift up

1. ~을 들어 올리다 ⊜ pick up

lift(들어 올리다) + up(위로) = ~을 위로 들어 올리다

2. ~에게 행복감을 주다 ⊜ cheer up, lift one's mood

lift(북돋우다) + up(위로) = 기분을 위로 북돋워 ~에게 행복감을 주다

Be careful when you **lift up** something heavy. 학평

무거운 것을 들어 올릴 때는 조심해라.

Try these foods, and they'll **lift** you **up**. 학평

이 음식들을 먹어 봐, 그것들은 네게 행복감을 줄 거야.

12 □□□ ★

wake up

깨다, 깨우다 ⊜ get up

wake(깨다) + up(위로) = 잠에서 깨어 몸을 위로 일으키다

Sometimes, you may feel upset when you **wake up** suddenly from a nightmare. 교과서

가끔, 당신은 악몽에서 갑자기 깨어나 기분이 심란할 수 있다.

13 □□□ ★

well up

샘솟다, 복받치다

well(솟아나다) + up(위로) = 감정이 위로 확 솟아나다

She was worried and tears **welled up** in her eyes. 모평

그녀는 걱정이 되었고 그녀의 눈에서 눈물이 샘솟았다.

14 □□□ ★

pull up

(차·사람 등을) 세우다, 멈추다 ⊜ stop, pull over

pull(당기다) + up(위로) = 브레이크를 위로 당겨 차를 세우다

Motorists **pulled up** to a gas station. 모평

운전자들이 주유소에 차를 세웠다.

15 □□□ ★

dig up

1. ~을 땅에서 파내다, ~을 발굴하다 ⊜ unearth

dig(파다) + up(위로) = 땅 속에 있던 ~을 위로 파내다

2. ~에 대해 알아내다, ~을 입수하다 ⊜ discover, reveal

dig(파다) + up(위로) = 감춰져 있던 ~을 파서 표면 위로 드러내 알다

Foxes can **dig up** hidden traps, so that they don't get easily caught by trappers.

여우는 덫을 놓는 사냥꾼에게 쉽게 잡히지 않도록 숨겨진 덫을 땅에서 파낼 수 있다.

Researchers **dug up** old photos of the author.

연구원들은 그 작가의 오래된 사진들을 입수했다.

16 □□□ ★

fill up

~을 가득 채우다, 가득 차다 ⊜ fill, load (up)

fill(채우다) + up(위로) = 기준선 위로 넘칠 만큼 ~을 가득 채우다

She **filled up** a bag with cookies and other things. 학평

그녀는 가방을 쿠키와 다른 것들로 가득 채웠다.

⊕ fill up A with B A를 B로 가득 채우다

17 □□□ ★

stand up

일어서다 ⊜ rise, get up

stand(서다) + up(위로) = 위로 일어서다

A spectator **stood up** to get a better view of the performance.

한 관객이 공연을 더 잘 보기 위해 일어섰다.

18 □□□ ★

stand up for

~을 지지하다, ~을 옹호하다 ⊜ stick up for, defend

stand(서다) + up(위로) + for(~을 위해) = ~을 위해 위로 서서 지지하다

You should **stand up for** your rights and express your thoughts.

당신은 당신의 권리를 옹호하고 당신의 생각을 표현해야 합니다.

19 □□□ ★

stand up to

~에 맞서다 ⊜ confront, resist, defy

stand(서다) + up(위로) + to(~에 대해) = ~에 대해 몸을 굽히지 않고 빳빳하게 위로 서서 맞서다

She was courageous and **stood up to** any injustice.

그녀는 용감했고 그 어떠한 부당함에도 맞섰다.

20 □□□ ★

put up with

~을 견디다, ~을 참다 ⊜ endure, bear with

put(두다) + up(위에) + with(~에 대해) = 불편한 ~에 대해 두 손을 귀 위에 두고 막아 꾹 참고 견디다

Thinking of his family in Korea, he **put up with** all his difficulties in his new home country. (교과서)

한국에 있는 그의 가족을 생각하며, 그는 새로운 조국에서의 모든 어려움을 견뎠다.

21 □□□ ★

look up to

~를 존경하다 ⊜ respect, admire ⊜ look down on, disdain

look(보다) + up(위로) + to(~에 대해) = ~에 대해 위로 우러러보다

I **looked up to** her because she really liked serving people. (학평)

그녀는 사람들을 섬기는 것을 정말 좋아했기 때문에 나는 그녀를 존경했다.

22 □□□ ★

stay up late

늦게까지 깨어 있다

stay(~한 상태를 유지하다) + up(위로) + late(늦게) = 밤 늦게까지 몸을 위로 일으킨 상태를 유지하다

I **stayed up late** last night doing my science homework. (학평)

나는 어젯밤에 과학 숙제를 하면서 늦게까지 깨어 있었다.

⊕ stay up all night 밤을 새우다

23 □□□ ★

up and down

위아래로, 이리저리

up(위로) + and(그리고) + down(아래로) = 위아래로 움직여 이쪽저쪽으로

When trying on shoes, move your toes **up and down** to make sure there is enough room. (학평)

신발을 신어볼 때, 충분한 공간이 있음을 확인하기 위해 발가락을 이리저리 움직여보아라.

⊕ ups and downs 우여곡절, 기복

Daily Quiz

A 영어는 우리말로, 우리말은 영어로 쓰세요.

01 set up ____________

02 put up with ____________

03 look up to ____________

04 stand up for ____________

05 dig up ____________

06 ~을 가득 채우다 ____________

07 기운을 내다 ____________

08 (아이를) 기르다 ____________

09 토하다 ____________

10 위아래로 ____________

B 빈칸에 들어갈 숙어를 골라 알맞은 형태로 쓰세요.

hang up	well up	put up
pull up	lift up	build up

11 To attract customers' attention, I ____________ four posters.

고객들의 관심을 끌기 위해, 나는 포스터 4장을 내붙였다.

12 In your bathroom, germs can ____________ over a short time.

당신의 욕실에서, 세균은 짧은 시간에 쌓일 수 있다.

13 She was worried and tears ____________ in her eyes.

그녀는 걱정이 되었고 그녀의 눈에서 눈물이 샘솟았다.

14 You have to ____________ the phone right now.

너는 지금 당장 전화를 끊어야 해.

15 Motorists ____________ to a gas station.

운전자들이 주유소에 차를 세웠다.

정답

01 ~을 설치하다, ~을 설립하다, ~을 수립하다 **02** ~을 견디다, ~을 참다 **03** ~를 존경하다 **04** ~을 지지하다, ~을 옹호하다
05 ~을 땅에서 파내다, ~을 발굴하다, ~에 대해 알아내다, ~을 입수하다 **06** fill up **07** cheer up **08** bring up **09** throw up **10** up and down
11 put up **12** build up **13** welled up **14** hang up **15** pulled up

DAY

16 up (2)

상승·성장을 의미하는 up

기존보다 '위로' 상승하거나 성장하는 상태를 의미하며, **'올라가, 상승하여, 성장하여'**라고 해석한다.

01 □□□ ★★

go up

1. 올라가다, 오르다, 늘다 ⊜ increase
go(가다) + up(올라가) = 수나 양이 올라가 늘다

2. (가까이) 가다 ⊜ approach
go(가다) + up(닿아) = 어느 대상에 닿을 만큼 가까이 가다

When you exercise, your heart rate and temperature **go up**. 학평
운동할 때, 당신의 심박수와 체온이 올라간다.

Not having sugar, I had to **go up** to my neighbor's door and borrow a cup of sugar.
설탕이 없어서, 나는 이웃집에 가서 설탕 한 컵을 빌려야 했다.

02 □□□ ★

light up

~을 환하게 만들다, ~이 환해지다 ⊜ brighten up, illuminate
light(밝게 하다) + up(올라가) = 밝기를 올려 ~을 환하게 만들다

Fireworks will **light up** the night sky at the closing ceremony. 학평
폐막식 때 불꽃놀이가 밤하늘을 환하게 만들 것이다.

03 □□□ ★

warm up

1. 준비 운동을 하다, 몸을 풀다
warm(따뜻해지다) + up(올라가) = 준비 운동으로 체온이 올라가 몸이 따뜻해지다

2. ~을 따뜻하게 하다, ~을 데우다, ~를 따뜻하게 대하다
warm(따뜻하게 하다) + up(올라가) = 온도를 올려 ~을 따뜻하게 하다

Cooling down after exercise is as important as **warming up** before exercise. 학평
운동 후에 몸을 진정시키는 것은 운동 전에 몸을 푸는 것만큼 중요하다.

Drinking homemade tea is an excellent way to **warm** you **up**. 학평
집에서 만든 차를 마시는 것은 당신을 따뜻하게 하는 아주 좋은 방법입니다.

04 □□□ ★
grow up

자라다, 성장하다 ⊜ mature
grow(자라다) + up(성장하여) = 성장하여 자라다

He **grew up** in a poor family in Texas.
그는 텍사스의 한 가난한 가정에서 자랐다.

05 □□□ ★
speed up

속도를 높이다 ⊜ accelerate
speed(속도를 내다) + up(올라가) = 속도를 올려서 더 내다

We need to practice harder to **speed up** our cooking. 모평
우리는 요리 속도를 높이기 위해 더 열심히 연습해야 한다.

06 □□□ ★
speak up

큰 소리로 말하다, 거리낌없이 이야기하다
speak(말하다) + up(올라가) = 목소리의 데시벨을 올려 말하다

Don't be shy and **speak up**.
부끄러워하지 말고 큰 소리로 말하세요.

⊕ speak up for ~을 강력히 옹호하다

07 □□□ ★
work one's way up

출세하다, 승진하다 ⊜ move up, come a long way
work(노력하다) + one's way(자신의 길) + up(올라가)
= 노력하여 출세로 올라가는 자신의 길을 만들다

The competition becomes increasingly tough as one **works their way up.** 학평
사람들은 승진하면서 경쟁은 점점 더 치열해진다.

출현 을 의미하는 **up**

수면 아래에 있던 것이 '위로' 올라와 나타나는 상태를 의미하며, '**나타나**'라고 해석한다.

08 □□□ ★★
come up

발생하다, 생기다 ⊜ arise, happen, occur
come(~하게 되다) + up(나타나) = 없던 것이 나타나게 되다

A more urgent schedule **came up**, so he decided not to attend the conference. 수능
더 급한 일정이 생겨서, 그는 그 회의에 참석하지 않기로 결정했다.

09 □□□ ★★
show up

나타나다 ⊜ appear
show(보이다) + up(나타나) = 나타나서 눈에 보이다

She came to practice only once and then never **showed up** again. 수능
그녀는 연습하러 딱 한 번 왔었고 그 후로 다시는 나타나지 않았다.

10 □□□ ★★

turn up

1. (뜻밖에) 나타나다 ⊜ appear, come to light

turn(~하게 되다) + up(나타나) = 나타나게 되다

2. (소리·온도 등을) 올리다, 상승하다 ⊜ increase, go up

turn(~하게 하다) + up(올라가) = 소리나 온도가 올라가게 하다

The food truck's owner uses social media to announce where it will **turn up** next.

그 푸드 트럭의 소유주는 그 트럭이 다음에 어디서 나타날지 알리기 위해 소셜 미디어를 이용한다.

Would you **turn up** the temperature for me? (학평)

저를 위해 온도를 올려 주시겠어요?

⊕ turn down 거절하다, 줄이다

11 □□□ ★★

point up

~을 강조하다, ~을 눈에 띄게 하다 ⊜ point out, emphasize

point(가리키다) + up(나타나) = ~을 더 잘 나타나도록 가리켜 강조하다

Shakespeare **pointed up** a difference between real roses and painted roses. (모평)

셰익스피어는 진짜 장미와 그려진 장미 사이의 차이점을 강조했다.

12 □□□ ★

think up

~을 생각해내다, ~을 고안하다 ⊜ devise, come up with

think(생각하다) + up(나타나) = 머릿속에 나타나도록 ~을 생각해내다

In brainstorming, people **think up** new ideas.

브레인스토밍에서, 사람들은 새로운 아이디어를 생각해낸다.

13 □□□ ★

spring up

갑자기 생겨나다, 훽 나타나다

spring(생기다) + up(나타나) = 없던 것이 갑자기 나타나 생기다

Numerous bookstore chains have **sprung up** throughout the country in recent years. (학평)

최근 몇 년 동안 전국에 수많은 서점 체인들이 갑자기 생겨났다.

14 □□□ ★★★

come up with

~을 생각해내다, ~을 내놓다, ~을 제안하다 ⊜ think up, contrive

come(생기다) + up(나타나) + with(~에 관해) = ~에 관해 없던 생각이 나타나 생기다

I'm trying to **come up with** a creative idea for the project. (모평)

나는 프로젝트를 위한 창의적인 아이디어를 생각해내려고 애쓰고 있다.

⊕ come up 발생하다, 생기다

도달
을 의미하는 up

목표 위치나 정도까지 '위로' 올라와 도달한 상태를 의미하며, **'닿아, 도달하여'**라고 해석한다.

15 □□□ ★★

step up

1. 다가가다, 나서다 ⊜ approach

step(나아가다) + up(닿아) = 어느 대상에 닿을 만큼 나아가다

2. ~을 올리다, ~이 올라가다

step(단계별로 하다) + up(위로) = ~을 단계별로 조금씩 위로 올리다

Stepping up to the microphone, she could feel the sweat starting to run down her face and neck. 모평

마이크로 다가가자, 그녀는 그녀의 얼굴과 목 아래로 땀이 흐르기 시작하는 것을 느낄 수 있었다.

The bargaining in the noisy market became intense, and I **stepped up** my price slightly.

시끄러운 시장에서 흥정이 치열해졌고, 나는 가격을 조금 올렸다.

16 □□□ ★

sneak up

살금살금 다가가다, 몰래 다가가다

sneak(몰래 가다) + up(도달하여) = 상대에게 도달하기 위해 몰래 다가가다

He **sneaked up** to his friend and shouted to surprise him.

그는 친구에게 살금살금 다가가서 그를 깜짝 놀라게 하기 위해 소리쳤다.

17 □□□ ★★

come up to

~에게 다가오다 ⊜ approach to

come(다가오다) + up(도달하여) + to(~에게) = ~에게 도달하기 위해 다가오다

A very old man **came up to** me and asked me questions.

나이가 아주 많은 한 남자가 나에게 다가와서 질문을 했다.

18 □□□ ★

live up to

~에 맞추다, ~에 부응하다 ⊜ meet, satisfy

live(살다) + up(도달하여) + to(~에) = 기준이나 기대에 도달하도록 맞추어 살다

Reality seldom **lives up to** expectations. 모평

현실은 좀처럼 기대에 부응하지 못한다.

19 □□□ ★

add up to

결국 ~이 되다 ⊜ result in, amount to

add(합하다) + up(도달하여) + to(~에) = 여러 가지가 합해져 결국 ~에 도달하다

When we make poor decisions again and again, those small choices can **add up to** bad results. 학평

우리가 반복해서 좋지 못한 결정을 내릴 때, 그 작은 선택들이 결국 나쁜 결과가 될 수 있다.

⊕ add up (조금씩) 늘어나다, ~을 합하다

20 □□□ ★

end up -ing

결국 ~하게 되다 유 end up with

end(끝나다) + up(도달하여) + -ing(~하는 것) = 결국 ~하는 것에 도달하는 것으로 끝나다

Her contagious laughter **ended up** mak**ing** the kids laugh a lot. 학평

그녀의 전염성 있는 웃음은 결국 그 아이들이 많이 웃게 만들었다.

21 □□□ ★

up to

1. (특정한 수·정도)까지

up(도달하여) + to(~에) = 어느 수나 정도에 도달할 때까지

2. (특정한 위치·시점)까지

up(도달하여) + to(~에) = 어떤 위치나 시점에 도달할 때까지

3. ~에(게) 달려 있는

up(위에) + to(~의) = 결정권이 ~의 손 위에 놓여 있는

Hurry and sign up now because only **up to** 60 kids can participate in this event. 모평

아이들 60명까지만 이 행사에 참여할 수 있으니 서둘러서 지금 바로 신청하세요.

Suddenly, a dog walked **up to** the front of the building. 학평

갑자기, 개 한 마리가 그 건물 앞까지 걸어왔다.

Where we go for dinner tonight is **up to** you.

오늘 밤 우리가 어디로 저녁을 먹으러 갈지는 너에게 달려 있다.

22 □□□ ★★

up-to-date

(정보가) 최근의, 최신의, 첨단적인 유 latest, recent, state-of-the-art

up(도달하여) + to(~에) + date(오늘) = 오늘에 도달할 만큼 최근의

Our personal trainers and **up-to-date** equipment will help you to stay healthy. 학평

저희 개인 트레이너들과 최신 장비가 여러분이 건강을 유지하도록 도울 것입니다.

Daily Quiz

A 영어는 우리말로, 우리말은 영어로 쓰세요.

01 grow up ____________

02 step up ____________

03 think up ____________

04 sneak up ____________

05 up to ____________

06 준비 운동을 하다 ____________

07 출세하다 ____________

08 큰 소리로 말하다 ____________

09 (정보가) 최근의 ____________

10 ~을 강조하다 ____________

B 빈칸에 들어갈 숙어를 골라 알맞은 형태로 쓰세요.

live up to	light up	turn up
speed up	come up	come up with

11 A more urgent schedule ____________, so he decided not to attend the conference.

더 급한 일정이 생겨서, 그는 그 회의에 참석하지 않기로 결정했다.

12 Would you ____________ the temperature for me?

저를 위해 온도를 올려 주시겠어요?

13 I'm trying to ____________ a creative idea for the project.

나는 프로젝트를 위한 창의적인 아이디어를 생각해내려고 애쓰고 있다.

14 Reality seldom ____________ expectations.

현실은 좀처럼 기대에 부응하지 못한다.

15 Fireworks will ____________ the night sky at the closing ceremony.

폐막식 때 불꽃놀이가 밤하늘을 환하게 만들 것이다.

정답

01 자라다, 성장하다 **02** 다가가다, 나서다, ~을 올리다, ~이 올라가다 **03** ~을 생각해내다, ~을 고안하다 **04** 살금살금 다가가다, 몰래 다가가다 **05** (특정한 수·정도)까지, (특정한 위치·시점)까지, ~에(게) 달려 있는 **06** warm up **07** work one's way up **08** speak up **09** up-to-date **10** point up **11** came up **12** turn up **13** come up with **14** lives up to **15** light up

DAY
17 up (3)

음성 바로 듣기

전체를 의미하는 up

맨 아래쪽에서부터 맨 '위쪽'까지 빠짐 없이 전부를 의미하며, '**완전히, 전부**'라고 해석한다.

01 □□□ ★★★
blow up

1. ~을 폭발시키다, 폭발하다, 터지다 ≡ explode
blow(날려 버리다) + up(완전히) = ~을 폭발시켜 완전히 날려 버리다

2. (풍선 등에) 공기를 주입하다 ≡ inflate
blow(불다) + up(완전히) = 풍선에 공기를 불어 넣어 완전히 채우다

My husband has a mysterious power. He often causes light bulbs to **blow up** when he's nearby. (학평)
내 남편은 신비한 힘을 가지고 있다. 그는 근처에 있을 때 종종 전구가 터지게 한다.

It took a long time to **blow up** all the balloons.
모든 풍선에 공기를 주입하는 데 오랜 시간이 걸렸다.

02 □□□ ★★★
take up

1. (시간·공간을) 차지하다 ≡ occupy, make up
take(차지하다) + up(완전히) = 시간이나 공간을 완전히 차지하다

2. (취미·일·이야기를) 시작하다, 배우다 ≡ engage in, learn, pick up
take(얻다) + up(완전히) = 취미 등을 시작하여 완전히 자기 것으로 얻다

I spotted the big tree that **took up** half our yard. (학평)
나는 우리 마당의 절반을 차지하고 있던 큰 나무를 발견했다.

Smart watches inspire people to **take up** exercise. (학평)
스마트워치는 사람들을 고무하여 운동을 시작하게 한다.

03 □□□ ★★★
make up

1. ~을 구성하다, ~을 이루다 ≡ comprise, constitute
make(~하게 만들다) + up(완전히) = ~을 완전하게 만들다

2. (사실이 아닌 것을) 지어내다
make(만들어 내다) + up(전부) = 없는 일을 전부 새로 만들어 내다

Neurons **make up** your brain and the rest of the nervous system. (교과서)
뉴런은 당신의 뇌와 신경계의 나머지를 구성한다.

Making up excuses takes a lot of energy and time. (학평)
변명을 지어내는 것은 많은 에너지와 시간이 소모된다.

⊕ make up one's mind 마음을 정하다, 결정하다

04 □□□ ★★★
look up

1. (정보를) 찾아보다 ⊜ search for, seek (out)
look(보다) + up(완전히) = 완전히 뒤져서 정보를 찾아 보다

2. 올려다 보다, 쳐다보다
look(보다) + up(위로) = 위로 올려다 보다

I had to **look up** some information for my report.
나는 보고서를 위해 약간의 정보를 찾아보아야 했다.

I went outdoors to **look up** at the stars. (수능)
나는 별을 올려다 보기 위해 밖으로 나갔다.

05 □□□ ★★
use up

~을 다 써 버리다, ~을 소모하다 ⊜ consume, exhaust
use(사용하다) + up(완전히) = ~을 완전히 다 사용하다

When too many plants grow in the water, they **use up** the ocean's oxygen. (교과서)
물속에서 너무 많은 식물들이 자라면, 그것들은 바다의 산소를 다 써 버린다.

06 □□□ ★★
cover up

~을 숨기다, ~을 은폐하다, ~을 완전히 가리다 ⊜ hide, conceal
cover(덮다) + up(완전히) = ~을 완전히 덮어 숨기다

Some drug companies **covered up** their products' dangers.
일부 제약회사들은 자사 제품의 위험성을 은폐했다.

07 □□□ ★★
soak up

~을 빨아들이다, ~을 흡수하다 ⊜ absorb, take in
soak(빨아들이다) + up(완전히) = ~을 완전히 빨아들이다

Humans do not simply **soak up** knowledge like sponges. (수능)
인간은 스펀지처럼 지식을 단순히 흡수하지 않는다.

08 □□□ ★★
dry up

1. 바싹 마르다
dry(마르다) + up(완전히) = 완전히 바싹 마르다

2. 줄어들다, 고갈되다, 바닥나다 ⊜ disappear, go away
dry(마르다) + up(완전히) = 말라가며 완전히 줄어들다

The rose quickly **dried up** and died. (학평)
그 장미는 빠르게 바싹 말라서 죽었다.

Farm and industrial jobs had slowly **dried up**. (학평)
농장과 공장의 일자리는 서서히 줄어들었다.

09 □□□ ★★

burn up

1. ~을 태우다, ~을 연소시키다

burn(태우다) + up(완전히) = ~을 완전히 태우다

2. 몹시 열이 나다

burn(타오르다) + up(올라가) = 몸이 타오르듯 체온이 높게 올라가다

3. ~을 소모하다 ⊜ consume, use up

burn(태워 없애다) + up(완전히) = ~을 써서 완전히 태워 없애다

We can eat our summer fruits in midwinter. This means a lot of fuel is **burned up** to grow them.

우리는 한겨울에 여름 과일을 먹을 수 있다. 이것은 그것들을 재배하기 위해 많은 연료가 연소된다는 것을 의미한다.

You're **burning up** right now. Why don't you go home early? (모평)

너 지금 몹시 열이 나고 있어. 일찍 집에 가는 게 어때?

Don't **burn up** your data watching a video. (학평)

영상을 보는 데 데이터를 소모하지 마라.

10 □□□ ★★

gobble up

~을 게걸스럽게 먹어 치우다 ⊜ eat up, consume

gobble(게걸스럽게 먹다) + up(전부) = ~을 게걸스럽게 전부 먹어 치우다

The elephant suddenly grabbed the hay and quickly **gobbled** it **up**. (학평)

코끼리는 갑자기 건초를 잡아채더니 빠른 속도로 그것을 게걸스럽게 먹어 치웠다.

11 □□□ ★

keep up

~을 유지하다, ~을 계속하다 ⊜ continue, maintain

keep(유지하다) + up(완전히) = 현재 하고 있는 ~을 완전히 유지하다

Keep up your hard work to be a great movie director. (학평)

훌륭한 영화감독이 되려면 노력을 계속해라.

⊕ keep up with (~의 진도·속도 등)을 따라가다

12 □□□ ★

wrap up

1. ~을 마무리하다 ⊜ finish, end, conclude

wrap(마치다) + up(완전히) = ~을 완전히 마치다

2. ~을 포장하다, ~을 싸다

wrap(감싸다) + up(완전히) = ~을 완전히 감싸서 포장하다

The director **wrapped up** the story too abruptly. (학평)

그 감독은 이야기를 너무 갑작스럽게 마무리했다.

Can you help me **wrap up** a present? (학평)

내가 선물을 포장하는 것을 도와줄 수 있니?

13 □□□ ★

lock up

1. (문을) 잠그다, 문단속을 하다 ⊜ secure, lock
lock(잠그다) + up(완전히) = 문을 완전히 잠그다

2. ~를 수감하다, ~를 투옥시키다 ⊜ imprison
lock(가두다) + up(완전히) = ~를 감옥에 완전히 가두다

He **locked up** his shop to protect it from thieves.
그는 도둑들로부터 자신의 가게를 지키기 위해 가게 문을 잠갔다.

Many criminals were **locked up** as a result of tough anti-crime policies. 학평
많은 범죄자들이 강력한 범죄 방지 정책의 결과로 수감되었다.

14 □□□ ★

clear up

1. 사라지다 ⊜ disappear
clear(치우다) + up(전부) = 전부 치워서 사라지다

2. 맑아지다
clear(맑아지다) + up(완전히) = 완전히 맑아지다

3. (~을) 깨끗이 치우다 ⊜ clean up
clear(치우다) + up(전부) = ~을 전부 깨끗이 치우다

4. ~을 해결하다 ⊜ resolve
clear(제거하다) + up(완전히) = 문제가 되는 ~을 완전히 제거해서 해결하다

The traffic congestion will be **clearing up** soon.
교통 정체는 곧 사라질 것이다.

The sky has **cleared up**. Let's go on a picnic.
하늘이 맑아졌네. 우리 소풍 가자.

Tina's mother asked her to **clear up** the mess in the living room.
Tina의 엄마는 그녀에게 거실의 난장판을 깨끗이 치우라고 부탁했다.

The new processes **cleared up** the conflict and got the teams working harmoniously.
그 새로운 절차들은 갈등을 해결하고 팀들이 사이좋게 일하도록 만들었다.

15 □□□ ★

line up

1. ~을 일렬로 세우다 ⊜ array
line(줄 세우다) + up(전부) = ~을 전부 일렬로 줄 세우다

2. 준비하다, 마련하다 ⊜ arrange, prepare
line(정렬하다) + up(전부) = 할 일을 전부 정렬하여 준비하다

Houses are **lined up** along both sides of a river. 학평
주택들이 강의 양쪽을 따라 일렬로 세워져 있다.

We finally have another company **lined up** to redo the work next week. 학평
우리는 마침내 다음 주에 그 일을 다시 할 수 있도록 또 다른 회사를 준비시켰다.

16 □□□ ★

back up

1. (주장이나 의견 등을) 뒷받침하다 ⊜ support

back(뒷받침하다) + up(완전히) = 주장이나 의견을 완전히 뒷받침하다

2. (파일 등을) 백업하다

back(뒤에 두다) + up(전부) = 파일을 전부 뒤에 빼서 저장해 두다

3. 뒤로 물러서다, 후진하다 ⊜ retreat

back(뒤로 가다) + up(도달하여) = 뒤로 가서 도달하다

He made a number of fascinating findings, and he had the video evidence to **back** them **up**. (학평)

그는 많은 흥미로운 것들을 발견했고, 그 발견들을 뒷받침할 영상 증거를 가지고 있었다.

I will **back up** all your files before I repair your phone. (학평)

제가 당신의 휴대폰을 수리하기 전에 당신의 모든 파일을 백업해 드릴게요.

I was suddenly attacked and **backed up** a foot. (학평)

나는 갑자기 공격받아서 한 발 뒤로 물러섰다.

17 □□□ ★

mess up

~을 엉망으로 만들다, ~을 다 망치다 ⊜ make a mess, spoil

mess(엉망으로 만들다) + up(완전히) = ~을 완전히 엉망으로 만들다

I can't trust you! You **mess** everything **up**! (수능)

나는 너를 신뢰할 수가 없어! 너는 모든 것을 다 망쳐!

18 □□□ ★

clean up

~을 치우다, ~을 청소하다 ⊜ clean, tidy, clear up

clean(치우다) + up(완전히) = 완전히 치우다

Powerful vacuums are good at **cleaning up** dirt from the floor. (모평)

강력한 진공청소기는 바닥의 먼지를 청소하는 것을 잘 한다.

19 □□□ ★

dress up

1. (옷을) 차려입다

dress(옷을 입다) + up(완전히) = 완전히 갖추어 옷을 차려입다

2. (보기 좋게) ~을 꾸미다

dress(꾸미다) + up(완전히) = ~을 완전히 꾸미다

Why don't you **dress up** for the party? (학평)

파티를 위해 옷을 차려입는 게 어때요?

Shiny new real estate may **dress up** a declining city, but they don't solve its underlying problems. (학평)

반짝이는 새 부동산이 쇠퇴하는 도시를 보기 좋게 꾸밀 수는 있겠지만, 그것들이 그곳의 근본적인 문제들을 해결하지는 못 한다.

20 □□□ ★

break up

헤어지다, 흩어지다

break(끊다) + up(완전히) = 완전히 관계를 끊어 헤어지다

Elephant groups **break up** and reunite very frequently. (수능)

코끼리 무리들은 매우 빈번하게 흩어지고 재회한다.

21 □□□ ★

mix up

1. ~을 섞다 (=) stir, combine

mix(섞다) + up(전부) = ~을 전부 섞다

2. ~을 혼동하다

mix(뒤섞다) + up(완전히) = ~을 완전히 뒤섞어 혼동하다

The students put all the ingredients in the big bowl and **mixed** them **up** with big spoons. (교과서)

학생들은 큰 그릇에 모든 재료를 넣고 그것들을 큰 숟가락으로 섞었다.

He **mixed** me **up** with my sister.

그는 나를 나의 여동생과 혼동했다.

+ mix A up with B A를 B와 혼동하다 be mixed up 머리가 혼란하다

22 □□□ ★

straighten up

~을 똑바로 하다, ~을 바로잡다, ~을 정돈하다

straighten(똑바로 하다) + up(완전히) = ~을 완전히 똑바로 하다

A few minutes of stretching will help **straighten up** your body. (교과서)

몇 분간의 스트레칭은 당신의 몸을 똑바로 하는 데 도움이 될 것이다.

23 □□□ ★

sum up

요약하다 (=) summarize

sum(요약하다) + up(완전히) = 완전히 핵심만 요약하다

To **sum up**, playing VR games is a great way to exercise. (교과서)

요약하자면, VR 게임을 하는 것은 운동을 하는 하나의 좋은 방법이다.

24 □□□ ★★★

catch up with

1. (수준을) 따라잡다

catch(잡다) + up(완전히) + with(~와) = 누군가와 대등해질 만큼 완전히 따라잡다

2. (~의 근황을) 따라잡다

catch(잡다) + up(전부) + with(~에 대해) = 누군가의 근황에 대해 전부 따라잡다

He loved to dance but found it difficult to **catch up with** his friends. (학평)

그는 춤추는 것을 좋아했지만 친구들의 수준을 따라잡는 것은 어렵다는 것을 깨달았다.

The holiday weekend gave me a chance to **catch up with** my family.

그 휴일 주말은 내게 우리 가족의 근황을 따라잡을 기회를 주었다.

+ catch up on (밀린 일을) 따라잡다, (뒤떨어진 일을) 만회하다

25 □□□ ★★★

give up (on)

(~을) 포기하다, (~을) 단념하다 ⊜ abandon, quit

give(넘겨주다) + up(완전히) + on(~에 대해) = ~에 대해 완전히 넘겨주고 포기하다

I **gave up on** my dream of going to college and got a part-time job instead. (모평)

나는 대학교에 가려던 꿈을 포기했고 대신에 아르바이트 일자리를 얻었다.

26 □□□ ★★

make up with

~와 화해하다 ⊜ reconcile with

make(~하게 만들다) + up(완전히) + with(~와) = ~와 갈등을 완전히 해결하게 만들다

I'd like to talk about some ways to **make up with** family members after an argument. (수능)

저는 말다툼 후에 가족들과 화해할 수 있는 몇 가지 방법들에 대해 얘기하고 싶습니다.

27 □□□ ★★

make up for

~을 보충하다, ~을 만회하다, ~을 보상하다 ⊜ compensate for

make(~하게 만들다) + up(완전히) + for(~에 대해) = ~에 대해 완전하게 만들도록 보충하다

You can **make up for** the mistake next time. (학평)

너는 다음 번에 실수를 만회하면 돼.

28 □□□ ★

sign up (for)

(~을) 신청하다, (~에) 가입하다 ⊜ register for

sign(서명하다) + up(전부) + for(~에 대해) = 신청서에 있는 것에 대해 전부 서명하다

Sign up for our membership and get a discount. (모평)

저희 멤버십에 가입하셔서 할인을 받으세요.

Daily Quiz

A 영어는 우리말로, 우리말은 영어로 쓰세요.

01 soak up ______________

02 lock up ______________

03 gobble up ______________

04 mess up ______________

05 sum up ______________

06 ~을 은폐하다 ______________

07 뒤로 물러서다 ______________

08 ~와 화해하다 ______________

09 (~을) 신청하다 ______________

10 (정보를) 찾아보다 ______________

B 빈칸에 들어갈 숙어를 골라 알맞은 형태로 쓰세요.

keep up	take up	straighten up
clear up	make up	wrap up

11 The director ______________ the story too abruptly.

그 감독은 이야기를 너무 갑작스럽게 마무리했다.

12 A few minutes of stretching will help ______________ your body.

몇 분간의 스트레칭은 당신의 몸을 똑바로 하는 데 도움이 될 것이다.

13 ______________ excuses takes a lot of energy and time.

변명을 지어내는 것은 많은 에너지와 시간이 소모된다.

14 Smart watches inspire people to ______________ exercise.

스마트워치는 사람들을 고무하여 운동을 시작하게 한다.

15 ______________ your hard work to be a great movie director.

훌륭한 영화감독이 되려면 노력을 계속해라.

정답

01 ~을 빨아들이다, ~을 흡수하다 **02** (문을) 잠그다, 문단속을 하다, ~를 수감하다, ~를 투옥시키다 **03** ~을 게걸스럽게 먹어 치우다
04 ~을 엉망으로 만들다, ~을 다 망치다 **05** 요약하다 **06** cover up **07** back up **08** make up with **09** sign up (for) **10** look up
11 wrapped up **12** straighten up **13** Making up **14** take up **15** Keep up

DAY
18 down

음성 바로 듣기

아래·하강을 의미하는 down

무언가가 '아래에' 위치하거나 '아래로' 내려가는 상태를 의미하며 '**아래에, 아래로**'라고 해석한다.

01 □□□ ★★★
write down

~을 적어두다, ~을 기록하다 ⊜ take down, jot down, put down
write(적다) + down(아래에) = ~을 아래로 적어 나가다

Great comedians carry notebooks to **write down** funny thoughts. (학평)
뛰어난 코미디언들은 웃긴 생각들을 적어두기 위해 노트를 가지고 다닌다.

02 □□□ ★★
settle down

1. 정착하다
settle(자리를 잡다) + down(아래에) = 아래에 뿌리를 내려 자리를 잡다

2. 마음을 가라앉히다, 진정되다 ⊜ calm down
settle(진정시키다) + down(아래로) = 놀라서 튀어 오른 마음을 아래로 진정시키다

Farming allowed people to **settle down** instead of moving around. (교과서)
농경은 사람들이 돌아다니지 않고 정착할 수 있게 해 주었다.

My heart beat quickly, so I had to run out of the concert hall to **settle down**. (수능)
심장이 빨리 뛰어서, 나는 마음을 가라앉히기 위해 공연장 밖으로 뛰쳐나가야 했다.

03 □□□ ★★
let down

~의 기대를 저버리다, ~를 실망시키다 ⊜ disappoint
let(~로 가게 하다) + down(아래로) = ~의 기대치를 아래로 가게 하여 실망시키다

Since their products had never **let** me **down** before, I bought their new coffee machine. (학평)
그들의 제품은 이전에 나를 한 번도 실망시킨 적이 없었기 때문에, 나는 그들의 새 커피 머신을 샀다.

04 □□□ ★★
hand down

(후세에) ~을 전하다, ~을 물려주다 ⊜ pass down
hand(전하다) + down(아래로) = ~을 아래 세대로 전하다

Some food recipes are **handed down** from the mother to her children.
몇몇 음식 조리법들은 어머니로부터 자녀들에게로 전해진다.

05 □□□ ★★

fall down

넘어지다, 쓰러지다 ⊜ fall on, collapse

fall(넘어지다) + down(아래로) = 아래로 넘어져 쓰러지다

My mother **fell down** the stairs and broke her arm. (학평)

어머니가 계단에서 넘어지셨고 팔이 부러지셨다.

➕ fall down on the job 게으름 피우다, 일을 제대로 하지 않다

06 □□□ ★

turn down

1. ~을 거절하다, ~을 거부하다 ⊜ decline, refuse ⊖ accept

turn(향하게 하다) + down(아래로) = 손을 아래로 향하게 해서 ~을 거절하다

2. ~을 약하게 하다, ~을 낮추다 ⊜ lower, weaken

turn(~이 되게 하다) + down(약해져) = ~을 약해지게 하다

The boys **turned down** the offer of more salad. (교과서)

그 소년들은 샐러드를 더 주겠다는 제안을 거절했다.

When you shower, **turn down** the temperature of the water.

샤워할 때에는, 물의 온도를 낮추어라.

07 □□□ ★

turn ~ upside down

1. ~을 거꾸로 뒤집어 놓다 ⊜ overturn, turn over

turn(뒤집다) + upside(위쪽) + down(아래로) = 위쪽이 아래로 가게 ~을 뒤집다

2. ~을 엉망으로 만들다

turn(뒤집다) + upside(위쪽) + down(아래로) = 위쪽이 아래로 가게 뒤집어 ~을 엉망으로 만들다

Turn the cup **upside down** to let the liquid drain out. (학평)

액체가 빠지도록 컵을 거꾸로 뒤집어 놓으세요.

The war **turned** our lives **upside down**.

전쟁은 우리의 삶을 엉망으로 만들었다.

➕ upside down (위아래가) 거꾸로, 뒤집혀서, 엉망으로

08 □□□ ★

hold down

1. ~을 억제하다, ~을 억압하다 ⊜ suppress, hold back

hold(억제하다) + down(아래로) = 위로 올라오려는 ~을 아래로 눌러 억제하다

2. ~을 꽉 누르다 ⊜ press, push

hold(누르다) + down(꽉) = ~을 꽉 누르다

The government tried hard to **hold down** prices.

정부는 물가를 억제하기 위해 열심히 노력했다.

Just **hold down** the 'alarm set' button for three seconds until you hear a beep. (수능)

삐 소리가 들릴 때까지 3초 동안 '알람 설정' 버튼을 꽉 눌러라.

09 □□□ ★

put down

1. ~을 내려놓다

put(놓다) + down(아래에) = ~을 아래에 내려놓다

2. ~를 깎아내리다, ~를 바보로 만들다

put(놓다) + down(아래로) = ~의 자존심을 아래로 깎아내려 놓다

3. ~을 적다, ~을 적어두다 ⊜ write down, jot down, take down

put(쓰다) + down(아래로) = ~을 아래로 써 내려가다

The book was so absorbing that she could not **put** it **down**. 학평

그 책이 너무 흥미진진해서 그녀는 그것을 내려놓을 수 없었다.

Praise yourself rather than **put** yourself **down**. 학평

당신 자신을 깎아내리기보다는 칭찬하라.

He realized that he **put down** the wrong shipping address. 학평

그는 그가 잘못된 배송 주소를 적었다는 것을 깨달았다.

⊕ put oneself down 자기 비하하다, 자신을 깎아내리다

10 □□□ ★

kneel down

무릎을 꿇다, 무릎을 꿇고 앉다

kneel(무릎을 꿇다) + down(아래로) = 무릎을 아래로 꿇다

She **knelt down** and asked for forgiveness.

그녀는 무릎을 꿇고 용서를 구했다.

11 □□□ ★

weigh down

(마음·기분을) 압박하다, 괴롭히다 ⊜ press down

weigh(짓누르다) + down(아래로) = 부담이나 압박이 가슴을 아래로 짓누르다

He was **weighed down** with great anxiety.

그는 엄청난 걱정으로 압박 받았다.

12 □□□ ★

calm down

~을 진정시키다, ~이 잠잠해지다 ⊜ relax, settle down

calm(가라앉히다) + down(아래로) = 놀라서 튀어 오른 마음을 아래로 가라앉히다

I was angry, but I had to **calm** myself **down**.

나는 화가 났지만, 나 자신을 진정시켜야 했다.

13 □□□ ★

knock down

~을 쳐서 쓰러뜨리다

knock(치다) + down(아래로) = 사람이나 사물 등을 쳐서 아래로 쓰러뜨리다

His playmate took his toy without asking, so Tom **knocked** him **down**. 학평

그의 놀이 친구는 묻지도 않고 그의 장난감을 가져가서, Tom은 그를 쳐서 쓰러뜨렸다.

14 □□□ ★
take down

1. ~을 치우다, ~을 철거하다 ⊜ remove, tear down
take(가져가다) + down(아래로) = 올려져 있던 것을 아래로 내려 치우다

2. ~을 적다, ~을 기록하다 ⊜ write down, jot down, put down
take(가져가다) + down(아래로) = 들은 내용을 노트 아래로 가져가 적어 나가다

We **take down** the posters after they've been up for one week. (학평)
포스터들이 일주일 동안 게시되고 난 후 우리는 그것들을 치운다.

When you take notes, **take down** everything your teacher says.
필기할 때, 선생님이 말하는 모든 것을 적어라.

⊕ take up (시간·공간을) 차지하다, (취미·일·이야기를) 시작하다, 배우다

15 □□□ ★
sit down

앉다 ⊖ stand up
sit(앉다) + down(아래로) = 아래로 앉다

Sit down and fasten your seat belt. (학평)
앉아서 안전벨트를 매라.

⊕ sit up 늦은 시간까지 깨어 있다

16 □□□ ★★
look down on

~를 무시하다, ~을 경시하다 ⊜ disdain ⊖ look up to
look(보다) + down(아래로) + on(~에 대해) = ~에 대해 자신보다 아래로 보다

I want to follow fashion so that other people will not **look down on** me. (학평)
나는 다른 사람들이 나를 무시하지 않도록 유행을 따라가고 싶다.

저하·감소 를 의미하는 down

수준이나 정도가 '아래로' 내려와 저하되거나 감소되는 상태를 의미하며 **'약해져, 줄여서, 낮아져'**라고 해석한다.

17 □□□ ★
slow down

(속도를) 늦추다, 느긋해지다 ⊖ speed up
slow(늦추다) + down(줄여서) = 속도를 줄여서 늦추다

If you want to **slow down** kimchi from becoming sour, you have to use more salt. (학평)
만약 김치가 시어지는 것을 늦추고 싶다면, 더 많은 소금을 사용해야 한다.

18 □□□ ★

come down

1. (처음보다) 가격을 내리다

come(~해지다) + down(낮아져) = 처음보다 가격이 낮아지다

2. 내려오다, 오다 ⊜ descend

come(오다) + down(아래로) = 아래로 내려오다

It's too expensive. Can you **come down** a little more? 학평

너무 비싸요. 가격을 좀 더 내려 주실 수 있나요?

What goes up must **come down.** 학평

위로 올라가는 것은 내려오기 마련이다.

⊕ come down to (한마디로) 요약되다, 설명되다

19 □□□ ★

bring down

1. ~을 내리다, ~을 떨어뜨리다 ⊜ reduce, diminish

bring(~하도록 만들다) + down(낮아져) = ~을 낮아지도록 만들다

2. ~을 파멸시키다, ~을 붕괴시키다

bring(~하도록 만들다) + down(쓰러져) = ~을 쓰러지도록 만들다

A doctor tried to **bring down** the fever. 교과서

한 의사가 열을 내리려고 노력했다.

Good friendships bring you up, and bad friendships **bring** you **down.** 수능

좋은 우정은 당신을 끌어올리고, 나쁜 우정은 당신을 파멸시킨다.

⊕ bring down the curtain on ~을 끝마치다, ~의 막을 내리다

20 □□□ ★

die down

사그라들다, 약해지다

die(사라지다) + down(약해져) = 약해져 사라지다

Even after she got married and had children, her passion for insects did not **die down.** 교과서

그녀가 결혼하여 아이를 낳은 뒤에도 곤충에 대한 열정은 사그라지지 않았다.

21 □□□ ★

call down

~를 꾸짖다, ~를 혼내다

call(부르다) + down(낮아져) = ~를 불러서 자존감이 낮아지도록 꾸짖다

She **called** me **down** for making some mistakes.

그녀는 몇몇 실수를 한 것에 대해 나를 꾸짖었다.

22 □□□ ★★

cut down (on)

(~을) 줄이다, (~을) 절감하다 ⊜ cut back (on), lessen, reduce

cut(줄이다) + down(줄여서) on(~에 대해) = ~에 대해 줄이다

We should **cut down on** the use of electricity. 모평

우리는 전기의 사용을 줄여야 한다.

23 □□□ ★

come down with

(병에) 걸리다 ⊜ catch, contract

come(~해지다) + down(약해져) + with(~에 의해) = 병에 의해 몸이 약해지다

She cannot perform because she's **come down with** a severe flu. (학평)

그녀는 심한 독감에 걸렸기 때문에 공연할 수 없다.

24 □□□ ★

narrow A down to B

A를 B로 줄이다

narrow(좁히다) + A + down(줄여서) + to(~으로) + B = A를 좁혀 B로 줄이다

There were many choices, but I **narrowed** them **down to** five options.

많은 선택권들이 있었지만, 나는 그것들을 5개의 선택지로 줄였다.

전체·완료를 의미하는 down

맨 위에서부터 맨 '아래'까지 빠짐 없이 전부를 의미하며, '**완전히, 전부**'라고 해석한다.

25 □□□ ★★★

break down

1. (기계가) 고장 나다, (체계가) 실패하다 ⊜ be out of order

break(부서지다) + down(완전히) = 기계가 완전히 부서져 고장 나다

2. ~이 부서지다, ~이 분해되다 ⊜ decompose

break(부서지다) + down(완전히) = ~이 완전히 부서져 분해되다

Airline reservation agents are nearly helpless when their reservation system **breaks down**. (학평)

항공사 예약 직원들은 그들의 예약 시스템이 고장 나면 거의 속수무책이다.

Most plastics **break down** into smaller pieces. (학평)

대부분의 플라스틱은 더 작은 조각으로 분해된다.

26 □□□ ★

track down

~를 바짝 쫓다, ~를 따라잡다, ~를 추적하다 ⊜ hunt down, chase

track(뒤쫓다) + down(완전히) = ~를 완전히 뒤쫓아 따라잡다

The police **tracked down** the criminals.

경찰은 범죄자들을 바짝 쫓았다.

27 □□□ ★

tear down

(건물·담 등을) 허물다, 해체하다 ⊜ pull down, demolish, knock down

tear(파괴하다) + down(완전히) = 건물이나 담을 완전히 파괴하다

Old buildings were **torn down** and were soon replaced with new buildings. (교과서)

오래된 건물들은 허물어졌고 머지않아 새 건물로 대체되었다.

⊕ tear up ~을 갈기갈기 찢다

28 □□□ ★★

boil down to

핵심이 ~이다, 결국 ~이 되다, ~으로 요약하다 ⊜ condense into

boil(끓이다) + down(완전히) + to(~까지) = 끝까지 완전히 끓여 진액만 남은 것, 즉 핵심이 ~이다

While the issues were complex, they **boiled down to** one basic problem.

그 문제들은 복잡했지만, 그것들의 핵심은 하나의 기본적인 문제였다.

⊕ boil A down to B A를 B로 압축시키다

Daily Quiz

A 영어는 우리말로, 우리말은 영어로 쓰세요.

01 settle down ____________________

02 fall down ____________________

03 hand down ____________________

04 weigh down ____________________

05 hold down ____________________

06 ~를 무시하다 ____________________

07 ~을 진정시키다 ____________________

08 무릎을 꿇다 ____________________

09 ~을 거꾸로 뒤집어 놓다 ____________________

10 ~의 기대를 저버리다 ____________________

B 빈칸에 들어갈 숙어를 골라 알맞은 형태로 쓰세요.

track down	cut down on	come down
boil down to	come down with	turn down

11 The boys ____________________ the offer of more salad.

그 소년들은 샐러드를 더 주겠다는 제안을 거절했다.

12 It's too expensive. Can you ____________________ a little more?

너무 비싸요. 가격을 좀 더 내려 주실 수 있나요?

13 The police ____________________ the criminals.

경찰은 범죄자들을 바짝 쫓았다.

14 She cannot perform because she's ____________________ a severe flu.

그녀는 심한 독감에 걸렸기 때문에 공연할 수 없다.

15 We should ____________________ the use of electricity.

우리는 전기의 사용을 줄여야 한다.

정답

01 정착하다, 마음을 가라앉히다, 진정되다 **02** 넘어지다, 쓰러지다 **03** (후세에) ~을 전하다, ~을 물려주다 **04** (마음·기분을) 압박하다, 괴롭히다 **05** ~을 억제하다, ~을 억압하다, ~을 꽉 누르다 **06** look down on **07** calm down **08** kneel down **09** turn ~ upside down **10** let down **11** turned down **12** come down **13** tracked down **14** come down with **15** cut down on

DAY 18

해커스 보카 수능 숙어

D A Y
19 back

| 음성 바로 듣기 |

뒤쪽 을 의미하는 **back**

무언가가 '뒤에' 위치하거나 '뒤로' 이동하는 상태를 의미하며 **'뒤쪽으로, 뒤로'**라고 해석한다.

01 □□□ ★
sit back

편안히 앉다, 가만히 있다 ⊜ relax, unwind

sit(앉다) + back(뒤쪽으로) = 의자 뒤쪽으로 깊숙이 편안히 앉다

Sit back and relax.

편안히 앉아서 편안히 쉬어라.

02 □□□ ★
fall back

물러나다, 뒤처지다

fall(떨어지다) + back(뒤로) = 뒤로 떨어지면서 물러나다

The enemy **fell back**, so we are safe.

적군이 물러났으므로, 우리는 안전하다.

03 □□□ ★
step back from

~에서 물러나다 ⊜ walk away from, retire from

step(움직이다) + back(뒤로) + from(~에서) = ~에서 뒤로 움직여 물러나다

He **stepped back from** designing and began writing and teaching. 학평

그는 디자인하는 것에서 물러나서 글을 쓰고 가르치기 시작했다.

04 □□□ ★
push back against

~을 밀쳐내다, ~에 대해 반발하다 ⊜ resist

push(밀치다) + back(뒤로) + against(~에 맞서) = ~에 맞서 뒤로 밀쳐내다

Don't **push back against** the feedback, but embrace it.

피드백에 대해 반발하지 말고, 그것을 받아들여라.

⊕ push back the frontiers 경계를 넓히다, 한계를 뒤로 밀어내다

05 □□□ ★
back and forth

앞뒤로, 왔다 갔다 하며

back(뒤로) + and(그리고) + forth(앞으로) = 앞뒤로 왔다 갔다 하며

When people multitask, they switch **back and forth**, alternating their attention. 수능

사람들은 여러 일을 동시에 할 때, 주의를 번갈아 기울이면서, 왔다 갔다 하며 (일을) 바꿔 한다.

회귀·역행
을 의미하는 back

시간을 '뒤로' 돌려 이전 상태나 위치로 돌아가는 것을 의미하며 **'원상태로, 되돌려, 다시, 제자리로'**라고 해석한다.

06 □□□ ★★
come back

돌아오다 ≡ return, arrive back
come(오다) + back(제자리로) = 제자리로 돌아오다

He feels much better since he **came back** from the hospital. 수능
그는 병원에서 돌아오고 나서부터 컨디션이 훨씬 더 좋다.

07 □□□ ★★
bounce back

회복하다, 되살아나다 ≡ recover, rebound
bounce(튀어 오르다) + back(원상태로) = 처진 기분이 튀어 올라 원상태로 회복하다

Under overprotective parents, kids never learn how to **bounce back** from failure. 학평
과잉보호하는 부모 밑에서, 아이들은 실패에서 회복하는 법을 결코 배우지 못한다.

08 □□□ ★★
put back

~을 되돌려 놓다, ~을 다시 제자리에 갖다 놓다 ≡ throw back, return
put(놓다) + back(되돌려) = 되돌려 놓다

As soon as I caught the fish, I **put** it **back** in the lake.
나는 물고기를 잡자마자, 그것을 호수에 되돌려 놓았다.

09 □□□ ★
pay back

(돈을) 갚다, 보상하다, 상환하다
pay(돈을 주다) + back(되돌려) = 빌려 쓴 돈을 되돌려주다

Your insurance company will **pay back** your medical expenses. 학평
당신의 보험 회사가 당신의 의료 비용을 보상할 것이다.

10 □□□ ★
bring back

1. ~을 상기시키다 ≡ revive
bring(가져오다) + back(다시) = 기억을 가져와 ~을 다시 떠올리게 하다

2. ~을 다시 가져다주다, ~을 돌려주다
bring(가져다주다) + back(다시) = ~을 다시 가져다주다

Seeing the photographs from our trip **brought back** many memories.
우리 여행에서 찍은 사진들을 보는 것은 많은 추억을 상기시켰다.

I promise to **bring back** your book next time.
다음번에 네 책을 돌려주겠다고 약속할게.

11 □□□ ★

give back

(되)돌려주다 ⊜ pay back

give(주다) + back(되돌려) = 되돌려주다

Be careful of friends who are always eager to take from you but reluctant to **give back**. 학평

당신에게서 늘 (무언가를) 가져가고 싶어 하지만 돌려주려 하지 않는 친구들을 조심해라.

12 □□□ ★

turn back

(원래 상태로) 되돌리다, (원래 있던 곳으로) 되돌아가다 ⊜ reverse

turn(~되게 하다) + back(원상태로) = 원상태로 되게 하다

Perhaps in time we will find a way to stop or **turn back** aging. 학평

아마도 조만간 우리는 노화를 멈추거나 되돌리는 방법을 찾을 것이다.

13 □□□ ★

write back

답장을 써서 보내다 ⊜ reply, respond

write(글을 쓰다) + back(되돌려) = 답장으로 글을 써서 되돌려주다

The teacher **wrote back** a long reply. 학평

그 선생님은 장문의 답장을 써서 보냈다.

14 □□□ ★

talk back

말대답하다, 말대꾸하다 ⊜ argue

talk(말하다) + back(되돌려) = 들은 말에 지지 않고 대답을 되돌려 말하다

The salesman **talked back** to the customers and won lots of arguments, but he didn't sell many cars. 학평

그 판매원은 고객들에게 말대답해서 많은 논쟁에서 이겼지만, 차를 많이 팔지는 못했다.

15 □□□ ★

call back

~에게 다시 전화하다 ⊜ return a call

call(전화하다) + back(다시) = ~에게 다시 전화하다

When you get this message, please **call** me **back**. 수능

이 메시지를 받으시면, 저에게 다시 전화해주세요.

16 □□□ ★

take back

1. (샀던 상품을) 반품하다 ⊜ return

take(가져가다) + back(다시) = 샀던 상품을 가게로 다시 가져가다

2. (했던 말을) 취소하다 ⊜ withdraw, eat one's words

take(가져가다) + back(다시) = 했던 말을 입 안으로 다시 가져가서 취소하다

I will **take** the juice **back** to the grocery store and get our money back. 모평

나는 주스를 식료품점에 반품하고 우리의 돈을 돌려받을 것이다.

I'm sorry. I will **take back** what I said.

미안해. 내가 했던 말을 취소할게.

17 □□□ ★

go back

(되)돌아가다, 거슬러 올라가다 ⊜ return

go(가다) + back(제자리로) = 다시 제자리로 돌아가다

He **went back** to the first page of the essay to reread a paragraph.

그는 한 단락을 다시 읽기 위해 에세이의 첫 페이지로 되돌아갔다.

18 □□□ ★★

get back (to)

1. (~으로) 돌아오다, 돌아가다 ⊜ resume, return (to)

get(오다) + back(제자리로) + to(~을 향해) = ~을 향해 제자리로 돌아오다

2. (~에게) 다시 연락하다

get(도달하다) + back(다시) + to(~에게) = ~에게 다시 연락이 도달하다

I'll soon **get back to** my normal routine. (학평)

나는 곧 나의 평범한 일상으로 돌아갈 것이다.

Let me sleep on it and I'll **get back to** you with a final decision. (모평)

제가 그것에 대해 하룻밤 자면서 생각해보고 최종 결정을 가지고 당신께 다시 연락드리겠습니다.

⊕ get back at ~에게 복수하다, ~에게 앙갚음하다 get ~ back ~을 되찾다

19 □□□ ★

look back (on)

(~을) 되돌아보다 ⊜ reflect (on)

look(보다) + back(되돌려) + on(~에 대해) = ~에 대해 되돌아보다

With the invention of writing, humans could hold on to their history and **look back on** it in the future. (모평)

문자의 발명으로, 인간은 역사를 지킬 수 있었고 미래에 그것을 되돌아볼 수 있었다.

20 □□□ ★

date back to

~로 거슬러 올라가다 ⊜ trace back to, go back to

date(연대를 추정하다) + back(되돌려) + to(~으로) = 과거의 ~으로 되돌아가서 연대를 추정하다

Mariachi, traditional Mexican music, **dates back to** the beginning of the 19th century. (교과서)

멕시코의 전통 음악인 마리아치는 19세기 초로 거슬러 올라간다.

21 □□□ ★

bring ~ back to life

~를 다시 살려내다, ~가 의식을 되찾게 하다 ⊜ revive

bring(데려 오다) + back(원상태로) + to(~으로) + life(생명)
= ~를 다시 생명이 있는 원상태로 다시 데려오다

Many people predicted he would not survive, but the doctor **brought** him **back to life**.

많은 사람들이 그가 살지 못할 것이라고 예측했지만, 그 의사는 그를 다시 살려냈다.

22 □□□ ★

think back to

~을 돌이켜 생각해 보다, ~을 회상하다 ⊜ reflect on, think back on

think(생각하다) + back(다시) + to(~에 대해) = ~에 대해 다시 생각해 보다

Think back to a time in your life when some big news was delivered. (학평)

당신의 인생에서 어떠한 큰 소식이 전해졌던 때를 회상해 보아라.

억압을 의미하는 **back**

무언가가 발생하거나 튀어 나오려는 것을 '뒤로' 억누르는 상태를 의미하며, '**억눌러**'라고 해석한다.

23 □□□ ★

hold back

1. ~을 막다, ~을 억제하다, ~을 참다 ⊜ repress

hold(억누르다) + back(억눌러) = ~이 발생하려는 것을 억눌러 막다

2. ~의 발전을 방해하다 ⊜ inhibit

hold(억누르다) + back(억눌러) = ~이 발전하려는 것을 억눌러 방해하다

It was no use trying to **hold back** the tears. (교과서)

눈물을 참으려 해 봤자 소용없었다.

The fear of failure **holds** you **back**. (모평)

실패에 대한 두려움이 당신의 발전을 방해한다.

24 □□□ ★★

cut back (on)

(~을) 줄이다, (~을) 감축하다 ⊜ cut down (on), reduce, curtail

cut(줄이다) + back(억눌러) + on(~을) = ~을 억눌러 줄이다

People **cut back on** their sleep to meet work, school, family, or household responsibilities.

사람들은 직장, 학교, 가족, 또는 가사의 책임을 다하기 위해 잠을 줄인다.

Daily Quiz

A 영어는 우리말로, 우리말은 영어로 쓰세요.

01 give back ____________

02 look back (on) ____________

03 take back ____________

04 back and forth ____________

05 talk back ____________

06 ~에게 다시 전화하다 ____________

07 ~로 거슬러 올라가다 ____________

08 ~을 밀쳐내다 ____________

09 ~를 다시 살려내다 ____________

10 (~을) 감축하다 ____________

B 빈칸에 들어갈 숙어를 골라 알맞은 형태로 쓰세요.

bounce back	think back to	step back from
pay back	get back to	hold back

11 It was no use trying to ____________ the tears.

눈물을 참으려 해봤자 소용없었다.

12 He ____________ designing and began writing and teaching.

그는 디자인하는 것에서 물러나서 글을 쓰고 가르치기 시작했다.

13 Under overprotective parents, kids never learn how to ____________ from failure.

과잉보호하는 부모 밑에서, 아이들은 실패에서 회복하는 법을 결코 배우지 못한다.

14 ____________ a time in your life when some big news was delivered.

당신의 인생에서 어떠한 큰 소식이 전해졌던 때를 회상해 보아라.

15 Your insurance company will ____________ your medical expenses.

당신의 보험 회사가 당신의 의료 비용을 보상할 것이다.

정답

01 (되)돌려주다 **02** (~을) 되돌아보다 **03** (샀던 상품을) 반품하다, (했던 말을) 취소하다 **04** 앞뒤로, 왔다 갔다 하며 **05** 말대답하다, 말대꾸하다 **06** call back **07** date back to **08** push back against **09** bring ~ back to life **10** cut back (on) **11** hold back **12** stepped back from **13** bounce back **14** Think back to **15** pay back

DAY 20

away

거리감을 의미하는 away

기준점과 거리가 '멀리' 떨어져 있는 상태를 나타내며, '**멀리**'라고 해석한다.

---

01 □□□ ★★

throw away

~을 버리다 (=) throw out, dump

throw(던지다) + away(멀리) = ~을 멀리 던져서 버리다

Every year, we **throw away** more than 125 million cell phones. (모평)

매년, 우리는 1억 2천 5백만 대 이상의 휴대폰을 버린다.

---

02 □□□ ★★

take away

~을 없애다, ~을 빼앗다

take(가져가다) + away(멀리) = ~을 멀리 가져가서 없애다

The Internet **takes away** our opportunities to meet for true human relationships. (수능)

인터넷은 진정한 인간관계를 위해 (사람을) 만날 수 있는 우리의 기회를 빼앗는다.

⊕ take one's breath away (너무 놀랍거나 아름다워서) ~의 숨이 멎게 만들 정도이다

---

03 □□□ ★★

drive away

1. ~을 쫓아내다

drive(쫓다) + away(멀리) = ~을 멀리 쫓아내다

2. (차를 타고) 떠나다

drive(운전하다) + away(멀리) = 차를 타고 운전하여 멀리 떠나다

A bit of fresh air will **drive** germs **away**. (학평)

약간의 신선한 공기는 세균을 쫓아낼 것이다.

Someone hit my car and **drove away**. (수능)

누군가가 내 차를 들이받고 떠났다.

---

04 □□□ ★

put away

~을 치우다 (=) remove

put(두다) + away(멀리) = ~을 멀리 두어 치우다

When you study, **put away** things that distract you. (학평)

공부할 때, 너를 산만하게 하는 것들을 치워라.

05 □□□ ★★

give away

1. ~을 기부하다, ~을 무료로 주다 ㊐ donate

give(주다) + away(멀리) = ~을 멀리 타인에게 나누어 주다

2. ~을 누설하다 ㊐ reveal

give(알리다) + away(벗어나) = 비밀인 ~을 입 밖으로 벗어나게 해 타인에게 알리다

Give away items you don't need. (학평)

당신에게 필요 없는 물건들을 기부해라.

He **gave away** our secret plan by talking about it too loudly.

그는 우리의 비밀 계획에 대해 너무 큰 소리로 이야기해서 그것을 누설했다.

06 □□□ ★

blow away

~을 날려 버리다, ~을 압도하다

blow(날리다) + away(멀리) = ~을 멀리 날려 버리다

He **blew away** the national record by lifting 50 pounds more than the previous record holder. (학평)

그는 이전 기록 보유자보다 50파운드를 더 들어 올려서 국내 기록을 날려 버렸다.

07 □□□ ★

carry away

1. ~을 가져가 버리다, ~을 운반해 가다

carry(가지고 가다) + away(멀리) = ~을 멀리 가지고 가다

2. ~를 흥분시키다, ~가 넋을 잃게 만들다

carry(이르게 하다) + away(벗어나) = 흥분해서 ~의 본모습에서 벗어나게 하다

The thief **carried away** the stolen goods.

도둑이 훔친 물건을 가져가 버렸다.

After I was fouled hard, I got **carried away** and started shouting at the other player.

심하게 반칙을 당한 후, 나는 흥분해서 상대편 선수에게 소리를 지르기 시작했다.

08 □□□ ★

turn away

1. 외면하다, 거부하다

turn(돌리다) + away(멀리) = 고개를 멀리 돌려 외면하다

2. ~를 돌려보내다, ~를 쫓아 보내다

turn(~되게 하다) + away(사라져) = ~를 돌려보내서 사라지게 하다

The kids began to **turn away** from dealing drugs when they got support from the community.

아이들은 지역 사회로부터 지원을 받자 마약 거래를 거부하기 시작했다.

The restaurant was out of food, so the owner had to **turn away** customers.

그 식당은 음식이 다 떨어져서, 주인은 손님들을 돌려보내야 했다.

09 □□□ ★

shy away from

~을 피하다 ⊜ avoid, steer clear of

shy(꺼리다) + away(멀리) + from(~에서) = ~을 꺼려 그것에서 멀리 피하다

When things are going fine, we **shy away from** taking risks. (학평)

일이 잘 풀리고 있을 때, 우리는 위험을 감수하는 것을 피한다.

10 □□□ ★

keep away from

~을 가까이하지 않다, ~을 멀리하다 ⊜ stay away from, avoid

keep(계속 두다) + away(멀리) + from(~으로부터) = ~으로부터 계속 멀리에 두다

Do you advise your kids to **keep away from** strangers? (학평)

당신은 아이들에게 낯선 사람을 가까이하지 말라고 조언하시나요?

이탈을 의미하는 away

기준점에서 '멀리' 벗어나 이탈한 상태를 나타내며, **'벗어나'**라고 해석한다.

11 □□□ ★★

pass away

돌아가시다, 사망하다 ⊜ die, lose one's life ⇔ live, survive

pass(넘어가다) + away(벗어나) = 이승을 벗어나 저승으로 넘어가다

After my parents **passed away**, I lived with my grandparents. (수능)

부모님이 돌아가신 후, 나는 조부모님과 함께 살았다.

12 □□□ ★

right away

곧바로, 즉시 ⊜ immediately

right(바로) + away(벗어나) = 시간상 바로 뒤에 벗어나 있는

You should call the credit card company and cancel your card **right away**. (모평)

당신은 신용 카드 회사에 전화해서 당신의 카드를 즉시 취소해야 합니다.

13 □□□ ★★

get away with

~에 관해 처벌을 면하다, ~을 그냥 넘어가다

get(상태가 되다) + away(벗어나) + with(~한 채로)
= 어떠한 잘못을 저지른 채로 처벌에서 벗어난 상태가 되다

It is so easy to lie and **get away with** it. (학평)

거짓말을 하고도 그것에 관해 처벌을 면하는 것은 아주 쉽다.

14 □□□ ★

run away (from)

(~에서) 도망치다 ⊜ get away (from), flee (from)

run(도망치다) + away(벗어나) + from(~에서) = ~에서 벗어나 도망치다

Even though plants cannot **run away from** danger, they know how to keep themselves safe. (모평)

비록 식물들이 위험에서 도망칠 수는 없지만, 그것들은 자신을 계속 안전하게 하는 방법을 알고 있다.

15 □□□ ★

get away (from)

(~에서) 벗어나다 ⊜ escape (from)

get(가다) + away(벗어나) + from(~에서) = ~에서 벗어나서 가다

She **got away from** her boring daily life and went on a vacation.

그녀는 자신의 지루한 일상에서 벗어나 휴가를 갔다.

16 □□□ ★

look away (from)

(~에서) 눈길을 돌리다 ⊜ take one's eyes off (from)

look(시선을 돌리다) + away(벗어나) + from(~에서) = ~에서 벗어나도록 시선을 돌리다

Look away from the book or the computer screen if your eyes feel tired.

눈이 피로하다면 책이나 컴퓨터 화면에서 눈길을 돌려라.

소멸을 의미하는 away

원래 있던 곳에서 '멀리' 벗어나 사라져 버린 상태를 나타내며, **'사라져, 없어져'**라고 해석한다.

17 □□□ ★★

melt away

녹아서 사라지다, 차츰 사라지다 ⊜ disappear, vanish

melt(녹다) + away(사라져) = 녹아서 사라지다

The glacier continued to **melt away** fast during the 1990s.

1990년대에 빙하는 계속해서 빠르게 녹아서 사라졌다.

18 □□□ ★★

wipe away

~을 닦다, ~을 없애다 ⊜ wipe off, remove

wipe(닦다) + away(없어져) = ~을 닦아서 없어지게 하다

He **wiped away** the tears from my face. 모평

그는 내 얼굴에서 눈물을 닦았다.

19 □□□ ★★

fade away

(서서히) 사라지다, 없어지다 ⊜ go away, disappear

fade(희미해지다) + away(사라져) = 희미해지며 사라지다

With modern production technologies, the concept of seasonal fruit is starting to **fade away**.

현대 생산 기술로 인해, 계절 과일이라는 개념은 서서히 사라지기 시작하고 있다.

⊕ fade out 점점 희미해지다

20 □□□ ★

wash away

~을 (씻어) 없애다, ~을 쓸어버리다

wash(씻다) + away(없어져) = ~을 씻어서 없어지게 하다

The flood waters **washed away** cars and even houses.

홍수는 자동차와 심지어 집까지도 쓸어버렸다.

21 □□□ ★

go away

1. (문제·고통 등이) 사라지다, 없어지다 ⊜ disappear, fade away

go(~하게 되다) + away(사라져) = 문제나 고통 등이 사라지게 되다

2. 가 버리다, (떠나) 가다

go(가다) + away(멀리) = 멀리 가 버리다

If your pain doesn't **go away**, take these painkillers. (학평)

통증이 사라지지 않는다면, 이 진통제를 드세요.

Go away and go back to your home. (학평)

가 버려. 그리고 네 집으로 돌아가.

22 □□□ ★

idle away

(시간을) 헛되이 보내다, 허비하다

idle(게으름을 피우다) + away(사라져) = 게으름을 피워서 시간이 헛되이 사라지다

Idling away hours in front of the TV is my hobby.

TV 앞에서 몇 시간을 허비하는 것이 나의 취미이다.

23 □□□ ★★

do away with

~을 없애다, ~을 폐지하다, ~을 끝내다 ⊜ get rid of, eliminate

do(하다) + away(없어져) + with(~에 대해) = ~을 없어지게 하다

Abundant timber in this country **does away with** the need to import wood. (모평)

이 나라의 풍부한 목재는 목재를 수입할 필요성을 없앤다.

Daily Quiz

A 영어는 우리말로, 우리말은 영어로 쓰세요.

01 throw away ____________

02 right away ____________

03 turn away ____________

04 look away (from) ____________

05 do away with ____________

06 녹아서 사라지다 ____________

07 ~을 기부하다 ____________

08 ~을 날려 버리다 ____________

09 ~을 닦다 ____________

10 (~에서) 도망치다 ____________

B 빈칸에 들어갈 숙어를 골라 알맞은 형태로 쓰세요.

get away with	idle away	run away from
keep away from	go away	pass away

11 If your pain doesn't ____________, take these painkillers.

통증이 사라지지 않는다면, 이 진통제를 드세요.

12 After my parents ____________, I lived with my grandparents.

부모님이 돌아가신 후, 나는 조부모님과 함께 살았다.

13 It is so easy to lie and ____________ it.

거짓말을 하고도 그것에 관해 처벌을 면하는 것은 아주 쉽다.

14 ____________ hours in front of the TV is my hobby.

TV 앞에서 몇 시간을 허비하는 것이 나의 취미이다.

15 Do you advise your kids to ____________ strangers?

당신은 아이들에게 낯선 사람을 가까이하지 말라고 조언하시나요?

정답

01 ~을 버리다 02 곧바로, 즉시 03 외면하다, 거부하다, ~를 돌려보내다, ~를 쫓아 보내다 04 (~에서) 눈길을 돌리다 05 ~을 없애다, ~을 폐지하다, ~을 끝내다 06 melt away 07 give away 08 blow away 09 wipe away 10 run away (from) 11 go away 12 passed away 13 get away with 14 Idling away 15 keep away from

DAY

21 from

| 음성 바로 듣기 |

기준·근원 을 의미하는 from

기준점이나 근원지'에서' 시작되거나 나온 것을 나타내며, '**~에서, ~으로부터**'라고 해석한다.

01 □□□ ★★

come from

~에서 비롯되다, ~에서 나오다 = spring from, arise from

come(생기다) + from(~에서) = ~에서 생겨나 비롯되다

Good conclusions **come from** good observations. (학평)

좋은 결론은 좋은 관찰에서 나온다.

02 □□□ ★★

be derived from

~에서 유래하다, ~에서 나오다, ~에서 파생되다 = be made from

be derived(유래하다) + from(~에서) = ~에서 유래하다

Some alternative fuels **are derived from** sugar and other crops.

일부 대체 연료는 설탕과 그 외 농작물에서 나온다.

03 □□□ ★★

stem from

~에서 기인하다, ~에서 유래하다 = spring from, arise from

stem(기인하다) + from(~에서) = ~에서 기인하다

The increase in the deer population **stemmed from** the diminished population of wolves. (교과서)

사슴 개체 수의 증가는 감소된 늑대 개체 수에서 기인했다.

04 □□□ ★★

spring from

~에서 비롯되다, ~에서 야기되다 = stem from, originate from

spring(비롯되다) + from(~에서) =~에서 비롯되다

The song lyrics **sprang from** a story the songwriter heard on the radio.

그 노래 가사는 작사가가 라디오에서 들었던 한 이야기에서 비롯되었다.

05 □□□ ★

graduate from

~을 졸업하다

graduate(졸업하다) + from(~으로부터) = ~으로부터 졸업하다

Upon **graduating from** high school, I went to college. (수능)

고등학교를 졸업하자마자, 나는 대학교에 갔다.

06 □□□ ★

benefit from

~의 혜택을 받다, ~의 덕을 보다 ≡ take advantage of

benefit(혜택을 받다) + from(~으로부터) = ~으로부터 혜택을 받다

Everybody should **benefit from** free education.

모두가 무료 교육의 혜택을 받아야 한다.

07 □□□ ★

be descended from

~의 후손이다, ~의 자손이다

be descended(후손이다) + from(~로부터) = ~로부터 나온 후손이다

Chimpanzees and humans **are descended from** the same ancestor.

침팬지와 인간은 같은 조상의 후손이다.

08 □□□ ★

hear from

~에게서 소식을 듣다, ~에게서 연락을 받다

hear(듣다) + from(~로부터) = ~로부터 소식을 듣다

I hope to **hear from** you soon. (수능)

저는 당신에게서 곧 연락을 받기를 바랍니다.

⊕ hear of ~에 대해 듣다

09 □□□ ★

withdraw from

~에서 손을 떼다, ~을 중단하다, ~을 취소하다

withdraw(물러서다) + from(~에서) = 기존에 하던 ~에서 물러서 손을 떼다

Children who are ridiculed by their peers tend to **withdraw from** social interactions.

또래들로부터 조롱을 받는 아이들은 사회적 상호작용을 중단하는 경향이 있다.

10 □□□ ★

emerge from

~에서 나오다, ~에서 나타나다 ≡ come from

emerge(나오다) + from(~에서) = ~에서 나오다

The best ideas **emerge from** the intersection of technology and the humanities. (교과서)

최고의 아이디어는 기술과 인문학이 교차하는 지점에서 나온다.

11 □□□ ★

judge from

~으로 판단하다, ~으로 미루어 보다 ≡ based on

judge(판단하다) + from(~으로부터) = 보여지는 ~으로부터 판단하다

Judging from his appearance, the man might not be a very trustworthy person. (모평)

그 남자의 외모로 미루어 볼 때, 그는 그다지 믿을 만한 사람이 아닐 수도 있다.

⊕ judging from ~으로 미루어볼 때

12 □□□ ★

be made from

~으로 만들어지다

be made(만들어지다) + from(~에서) = 근원이 되는 ~에서 만들어지다

Hanji **is made from** the bark of the mulberry tree. (교과서)

한지는 뽕나무의 껍질로 만들어진다.

⊕ be made of ~으로 구성되다, ~으로 이루어지다
be made into (변형되어) ~으로 만들어지다

13 □□□ ★

escape from

~에서 벗어나다, ~에서 도피하다 ⊜ break free from, run away from

escape(벗어나다) + from(~에서) = ~에서 벗어나 도피하다

I often **escape from** reality through movies.

나는 자주 영화를 통해 현실에서 도피한다.

14 □□□ ★

break free from

~에서 벗어나다, ~을 탈피하다 ⊜ escape from, get away from

break(벗어나다) + free(자유롭게) + from(~에서) = ~에서 자유롭게 벗어나다

Characters in this book do their best to **break free from** their bad situations. (교과서)

이 책의 등장인물들은 나쁜 상황에서 벗어나기 위해 최선을 다한다.

15 □□□ ★

free from

~에서 벗어난, ~이 없는, ~을 면한

free(자유로운) + from(~에서) = 속박하는 ~에서 벗어나 자유로운

Free from her concerns, she enjoyed her leisure time.

걱정에서 벗어나, 그녀는 그녀의 여가 시간을 만끽했다.

16 □□□ ★★

range from A to B

(범위가) A에서 B까지 이르다

range(범위가 이르다) + from(~에서) + A + to(~까지) + B = 범위가 A에서 B까지 이르다

The museum displays items **ranging from** ancient **to** modern times. (모평)

그 박물관은 고대에서 현대까지 이르는 물건들을 전시한다.

17 □□□ ★

prevent A from B

A가 B하는 것을 막다 ⊜ stop A from B

prevent(막다) + A + from(~으로부터) + B = A가 B하는 것으로부터 막다

A pop-up blocker on your computer will **prevent** ads **from** popping up. (학평)

당신의 컴퓨터에 있는 팝업 차단 시스템은 광고가 불쑥 나타나는 것을 막을 것이다.

18 □□□ ★

separate A from B

A를 B에서 분리하다 ⊜ divide A from B

separate(분리하다) + A + from(~에서) + B = A를 B에서 분리하다

You should **separate** paper **from** other waste for recycling. 학평

재활용을 위해 종이를 다른 쓰레기에서 분리해야 한다.

19 □□□ ★

from scratch

맨 처음부터, 아무것도 없이 ⊜ from the start, from nothing

from(~에서) + scratch(긁은 자국) = 출발선을 긁어둔 땅 위의 자국에서 출발하여

We didn't know anything about baking at first and had to start **from scratch**. 교과서

우리는 처음에 제빵에 대해 아무것도 몰랐어서 맨 처음부터 시작해야 했다.

20 □□□ ★

from hand to mouth

하루살이 생활로, 하루 벌어 하루 먹는 식으로

from(~에서) + hand(손) + to(~으로) + mouth(입)
= 음식을 손에서 곧장 입으로 가져가야 할 정도로 배가 고픈 하루살이 생활로

He used to live **from hand to mouth**, but now he is rich.

그는 하루살이 생활로 살곤 했지만, 그는 이제 부자다.

원인을 의미하는 from

어떠한 원인'에서' 시작되거나 나온 것을 나타내며, '**~으로 인해**'라고 해석한다.

21 □□□ ★★

suffer from

~으로 고통 받다, ~으로 시달리다

suffer(고통 받다) + from(~으로 인해) = ~으로 인해 고통 받다

Every summer, many return home **suffering from** sunburn. 수능

매년 여름, 많은 사람들이 햇볕에 탄 화상으로 고통 받으면서 집으로 돌아간다.

22 □□□ ★

die from

~으로 죽다

die(죽다) + from(~으로 인해) = ~으로 인해 죽다

Every winter, many homeless people **die from** the cold. 교과서

매년 겨울에, 많은 노숙인들이 추위로 죽는다.

23 □□□ ★

result from

~의 결과로 생기다, ~에 기인하다 ⊜ come from, arise from

result(결과로 생기다) + from(~으로 인해) = ~으로 인한 결과로 생기다

Maturity, wisdom, and patience can **result from** the gradual accumulation of life experiences. 학평

성숙함, 지혜, 그리고 인내는 점점 늘어나는 삶의 경험의 축적의 결과로 생길 수 있다.

구별
을 의미하는 from

기준이 되는 대상'에서' 다른 대상을 분리시켜 구별하는 것을 나타내며, '**~과**'라고 해석한다.

---

24 □□□ ★★

differ from

~과 다르다 = vary from

differ(다르다) + from(~과) = ~과 다르다

A blog **differs from** a traditional website. (학평)

블로그는 기존의 웹사이트와 다르다.

+ different from ~과 다른

---

25 □□□ ★

aside from

1. ~뿐만 아니라, ~ 외에도 = apart from, besides, along with

aside(떨어져) + from(~과) = ~과 떨어져 있는 것까지도 포함하여

2. ~을 제외하고, ~ 외에는 = apart from

aside(떨어져) + from(~과) = ~과 떨어져 있는 것은 제외하고

Aside from its unique flavor, turmeric is a helpful treatment for people with arthritis. (학평)

독특한 맛 외에도, 강황은 관절염이 있는 사람들에게 도움을 주는 치료제이다.

Aside from a slight headache, the patient showed no symptoms of the disease.

가벼운 두통을 제외하고, 그 환자는 병의 증상을 보이지 않았다.

---

26 □□□ ★

apart from

1. ~을 제외하고, ~을 벗어나 = aside from

apart(떨어져) + from(~과) = ~과 떨어져 있는 것은 제외하고

2. ~ 외에도, ~뿐만 아니라 = aside from, besides, along with

apart(떨어져) + from(~과) = ~과 떨어져 있는 것까지도 포함하여

Asians have difficulty understanding an object **apart from** its context. (교과서)

아시아인들은 문맥을 벗어나 대상을 이해하는 데 어려움을 겪는다.

Apart from my salary, I also have a private income.

내 월급 외에도, 나는 또한 개인적인 수입이 있다.

---

27 □□□ ★

distinguish A from B

A를 B와 구별하다, ~이 A와 B의 차이를 나타내다 = tell A from B

distinguish(구별하다) + A + from(~과) + B = A를 B와 구별하다

Language **distinguishes** humans **from** animals.

언어는 인간을 다른 동물들과 구별해준다.

Daily Quiz

A 영어는 우리말로, 우리말은 영어로 쓰세요.

01 be descended from ____________

02 apart from ____________

03 free from ____________

04 benefit from ____________

05 spring from ____________

06 맨 처음부터 ____________

07 ~으로 판단하다 ____________

08 A가 B하는 것을 막다 ____________

09 A를 B와 구별하다 ____________

10 ~을 졸업하다 ____________

B 빈칸에 들어갈 숙어를 골라 알맞은 형태로 쓰세요.

be derived from	suffer from	result from
withdraw from	differ from	escape from

11 Every summer, many return home ____________ sunburn.

매년 여름, 많은 사람들이 햇볕에 탄 화상으로 고통받으면서 집으로 돌아간다.

12 I often ____________ reality through movies.

나는 자주 영화를 통해 현실에서 도피한다.

13 Some alternative fuels ____________ sugar and other crops.

일부 대체 연료는 설탕과 그 외 농작물에서 나온다.

14 Maturity, wisdom, and patience can ____________ the gradual accumulation of life experiences.

성숙함, 지혜, 그리고 인내는 점점 늘어나는 삶의 경험의 축적의 결과로 생길 수 있다.

15 A blog ____________ a traditional website.

블로그는 기존의 웹사이트와 다르다.

정답

01 ~의 후손이다, ~의 자손이다 **02** ~을 제외하고, ~을 벗어나, ~ 외에도, ~뿐만 아니라 **03** ~에서 벗어난, ~이 없는, ~을 면한 **04** ~의 혜택을 받다, ~의 덕을 보다 **05** ~에서 비롯되다, ~에서 야기되다 **06** from scratch **07** judge from **08** prevent A from B **09** distinguish A from B **10** graduate from **11** suffering from **12** escape from **13** are derived from **14** result from **15** differs from

D A Y

22 to (1)

| 음성 바로 듣기 |

대상 을 의미하는 to

목표로 하는 대상'에' 특정한 행위를 하는 상태를 나타내며, '**~에, ~에게, ~에 대해**'라고 해석한다.

01 □□□ ★★★

contribute to

~에 기여하다, ~에 기부하다 ㊀ make a contribution to

contribute(기여하다) + to(~에) = ~에 기여하다

Her leadership has **contributed to** the success of the company.

그녀의 리더십은 회사의 성공에 기여해 왔다.

02 □□□ ★★★

refer to

1. ~을 언급하다 ㊀ talk about, mention

refer(언급하다) + to(~에 대해) = ~에 대해 언급하다

2. ~과 관련 있다, ~을 나타내다

refer(관련되다) + to(~에) = ~에 관련되다

3. ~을 참조하다, ~을 참고하다 ㊀ check, look into

refer(참조하다) + to(~에 대해) = ~에 대해 참조하다

In his speech, the politician **referred to** the hurricane that happened in 2005.

자신의 연설에서, 그 정치인은 2005년에 발생했던 허리케인을 언급했다.

Economic fairness **refers to** the distribution of income. (학평)

경제적 공정성은 소득의 분배와 관련 있다.

Please visit our homepage or **refer to** the notice on the bulletin board. (수능)

저희 홈페이지를 방문하시거나 게시판에 있는 공지를 참고해주세요.

⊕ refer to A as B A를 B라고 언급하다

03 □□□ ★★

apply to

~에 적용되다, ~에 해당되다 ㊀ be applicable to

apply(적용되다) + to(~에) = ~에 적용되다

The membership discount does not **apply to** this program. (수능)

회원 할인이 이 프로그램에는 적용되지 않는다.

04 □□□ ★★

appeal to

1. ~의 마음을 끌다 ⊜ interest

appeal(관심을 끌다) + to(~에게) = ~에게 관심을 끌다

2. ~에(게) 호소하다 ⊜ solicit

appeal(호소하다) + to(~에게) = ~에게 호소하다

Bike riding **appeals to** people because it is affordable. (학평)

자전거 타기는 저렴하기 때문에 사람들의 마음을 끈다.

We **appealed to** people for help.

우리는 사람들에게 도움을 호소했다.

05 □□□ ★★

belong to

~에 속하다, ~의 소유이다

belong(속하다) + to(~에) = ~에 속하다

People who **belong to** the same age group tend to share a set of values.

같은 연령층에 속하는 사람들은 같은 가치관을 공유하는 경향이 있다.

06 □□□ ★★

yield to

~에게 양보하다, ~에 굴복하다 ⊜ give way to, surrender to

yield(양보하다) + to(~에게) = ~에게 양보하다

Drivers should **yield to** pedestrians in marked crosswalks. (모평)

운전자는 표시된 횡단보도에서 보행자에게 양보해야 한다.

07 □□□ ★★

give rise to

~을 일으키다, ~이 생기게 하다 ⊜ cause

give(일으키다) + rise(발생) + to(~에) = ~에 발생을 일으키다

New technologies have **given rise to** more convenient means of payment. (교과서)

새로운 기술들은 더욱 편리한 결제 수단이 생기게 했다.

08 □□□ ★★

be subject to

~의 대상이다, ~을 받다

be(~이다) + subject(대상) + to(~에 대해) = ~에 대해 대상이 되다

Plants **are subject to** many influences including changes in climate, soil, and water. (학평)

식물들은 기후, 토양, 물의 변화를 포함해 많은 영향을 받는다.

09 □□□ ★★

be confined to

~에 갇혀 있다, ~에 틀어박혀 있다

be confined(갇히다) + to(~에) = ~에 갇혀 있다

When he **was confined to** his home, I visited him every day.

그가 자신의 집에 틀어박혀 있었을 때, 나는 그를 매일 방문했다.

⊕ be confined to (one's) bed (병으로) 몸져 누워 있다

10 □□□ ★★

thanks to

~ 덕분에, ~ 때문에 = because of, owing to, due to

thanks(감사) + to(~에 대해) = ~에 대한 감사함으로

Thanks to the Internet, it's easy to share knowledge nowadays.

인터넷 덕분에, 오늘날에는 지식을 공유하는 것이 쉽다.

11 □□□ ★★

as opposed to

~과 반대로, ~과 대조적으로

as(~하는 것과 같이) + opposed(반대되는) + to(~에) = ~에 반대되는 것과 같이

He uses passion to lead people, **as opposed to** using threats. 학평

위협을 이용하는 것과는 대조적으로, 그는 사람들을 이끌기 위해 열정을 이용한다.

12 □□□ ★★

contrary to

~과 반대로, ~에 어긋나서 = in opposition to

contrary(반대되는) + to(~에) = ~에 반대되는 상태로

Contrary to popular belief, running on concrete is not that damaging to the legs. 모평

일반적인 생각과 반대로, 콘크리트 위에서 달리는 것은 다리에 그다지 손상을 주지 않는다.

13 □□□ ★

relevant to

~에 관련된 = related to, pertinent to

relevant(관련된) + to(~에) = ~에 관련된

She has deep knowledge of subjects **relevant to** the problem.

그녀는 그 문제에 관련된 주제들에 대해 깊은 지식을 가지고 있다.

14 □□□ ★

owing to

~ 덕분에, ~ 때문에 = because of, due to, thanks to

owing(은혜를 입은) + to(~에게) = ~에게 은혜를 입은 덕분에

Owing to a traitor, the army was defeated and many died.

한 반역자 때문에, 군대는 패배했고 많은 사람들이 사망했다.

15 □□□ ★

turn to

1. ~에(게) 의지하다, ~에 의존하다 = depend on, rely on

turn(향하다) + to(~에게) = ~에게 몸과 마음이 향하다

2. ~으로 변하다, ~이 되다 = be converted into, transform to

turn(변하다) + to(~으로) = ~으로 변하다

Some people **turn to** drugs in order to fight their desire for food. 학평

어떤 사람들은 음식에 대한 욕구와 싸우기 위해 약물에 의존한다.

All my frustration **turned to** pity. 교과서

나의 모든 불만이 연민으로 변했다.

16 □□□ ★
occur to

~에게 생각이 떠오르다 ⊜ strike, hit, dawn on
occur(생기다) + to(~에게) = 누군가에게 생각이 생기다

It **occurred to** me that we could achieve more if we all embraced our differences.
우리 모두가 우리의 차이점들을 포용한다면 우리가 더 많은 것을 이룰 수 있을 것이라는 생각이 내게 떠올랐다.

17 □□□ ★
respond to

~에 대응하다, ~에 응답하다 ⊜ react to
respond(대응하다) + to(~에) = ~에 대응하다

Different species of plants **respond to** the drought differently. (학평)
서로 다른 식물 종들은 가뭄에 다르게 대응한다.

⊕ in response to ~에 응하여, ~에 대응하여

18 □□□ ★
attend to

1. ~을 처리하다 ⊜ deal with, address
attend(처리하다) + to(~에 대해) = ~에 대해 처리하다

2. ~의 시중을 들다, ~에 주의를 기울이다 ⊜ pay attention to
attend(시중들다) + to(~에게) = ~에게 시중들다

He could not **attend to** the business because he was sick.
그는 아팠기 때문에 그 일을 처리할 수 없었다.

Dogs respond to our gestures and **attend to** our body language. (학평)
개들은 우리의 몸짓에 반응하며 우리의 신체 언어에 주의를 기울인다.

19 □□□ ★
give birth to

1. ~를 탄생시키다, ~를 낳다 ⊜ bear, produce
give(일으키다) + birth(탄생) + to(~에게) = ~에게 탄생을 일으키다

2. ~을 발생시키다, ~을 일으키다 ⊜ originate, initiate
give(일으키다) + birth(발생) + to(~에) = ~에 발생을 일으키다

Giving birth to a baby is not an easy job. (학평)
아기를 낳는 것은 쉬운 일이 아니다.

In the 1950s, the musical genre of the blues **gave birth to** rock 'n' roll.
1950년대에, 블루스라는 음악 장르는 로큰롤을 발생시켰다.

20 □□□ ★

give way to

1. ~으로 대체되다, ~으로 바뀌다 (=) give place to

give(넘겨주다) + way(길) + to(~에) = ~에 길을 내주면서 그것으로 대체되다

2. ~에 굴복하다, ~에 양보하다 (=) surrender to, yield to

give(내어주다) + way(길) + to(~에게) = 다른 사람에게 져서 걷던 길을 내어주다

Brick-and-mortar stores began to **give way to** e-commerce in the 2000s.

오프라인 소매점들은 2000년대에 전자 상거래로 대체되기 시작했다.

I will not **give way to** my fears.

나는 두려움에 굴복하지 않을 것이다.

21 □□□ ★

be dedicated to

~에 전념하다, ~에 헌신하다 (=) be committed to, be devoted to

be dedicated(전념하다) + to(~에) = ~에 전념하다

There is an international organization that **is dedicated to** the promotion of tug of war. (교과서)

줄다리기 홍보에 전념하는 한 국제 단체가 있다.

22 □□□ ★

be attached to

1. ~에 애착을 느끼다, ~에 소속감을 느끼다 (=) feel attached to

be attached(애착을 느끼다) + to(~에) = ~에 애착을 느끼다

2. ~에 붙어 있다

be attached(붙어 있다) + to(~에) = ~에 붙어 있다

She **is attached to** her local community.

그녀는 자신의 지역사회에 애착을 느낀다.

This chair **is attached to** the desk. (학평)

이 의자는 책상에 붙어 있다.

23 □□□ ★

owe A to B

A를 B에게 빚지다

owe(~을 빚지다) + A + to(~에게) + B = A를 B에게 빚지다

Modern people **owe** much **to** their ancestors. (모평)

현대인들은 많은 것을 그들의 조상에게 빚지고 있다.

Daily Quiz

A 영어는 우리말로, 우리말은 영어로 쓰세요.

01 be subject to ____________________

02 appeal to ____________________

03 owing to ____________________

04 be dedicated to ____________________

05 attend to ____________________

06 A를 B에게 빚지다 ____________________

07 ~를 낳다 ____________________

08 ~에 적용되다 ____________________

09 ~에 속하다 ____________________

10 ~에 갇혀 있다 ____________________

B 빈칸에 들어갈 숙어를 골라 알맞은 형태로 쓰세요.

give rise to	yield to	occur to
turn to	refer to	respond to

11 Please visit our homepage or ____________________ the notice on the bulletin board.

저희 홈페이지를 방문하시거나 게시판에 있는 공지를 참고해주세요.

12 New technologies have ____________________ more convenient means of payment.

새로운 기술들은 더욱 편리한 결제 수단이 생기게 했다.

13 It ____________________ me that we could achieve more if we all embraced our differences.

우리 모두가 우리의 차이점들을 포용한다면 우리가 더 많은 것을 이룰 수 있을 것이라는 생각이 내게 떠올랐다.

14 Drivers should ____________________ pedestrians in marked crosswalks.

운전자는 표시된 횡단보도에서 보행자에게 양보해야 한다.

15 All my frustration ____________________ pity.

나의 모든 불만이 연민으로 변했다.

정답

01 ~의 대상이다, ~을 받다 **02** ~의 마음을 끌다, ~에(게) 호소하다 **03** ~ 덕분에, ~ 때문에 **04** ~에 전념하다, ~에 헌신하다 **05** ~을 처리하다, ~의 시중을 들다, ~에 주의를 기울이다 **06** owe A to B **07** give birth to **08** apply to **09** belong to **10** be confined to **11** refer to **12** given rise to **13** occurred to **14** yield to **15** turned to

DAY
23 to (2)

방향·이동 을 의미하는 to

목표하는 방향'으로' 이동하는 상태를 나타내며, '**~을 향해, ~으로, ~ 쪽으로**'라고 해석한다.

---

01 □□□ ★★★
look forward to

~을 기대하다, ~을 고대하다
look(보다) + forward(앞으로) + to(~을 향해) = ~을 향해 앞으로 고개를 내밀어 보다

I'm **looking forward to** seeing you in a new suit. (수능)
저는 새 정장을 입은 당신을 보는 것을 기대하고 있어요.

---

02 □□□ ★★★
lead to

~으로 이어지다, ~을 초래하다 (=) cause, bring about, result in
lead(이어지다) + to(~으로) = ~으로 상황이 이어지다

Antibacterial cleaning products can **lead to** antibiotic resistance. (교과서)
항균 세척 용품들은 항생 물질에 대한 내성을 초래할 수 있다.

---

03 □□□ ★★
resort to

(다른 대안이 없어서) ~에 의지하다 (=) fall back on, depend on
resort(의지하다) + to(~ 쪽으로) = ~ 쪽으로 의지하다

Many Irish farmers had to **resort to** cultivating rocky hillsides. (학평)
많은 아일랜드 농부들은 바위투성이인 언덕 비탈을 경작하는 것에 의지해야 했다.

---

04 □□□ ★
point to

1. ~을 가리키다, ~을 나타내다
point(가리키다) + to(~을 향해) = ~을 향해 가리키다

2. ~을 이유로 들다, ~을 증거로 들다
point(지목하다) + to(~을 향해) = ~을 향해 그것을 이유로 지목하다

The coach's statements **point to** a change in strategy in the next game.
그 코치의 발언은 다음 경기에서의 전략 변화를 나타낸다.

Scientists **point to** climate change as a threat to agricultural yields. (학평)
과학자들은 농업 생산량에 대한 위협으로서 기후 변화를 이유로 든다.

05 □□□ ★★

attribute A to B

A를 B 때문으로 여기다, A를 B의 탓으로 돌리다

attribute(~의 원인을 돌리다) + A + to(~으로) + B = A의 원인을 B로 돌리다

I **attribute** the fake news problem **to** ignorant people.
나는 가짜 뉴스 문제를 무지한 사람들 때문으로 여긴다.

06 □□□ ★★

lead A to B

A를 B로 이끌다

lead(이끌다) + A + to(~으로) + B = A를 B로 이끌다

Your kindness will **lead** you **to** success.
당신의 친절이 당신을 성공으로 이끌 것이다.

⊕ lead A + **to+동사원형** = A가 ~하도록 이끌다

도달을 의미하는 to

목표하는 수준'까지' 이동하여 도달하는 것을 나타내며, **'~까지, ~에 이르도록'**이라고 해석한다.

07 □□□ ★★

get to

~에 도달하다, ~에 도착하다 ⊜ arrive at, reach

get(도달하다) + to(~에 이르도록) = 도달하여 ~에 이르다

How long will it take to **get to** Grandma's house? 수능
할머니 댁에 도착하는 데 얼마나 걸릴까요?

08 □□□ ★★

amount to

(합계가) ~에 달하다, ~에 이르다, ~에 해당하다

amount(총계에 달하다) + to(~에 이르도록) = 총계가 ~에 이르러 달하다

The United States' final energy consumption **amounted to** 616 TWh.
미국의 최종 에너지 소비량은 합계가 616테라와트시에 달했다.

09 □□□ ★

come to light

밝혀지다, 알려지다

come(~이 되다) + to(~에 이르도록) + light(빛) = 빛에 이르러 환히 밝혀지다

New evidence has **come to light**.
새로운 증거가 밝혀졌다.

10 □□□ ★

to the core

뼛속까지, 철저하게 ⊜ in essence

to(~까지) + the core(중심부) = 가장 깊은 중심부까지

This man is such a skillful merchant. He is a businessman **to the core**. 학평
이 사람은 정말 능숙한 상인이다. 그는 뼛속까지 장사에 밝은 사람이다.

집착·고수
를 의미하는 to

목표하는 대상'에' 집착하여 끝까지 고수하는 상태를 나타내며, '**~에 집착하여**'라고 해석한다.

11 □□□ ★★★

stick to

~을 고수하다, ~을 지키다 ⊜ adhere to, cling to

stick(붙어 있다) + to(~에 집착하여) = ~에 집착하여 끝까지 그것을 고수하다

People **stick to** their first impressions, even if they are wrong. (수능)

사람들은 비록 그들이 틀릴지라도, 자신의 첫인상을 고수한다.

12 □□□ ★★

cling to

~을 고수하다 ⊜ stick to, adhere to

cling(매달리다) + to(~에 집착하여) = ~에 집착하여 매달리면서 그것을 고수하다

People have a natural tendency to **cling to** the familiar.

사람들은 익숙한 것들을 고수하려는 본성을 가지고 있다.

13 □□□ ★★

be committed to

~에 전념하다, ~에 헌신하다 ⊜ be devoted to, be dedicated to

be committed(전념하다) + to(~에 집착하여) = ~에 집착할 정도로 전념하다

Our hotel has **been committed to** protecting our planet by reducing energy consumption. (학평)

저희 호텔은 에너지 소비를 줄임으로써 지구를 보호하는 것에 전념해 왔습니다.

⊕ commit oneself to ~에 몸을 바치다, ~에 헌신하다

14 □□□ ★★

devote oneself to

~에 헌신하다, ~에 몸을 바치다 ⊜ commit oneself to

devote(헌신하다) + oneself(자신) + to(~에 집착하여) = ~에 집착할 정도로 자신을 헌신하다

Many mothers **devote themselves to** raising children. (모평)

많은 엄마들이 아이들을 키우는 것에 헌신한다.

⊕ be devoted to ~에 헌신하다, ~에 전념하다

15 □□□ ★

adhere to

~을 고수하다, ~을 충실히 지키다 ⊜ stick to, cling to

adhere(들러붙다) + to(~에 집착하여) = ~에 집착하여 들러붙어서 그것을 고수하다

Great companies **adhere to** the principles that produced success in the first place. (모평)

훌륭한 회사들은 맨 처음 성공을 거두게 했던 원칙들을 충실히 지킨다.

비교·대조 를 의미하는 to

다른 대상과 목표 대상'에 대해' 차이점 등을 비교하거나 대조하는 상태를 나타내며, '**~보다**'라고 해석한다.

16 □□□ ★★★
prior to

~보다 이전에, ~에 앞서 유 in advance of, ahead of

prior(이전의) + to(~보다) = ~보다 이전에

Online tickets must be purchased at least 24 hours **prior to** the event. 학평

온라인 티켓은 반드시 행사보다 최소 24시간 이전에 구매되어야 한다.

17 □□□ ★
superior to

~보다 우수한, ~보다 우월한 반 inferior to

superior(우수한) + to(~보다) = ~보다 우수한

When it comes to feeding your body, nothing is **superior to** preparing your food at home. 학평

몸에 영양분을 공급하는 것에 관해서는, 집에서 음식을 준비하는 것보다 우수한 것은 없다.

18 □□□ ★
prefer A to B

B보다 A를 선호하다 유 favor A over B

prefer(~을 선호하다) + A + to(~보다) + B = B보다 A를 선호하다

Introverts **prefer** online **to** in-person communication. 모평

내향적인 사람들은 직접 만나서 하는 대화보다 온라인으로 하는 대화를 선호한다.

적합·일치 를 의미하는 to

어떤 상황이나 대상'에' 적합하거나 일치하도록 맞춰 가는 상태를 나타내며, '**~에 맞춰**'라고 해석한다.

19 □□□ ★★★
according to

~에 따르면, ~에 의하면 유 based on

according(따르는) + to(~에 맞춰) = ~에 맞춰 따르면

According to the weather report, heavy rains will continue.

일기 예보에 따르면, 폭우가 계속될 것이다.

20 □□□ ★★★
adjust to

~에 적응하다 유 adapt to

adjust(적응하다) + to(~에 맞춰) = ~에 맞춰 적응하다

In ballet, dancers calculate distances between themselves and other dancers, and **adjust to** the size of the stage. 수능

발레에서, 무용수들은 자신과 다른 무용수들 사이의 거리를 계산하여, 무대 크기에 적응한다.

21 □□□ ★★

adapt to

~에 적응하다, ~에 적응시키다 ⊜ adjust to

adapt(적응하다) + to(~에 맞춰) = ~에 맞춰 적응하다

He failed to **adapt to** the environment because he lacked survival skills. (학평)

그는 생존 기술이 부족했기 때문에 환경에 적응하지 못했다.

22 □□□ ★★

correspond to

~과 일치하다, ~에 해당하다

correspond(일치하다) + to(~에 맞춰) = ~에 맞춰 일치하다

I enjoy conversations with him because his interests **correspond to** mine.

그의 관심사가 나의 것과 일치하기 때문에 나는 그와의 대화를 즐긴다.

23 □□□ ★

conform to

~에 맞추다, ~에 따르다, ~에 부합하다 ⊜ go along with, comply with

conform(따르다) + to(~에 맞춰) = ~에 맞춰 따르다

I feel pressure to **conform to** the expectations of friends.

나는 친구들의 기대에 부합해야 한다는 압박을 느낀다.

24 □□□ ★

be accustomed to

~에 익숙해지다, ~에 익숙하다 ⊜ be used to, be familiar with

be accustomed(익숙해지다) + to(~에 맞춰) = ~에 맞춰 익숙해지다

We **are accustomed to** thinking of light as always going in straight lines. (학평)

우리는 빛이 항상 일직선으로 나아간다고 여기는 것에 익숙하다.

25 □□□ ★★

to one's advantage

자신에게 유리하게

to(~에 맞춰) + one's advantage(자신의 강점) = 자신의 강점에 맞춰 유리하게

The basketball player used his height **to his advantage**.

그 농구 선수는 자신의 키를 자신에게 유리하게 이용했다.

Daily Quiz

A 영어는 우리말로, 우리말은 영어로 쓰세요.

01 attribute A to B ______________

02 lead to ______________

03 conform to ______________

04 according to ______________

05 superior to ______________

06 ~을 가리키다 ______________

07 뼛속까지 ______________

08 ~과 일치하다 ______________

09 ~보다 이전에 ______________

10 자신에게 유리하게 ______________

B 빈칸에 들어갈 숙어를 골라 알맞은 형태로 쓰세요.

cling to	look forward to	amount to
resort to	adapt to	come to light

11 He failed to ______________ the environment because he lacked survival skills.

그는 생존 기술이 부족했기 때문에 환경에 적응하지 못했다.

12 New evidence has ______________.

새로운 증거가 밝혀졌다.

13 Many Irish farmers had to ______________ cultivating rocky hillsides.

많은 아일랜드 농부들은 바위투성이인 언덕 비탈을 경작하는 것에 의지해야 했다.

14 People have a natural tendency to ______________ the familiar.

사람들은 익숙한 것들을 고수하려는 본성을 가지고 있다.

15 I'm ______________ seeing you in a new suit.

저는 새 정장을 입은 당신을 보는 것을 기대하고 있어요.

정답

01 A를 B 때문으로 여기다, A를 B의 탓으로 돌리다 **02** ~으로 이어지다, ~을 초래하다 **03** ~에 맞추다, ~에 따르다, ~에 부합하다 **04** ~에 따르면, ~에 의하면 **05** ~보다 우수한, ~보다 우월한 **06** point to **07** to the core **08** correspond to **09** prior to **10** to one's advantage **11** adapt to **12** come to light **13** resort to **14** cling to **15** looking forward to

D A Y
24 with (1)

동반 을 의미하는 **with**

어떤 대상'이 함께' 동반되는 상태를 나타내며, '**~과 (함께)**'라고 해석한다.

---

01 □□□ ★★

along with

~과 함께, ~에 더하여 ⊜ in addition to, plus

along(함께) + with(~과) = ~과 함께

Private studios are available to artists, **along with** dining and recreation rooms. 학평

식당과 오락실에 더하여, 개인 작업실은 예술가들이 이용할 수 있다.

---

02 □□□ ★★

go with

1. ~에 딸려 나오다, ~에 포함되다 ⊜ be accompanied with

go(가다) + with(~과 함께) = ~과 함께 가서 딸려 나오다

2. ~과 어울리다 ⊜ match

go(~하게 되다) + with(~과 함께) = ~과 어울려서 함께 하게 되다

3. ~을 고르다, ~을 선택하다 ⊜ choose, select

go(나아가다) + with(~과 함께) = ~과 앞으로 함께 나아가기 위해 그것을 선택하다

Accepting a job means that you accept the responsibility that **goes with** it. 학평

일자리를 수락하는 것은 당신이 그것에 포함되는 책임까지 받아들인다는 것을 의미한다.

I'm looking for a shirt that'll **go with** my blue jeans. 학평

저는 제 청바지와 어울릴 셔츠를 찾고 있어요.

We have two options left. I'd like to **go with** the cheaper one. 학평

우리에게는 두 가지 선택지가 남아 있어. 나는 더 저렴한 것을 선택하고 싶어.

---

03 □□□ ★★

keep pace with

~에 따라가다, ~과 보조를 맞추다 ⊜ keep up with

keep(유지하다) + pace(속도) + with(~과) = ~과 같은 속도를 유지하며 따라가다

Demand grew so rapidly that the supply could not **keep pace with** it. 교과서

수요가 너무 급격히 증가해서 공급이 그것에 따라가지 못했다.

04 □□□ ★★
get in touch with

~에게 연락을 취하다, ~와 연락하다 ⊜ reach out to
get(~하게 되다) + in(~의 상태에 있는) + touch(연락) + with(~와) = ~와 연락 상태에 있게 되다

Have you ever hurt another person? If so, **get in touch with** the person you wronged. 수능
지금까지 다른 사람에게 상처를 준 적이 있는가? 만약 그렇다면, 당신이 잘못을 저지른 사람에게 연락을 취해라.

05 □□□ ★★
get along with

~와 잘 지내다 ⊜ be on good terms with
get(~하게 되다) + along(함께) + with(~와) = ~와 함께 잘 지내게 되다

I want to **get along with** your friends. 학평
나는 네 친구들과 잘 지내고 싶어.

06 □□□ ★★
go well with

~과 잘 어울리다 ⊜ match well with, go together with
go(~하게 되다) + well(잘) + with(~과 함께) = ~과 잘 어울려서 함께 하게 되다

My favorite color is green, but it does not **go well with** my skin tone. 교과서
내가 가장 좋아하는 색은 초록색이지만, 그것은 내 피부색과 잘 어울리지 않는다.

07 □□□ ★★
be consistent with

~과 일치하다, ~과 모순되지 않다 ⊜ be harmonious with
be consistent(일치하다) + with(~과) = ~과 일치하다

We have a desire to **be consistent with** our beliefs, attitudes, and deeds. 모평
우리는 우리의 신념, 태도, 그리고 행동들과 모순되지 않으려는 욕구를 가지고 있다.

08 □□□ ★
correspond with

1. ~과 일치하다, ~에 부합하다 ⊜ be consistent with, coincide with
correspond(일치하다) + with(~과) = ~과 일치하다

2. ~와 소식을 주고받다
correspond(소식을 주고받다) + with(~와) = ~와 소식을 주고받다

The experimental result didn't **correspond with** the theory.
실험 결과는 이론과 일치하지 않았다.

The author has **corresponded with** her fans.
그 작가는 자신의 팬들과 소식을 주고받아 왔다.

09 □□□ ★
make friends with

~와 친구가 되다, ~와 친해지다 ⊜ become friends with
make(만들다) + friends(친구) + with(~와) = ~와 친구 관계를 만들다

We tend to **make friends with** those of the same gender, race, or age. 학평
우리는 같은 성별, 인종, 혹은 나이의 사람들과 친해지는 경향이 있다.

10 □□□ ★★★

associate A with B

A를 B와 연관시켜 생각하다 ⊜ connect A with B, link A with B

associate(~을 연관시켜 생각하다) + A + with(~과) + B = A를 B와 연관시켜 생각하다

Some people **associate** curiosity **with** being nosy. 학평

일부 사람들은 호기심을 참견하기 좋아하는 것과 연관시켜 생각한다.

⊕ be associated with ~과 연관되다

11 □□□ ★★

combine A with B

A를 B와 결합하다

combine(~을 결합하다) + A + with(~과) + B = A를 B와 결합하다

He developed a performance style that **combined** comedy **with** classical music. 모평

그는 코미디를 클래식 음악과 결합한 공연 방식을 발전시켰다.

12 □□□ ★

compare A with B

A를 B와 비교하다, A를 B와 대조하다

compare(~을 비교하다) + A + with(~과) + B = A를 B와 비교하다

Avoid judging your value by **comparing** yourself **with** others. 학평

자신을 남들과 비교하면서 자신의 가치를 평가하는 것을 피해라.

13 □□□ ★

confuse A with B

A를 B와 혼동하다 ⊜ mistake A for B

confuse(~을 혼동하다) + A + with(~과) + B = A를 B와 혼동하다

I **confused** tomorrow **with** the day after tomorrow. 학평

나는 내일을 모레와 혼동했다.

14 □□□ ★

provide A with B

A에게 B를 제공하다 ⊜ supply A with B

provide(~에게 제공하다) + A + with(~과 함께) + B = A에게 B가 함께 하도록 제공하다

Please **provide** me **with** some samples.

저에게 몇 가지 샘플들을 제공해 주세요.

매개·수단을 의미하는 with

어떤 대상이 동반되어 매개체나 수단'으로' 사용되는 상태를 나타내며, '**~으로, ~에 의해**'라고 해석한다.

15 □□□ ★★

be filled with

~으로 가득 차다 ⊜ be full of, be loaded with

be filled(채워지다) + with(~으로) = ~으로 가득 채워지다

The refrigerator **was filled with** nothing but soda.

그 냉장고는 오로지 탄산음료로 가득 차 있었다.

⊕ fill A with B A를 B로 가득 채우다

16 □□□ ★★

be loaded with

~으로 가득 차다, ~이 충분히 있다 ⊜ be full of, be filled with

be loaded(가득 차다) + with(~으로) = ~으로 가득 차다

Bananas **are loaded with** magnesium. 모평

바나나에는 마그네슘이 충분히 있다.

17 □□□ ★★

be equipped with

(장비 등을) 갖추다, (시설 등이) 구비되다 ⊜ be furnished with

be equipped(장비가 갖춰지다) + with(~으로) = ~으로 장비가 갖춰지다

Aircrafts should **be equipped with** life vests.

항공기는 구명조끼가 구비되어 있어야 한다.

18 □□□ ★

be covered with

~으로 덮여 있다, ~으로 싸여 있다 ⊜ be coated with

be covered(덮여 있다) + with(~으로) = ~으로 덮여 있다

This kite **is covered with** a traditional Korean paper called hanji.

이 연은 한지라고 불리는 한국의 전통 종이로 싸여 있다.

19 □□□ ★

be credited with

~으로 공로를 인정받다 ⊜ be given credit for

be credited(공로를 인정받다) + with(~으로) = ~으로 공로를 인정받다

He **is credited with** inventing the first vacuum cleaner. 학평

그는 최초의 진공 청소기를 발명한 것으로 공로를 인정받는다.

20 □□□ ★

be packed with

~으로 꽉 차다, ~으로 미어터지다 ⊜ be crowded with

be packed(꽉 차다) + with(~으로) = ~으로 꽉 차다

The shop **is packed with** customers despite the poor service.

그 가게는 형편없는 서비스에도 불구하고 손님들로 꽉 차 있다.

21 □□□ ★

be occupied with

~으로 바쁘다

be occupied(바쁘다) + with(~으로) = ~으로 바쁘다

I couldn't text you since I **was occupied with** something important.

나는 중요한 일로 바빴어서 너에게 문자를 보낼 수 없었어.

22 □□□ ★

be crowded with

~으로 붐비다, ~으로 복잡하다

be crowded(붐비다) + with(~으로) = ~으로 붐비다

The festival **was crowded with** people from all around the country.

그 축제는 전국에서 온 사람들로 붐볐다.

23 □□□ ★

replace A with B

A를 B로 바꾸다, A를 B로 대체하다 ⊜ substitute A with B

replace(~을 바꾸다) + A + with(~으로) + B = A를 B로 바꾸다

If a student loses a borrowed book, he or she has to **replace** it **with** a new copy. 학평

만약 학생이 대여한 책을 잃어버릴 경우, 그 사람은 그것을 새 책으로 대체해야 한다.

24 □□□ ★★

with respect to

~에 관해(서는) ⊜ with regard to, in regard to

with(~에 의해) + respect(관계) + to(~에 대한) = ~에 대한 관계에 의해서는

I have nothing to say **with respect to** your first question.

저는 당신의 첫 번째 질문에 관해 할 말이 없습니다.

25 □□□ ★★

with ease

쉽게, 간단히 ⊜ easily, readily

with(~으로) + ease(쉬움) = 쉽게

My manager handles conflict situations **with ease**.

나의 관리자는 갈등 상황을 쉽게 처리한다.

Daily Quiz

A 영어는 우리말로, 우리말은 영어로 쓰세요.

01 go well with ____________

02 with respect to ____________

03 associate A with B ____________

04 compare A with B ____________

05 along with ____________

06 A를 B와 혼동하다 ____________

07 ~와 친구가 되다 ____________

08 A를 B와 결합하다 ____________

09 ~으로 덮여 있다 ____________

10 쉽게, 간단히 ____________

B 빈칸에 들어갈 숙어를 골라 알맞은 형태로 쓰세요.

keep pace with	be loaded with	be occupied with
get along with	be consistent with	go with

11 I couldn't text you since I ____________ something important.
나는 중요한 일로 바빴어서 너에게 문자를 보낼 수 없었어.

12 We have a desire to ____________ our beliefs, attitudes, and deeds.
우리는 우리의 신념, 태도, 그리고 행동들과 모순되지 않으려는 욕구를 가지고 있다.

13 Demand grew so rapidly that the supply could not ____________ it.
수요가 너무 급격히 증가해서 공급이 그것에 따라가지 못했다.

14 Bananas ____________ magnesium.
바나나에는 마그네슘이 충분히 있다.

15 I'm looking for a shirt that'll ____________ my blue jeans.
저는 제 청바지와 어울릴 셔츠를 찾고 있어요.

정답

01 ~과 잘 어울리다 **02** ~에 관해(서는) **03** A를 B와 연관시켜 생각하다 **04** A를 B와 비교하다, A를 B와 대조하다 **05** ~과 함께, ~에 더하여 **06** confuse A with B **07** make friends with **08** combine A with B **09** be covered with **10** with ease **11** was occupied with **12** be consistent with **13** keep pace with **14** are loaded with **15** go with

DAY
25 with (2)

대상 을 의미하는 **with**

동반된 대상'에 대해' 특정한 행위를 하는 상태를 나타내며, '**~에, ~에 대해, ~을**'이라고 해석한다.

01 □□□ ★★★
deal with

~에 대처하다, ~을 다루다 = cope with, handle, manage

deal(대처하다) + with(~에) = ~에 대처하다

She turned on the air conditioner to **deal with** the heat.

그녀는 더위에 대처하기 위해 에어컨을 켰다.

02 □□□ ★★
interfere with

~에 지장을 주다, ~을 방해하다, ~에 개입하다 = disturb, obstruct

interfere(지장을 주다) + with(~에) = ~에 지장을 주다

Acid **interferes with** the body's ability to absorb calcium. (교과서)

산은 신체의 칼슘 흡수 능력을 방해한다.

03 □□□ ★★
struggle with

~에 대해 고심하다, ~과 싸우다 = suffer from

struggle(고심하다) + with(~에 대해) = ~에 대해 고심하다

People around the world **struggle with** sleep disorders. (학평)

전 세계의 사람들이 수면 장애에 대해 고심한다.

04 □□□ ★★
cope with

~에 대처하다, ~을 처리하다 = deal with, handle, manage

cope(대처하다) + with(~에) = ~에 대처하다

The lifeguard needs to be prepared to **cope with** harsh sea conditions. (학평)

안전요원은 혹독한 바다 환경에 대처할 준비되어 있어야 한다.

05 □□□ ★★
go along with

~에 따르다, ~에 찬성하다

go(가다) + along(따라서) + with(~을) = ~을 따라서 가다

When you read books, you create pictures in your mind to **go along with** the story. (학평)

책을 읽을 때, 당신은 마음속에서 그 줄거리에 따르는 장면들을 만들어 낸다.

06 □□□ ★★

keep up with

1. ~에 따라가다, ~에 뒤처지지 않다 ⊜ keep pace with

keep(유지하다) + up(완전히) + with(~에) = ~에 뒤지지 않고 완전히 따라잡은 상태를 유지하다

2. ~에 정통하다, ~을 알다

keep(유지하다) + up(완전히) + with(~에 대해) = ~에 대해 완전히 알고 있는 상태를 유지하다

The airlines are doing their best to **keep up with** the increased demand for service. (학평)

항공사들은 증가한 서비스에 대한 수요에 뒤처지지 않기 위해 최선을 다하고 있다.

I waste too much time **keeping up with** my friends' updates on social media. (교과서)

나는 소셜 미디어에서 친구들의 최신 정보를 아는 것에 너무 많은 시간을 낭비한다.

07 □□□ ★★

agree with

1. ~에 동의하다 ⊜ consent to, assent to ⊖ disagree with

agree(동의하다) + with(~에) = ~에 동의하다

2. ~에게 적합하다, ~에게 맞다

agree(적합하다) + with(~에) = ~에게 적합하다

If you **agree with** me on this issue, please vote for me. (학평)

만약 당신이 이 문제에 있어서 제게 동의한다면, 저에게 투표해 주세요.

American food doesn't **agree with** me. I can barely eat it. (학평)

미국 음식은 나에게 맞지 않는다. 나는 그것을 거의 먹지 못한다.

⊕ agree to/on (생각·안건 등에 대해) 합의를 보다, 의견이 일치하다

08 □□□ ★★

have trouble with

~에 어려움을 겪다 ⊜ have a hard time with, struggle with

have(겪다) + trouble(어려움) + with(~에) = ~에 어려움을 겪다

I **had trouble with** uploading my assignment file to our online course website. (학평)

나는 우리 온라인 강의 웹사이트에 나의 과제 파일을 업로드하는 것에 어려움을 겪었다.

09 □□□ ★★

have (something) to do with

~과 관련이 있다 ⊜ have a connection to, be related to

have(~이 있다) + something(것) + to do(해야 할) + with(~에 대해)
= ~에 대해 고려해야 할 것이 있다. 즉, 고려해야 할 만큼 ~과 관련이 있다

Quality of sleep **has something to do with** digestion.

수면의 질은 소화와 관련이 있다.

⊕ have nothing to do with ~과 전혀 관련이 없다
have much to do with ~과 관련이 많다

10 □□□ ★★

be done with

1. ~을 끝내다, ~을 마치다 ⊜ complete, finish

be done(끝나다) + with(~에 대해) = ~에 대해 끝이 나다

2. ~와 절교하다 ⊜ break with, finish with

be done(다하다) + with(~와) = ~와 관계가 다하다

I'**m** finally **done with** my wedding preparations.

나는 마침내 결혼식 준비를 끝냈다.

I'**m done with** you. Don't call me anymore.

나는 너와 절교할래. 더 이상 내게 전화하지 마.

11 □□□ ★★

be content with

~에 만족하다 ⊜ be satisfied with, be pleased with

be content(만족하다) + with(~에) = ~에 만족하다

After one month of exercising, he **is content with** his health improvements.

한 달간의 운동 후, 그는 자신의 건강 상태 호전에 만족하고 있다.

12 □□□ ★

be faced with

~에 직면하다, ~에 처하다 ⊜ be confronted with

be faced(직면하다) + with(~에) = ~에 직면하다

When **being faced with** a problem, we seek to find a solution. (학평)

문제에 직면했을 때, 우리는 해결책을 찾으려고 애쓴다.

13 □□□ ★

be concerned with

1. ~에 관심이 있다, ~에 신경 쓰다

be concerned(관심이 있다) + with(~에) = ~에 관심이 있다

2. ~과 관련이 있다 ⊜ be related to

be concerned(관련이 있다) + with(~과) = ~과 관련이 있다

I **am concerned with** my employees' health and welfare.

나는 내 직원들의 건강과 복지에 신경 쓴다.

Product styling **is concerned with** the appearance of products.

제품 디자인은 상품의 외관과 관련이 있다.

14 □□□ ★

be impressed with

~에 감명 받다, ~에 감동 받다

be impressed(감명 받다) + with(~에) = ~에 감명 받다

I'**m** very **impressed with** your portfolio. (학평)

저는 당신의 포트폴리오에 아주 감명 받았어요.

15 □□□ ★

be familiar with

~에 익숙하다, ~을 아주 잘 알다 = be accustomed to

be familiar(익숙하다) + with(~에 대해) = ~에 대해 익숙하다

I'**m familiar with** Thai food, but I have never been to Thailand.

나는 태국 음식에 익숙하지만, 태국에 가본 적은 한 번도 없다.

⊕ be familiar to + 사람 ~에게 익숙하다, ~에게 낯익다

16 □□□ ★

be fed up with

~에 질리다 = be tired of, be sick of

be fed(먹다) + up(전부) + with(~을) = ~을 전부 다 먹어 그것에 질려버리다

I'**m fed up with** traveling to so many conferences.

나는 너무 많은 학회들에 가는 것에 질렸다.

17 □□□ ★

be through with

~을 끝내다, ~와 관계를 끊다

be(~이다) + through(끝낸) + with(~을) = ~을 끝낸 상태다

By the time he **was through with** baseball, he had become a legend. (모평)

그가 야구를 끝냈을 때, 그는 전설이 되어 있었다.

18 □□□ ★

be obsessed with

~에 집착하다

be obsessed(집착하다) + with(~에 대해) = ~에 대해 집착하다

Scientists, especially young ones, can **be** too **obsessed with** results. (수능)

과학자들, 특히 젊은 과학자들은 결과에 너무 집착할 수 있다.

19 □□□ ★

comply with

~을 따르다, ~을 준수하다 = obey, follow, abide by, conform to

comply(따르다) + with(~을) = ~을 따르다

When celebrities started to wear skinny jeans, the public began to **comply with** the trend.

유명인들이 스키니진을 입기 시작했을 때, 대중들은 그 유행을 따르기 시작했다.

20 □□□ ★

reason with

~를 설득하다 = persuade, convince

reason(설득하다) + with(~를) = ~를 설득하다

He tried **reasoning with** her, but she didn't hear him. (학평)

그는 그녀를 설득하는 것을 시도했지만, 그녀는 그의 말을 듣지 않았다.

21 □□□ ★

compete with

~와 경쟁하다, ~와 겨루다 ⊜ compete against

compete(맞서다) + with(~에) = ~에 맞서 경쟁하다

Alien plants **compete with** indigenous species for survival. (학평)

외래 식물들은 토종 식물종들과 생존을 위해 경쟁한다.

22 □□□ ★

dispense with

~을 없애다, ~을 생략하다 ⊜ do away with

dispense(면제하다) + with(~을) = ~을 면제하여 없애다

They **dispensed with** physical copies of documents because digital documents are more efficient.

디지털 문서가 더 효율적이기 때문에 그들은 문서의 물리적 사본을 없앴다.

23 □□□ ★

proceed with

~을 계속하다 ⊜ continue, carry on, keep on

proceed(계속하다) + with(~을) = ~을 계속하다

Proceeding with his study, he earned a doctorate degree in zoology. (학평)

자신의 연구를 계속하면서, 그는 동물학 박사 학위를 취득했다.

Daily Quiz

A 영어는 우리말로, 우리말은 영어로 쓰세요.

01 struggle with ____________

02 cope with ____________

03 reason with ____________

04 proceed with ____________

05 compete with ____________

06 ~에 집착하다 ____________

07 ~에 익숙하다 ____________

08 ~에 질리다 ____________

09 ~에 직면하다 ____________

10 ~에 관심이 있다 ____________

B 빈칸에 들어갈 숙어를 골라 알맞은 형태로 쓰세요.

dispense with	interfere with	be content with
comply with	agree with	deal with

11 She turned on the air conditioner to ____________ the heat.

그녀는 더위에 대처하기 위해 에어컨을 켰다.

12 After one month of exercising, he ____________ his health improvements.

한 달간의 운동 후, 그는 자신의 건강 상태 호전에 만족하고 있다.

13 When celebrities started to wear skinny jeans, the public began to ____________ the trend.

유명인들이 스키니진을 입기 시작했을 때, 대중들은 그 유행을 따르기 시작했다.

14 They ____________ physical copies of documents because digital documents are more efficient.

디지털 문서가 더 효율적이기 때문에 그들은 문서의 물리적 사본을 없앴다.

15 Acid ____________ the body's ability to absorb calcium.

산은 신체의 칼슘 흡수 능력을 방해한다.

정답

01 ~에 대해 고심하다, ~과 싸우다 02 ~에 대처하다, ~을 처리하다 03 ~를 설득하다 04 ~을 계속하다 05 ~와 경쟁하다, ~와 겨루다 06 be obsessed with 07 be familiar with 08 be fed up with 09 be faced with 10 be concerned with 11 deal with 12 is content with 13 comply with 14 dispensed with 15 interferes with

DAY

26 by

| 음성 바로 듣기 |

주변·옆 을 의미하는 by

무언가의 주변이나 '옆에' 있는 상태를 나타내며, '**~ 옆에, ~에, ~ 곁에**'라고 해석한다.

01 □□□ ★★★

stop by

(~에) 잠시 들르다 ⊜ come by, drop by, visit

stop(들르다) + by(~에) = ~에 잠시 들르다

Is it possible for you to **stop by** the dry cleaner's shop and pick up my dress? 수능

네가 세탁소에 잠시 들러서 내 원피스를 찾아와줄 수 있니?

02 □□□ ★★

stand by

1. ~의 옆에 서 있다

stand(서다) + by(~ 옆에) = ~ 옆에 서 있다

2. ~의 곁을 지키다, ~를 지지하다 ⊜ back up

stand(서다) + by(~ 곁에) = ~의 곁에 서서 그 사람을 지지하다

I was **standing by** the road and a large truck went by. 학평

나는 길 옆에 서 있었고 큰 트럭 한 대가 지나갔다.

Your brother just wants you to **stand by** him. 모평

네 형은 단지 네가 그의 곁을 지켜주길 원해.

03 □□□ ★★

pass by

1. (장소) 옆을 지나가다, 지나치다 ⊜ go past, move past

pass(지나가다) + by(~ 옆에) = 장소의 옆을 지나가다

2. (시간이) 지나다, 흐르다 ⊜ go by

pass(지나가다) + by(~ 옆에) = 시간이 우리의 옆을 지나가며 흐르다

I've just **passed by** the post office. 학평

저는 방금 우체국을 지나쳤어요.

Seasons changed. A year **passed by**. 학평

계절들이 바뀌었다. 한 해가 지났다.

04 □□□ ★★

drop by

(~에) 잠깐 들르다, (~에) 불시에 찾아가다 ⊜ stop by, come by

drop(잠깐 들르다) + by(~에) = ~에 잠깐 들르다

Please **drop by** and take a look at our new smartphone models.

잠깐 들르셔서 저희의 새로운 스마트폰 모델들을 한 번 보세요.

05 □□□ ★

go by

1. (시간이) 지나다 = pass by
go(가다) + by(~ 옆에) = 시간이 우리의 옆을 지나서 가다

2. (~라는 이름으로) 통하다, 알려지다 = be known by, be called by
go(나아가다) + by(~으로) = 이름이 ~으로 통하여 나아가다

The pagoda suffered from wind and rain as time **went by**. 교과서
그 탑은 시간이 지나면서 바람과 비로 인해 피해를 입었다.

Her real name is Jennifer, but she **goes by** Jenny among her friends.
그녀의 진짜 이름은 Jennifer지만, 그녀는 친구들 사이에서 Jenny로 통한다.

06 □□□ ★

get by

그럭저럭 살아나가다 = make ends meet
get(가다) + by(~ 옆에) = 좁은 길 옆을 간신히 지나가듯 그럭저럭 살아나가다

How can I **get by** without money? 학평
내가 어떻게 돈 없이 그럭저럭 살아나갈 수 있을까?

⊕ get by with ~으로 그럭저럭 살아나가다

07 □□□ ★

come by

1. (~에) 잠깐 들르다 = stop by, drop by, visit
come(오다) + by(~에) = ~에 와서 잠깐 들르다

2. ~을 얻다, ~을 구하다 = acquire
come(오다) + by(~ 옆에) = 얻고자 하는 ~의 옆에 와서 그것을 구하다

His friend **came by** to see how he was doing. 학평
그의 친구는 그가 어떻게 지내고 있는지 보기 위해 잠깐 들렀다.

This audio tape is difficult to **come by** because very few were made.
이 오디오 테이프는 매우 적은 수량만이 생산되었기 때문에 구하기가 어렵다.

08 □□□ ★

be accompanied by

~를 동반하다 = be joined by
be accompanied(동반되다) + by(~ 옆에) = ~가 옆에 동반되다

Children under eight must **be accompanied by** an adult. 수능
8세 미만의 어린이는 반드시 성인을 동반해야 한다.

09 □□□ ★

be followed by

~이 뒤따르다 = be succeeded by
be followed(뒤따르다) + by(~ 옆에) = ~ 옆에 뒤따르다

The course starts with an indoor lesson and **is followed by** an outdoor lesson.
그 수업은 실내 수업으로 시작하며 야외 수업이 뒤따른다.

⊕ be preceded by ~을 앞세우다

10 □□□ ★
side by side

나란히, 함께 ⊜ together
side(옆) + by(~ 옆에) + side(옆) = 옆의 옆에 나란히

Like best buddies, we swam **side by side** last summer.
가장 친한 단짝 친구처럼, 우리는 지난 여름에 함께 수영했다.

11 □□□ ★★
by and large

대체로, 전반적으로 ⊜ on the whole, for the most part, generally
by(~ 옆에) + and(그리고) + large(크게) = 옆에서 전체 흐름을 크게 보면, 즉, 대체로

By and large, my car still runs okay, even though my friends keep telling me to get a new one.
내 친구들은 내게 계속 새 차를 사라고 말하지만, 대체로, 내 차는 여전히 잘 달린다.

12 □□□ ★
by the way

그런데, 그건 그렇고, 어쨌든
by(~ 옆에) + the way(방향) = 대화의 방향을 옆으로 벗어나서, 즉, '그런데'

I'll take one bunch of red roses, please. **By the way**, do you sell birthday cards? (학평)
빨간 장미 한 다발 살게요. 그런데, 생일 카드도 파시나요?

수단·원인 을 의미하는 by

무언가가 '옆에' 있으면서 수단이나 원인으로 이용되는 상태를 나타내며, '**~에 의해**'라고 해석한다.

13 □□□ ★★★
by oneself

혼자서 ⊜ on one's own, alone
by(~에 의해) + oneself(자기 자신) = 다른 사람 없이 자기 자신에 의해

Ms. Green, the charity's president, prepared this monthly event **by herself**. (수능)
자선단체 회장인 Ms. Green은 이번 월간 행사를 혼자서 준비했다.

⊕ for oneself 직접, 스스로

14 □□□ ★★
by contrast

대조적으로 ⊜ in contrast, on the other hand
by(~에 의해) + contrast(대조) = 대조에 의하면

Average performers are affected by outside factors. **By contrast**, top performers are not.
평범한 공연자들은 외부 요인들에 영향을 받는다. 대조적으로, 최고의 공연자들은 그렇지 않다.

15 □□□ ★★
by chance

우연히, 혹시 ⊜ by accident ⊖ on purpose, intentionally
by(~에 의해) + chance(우연) = 우연에 의해

Potato chips were invented **by chance**. (모평)
감자칩은 우연히 발명되었다.

16 □□□ ★★

by no means

결코 ~이 아닌 ㊐ not at all, not by a long shot

by(~에 의해) + no(그 어떤 ~도 아닌) + means(수단) = 그 어떤 수단에 의해서도 결코 아닌

Clearly, our current efforts are **by no means** enough to stop climate change.

분명히, 우리의 현재 노력은 기후 변화를 멈추기에 결코 충분하지 않다.

17 □□□ ★★

by comparison

그에 비해 ㊐ relatively, comparatively

by(~에 의해) + comparison(비교) = 그것과의 비교에 의하면

Evaluation of a short-distance race is objective. **By comparison**, evaluation of figure skating is more subjective.

단거리 경주의 평가는 객관적이다. 그에 비해, 피겨 스케이팅의 평가는 더 주관적이다.

18 □□□ ★

by nature

천성적으로, 본래 ㊐ from birth, inherently, intrinsically

by(~에 의해) + nature(천성) = 타고난 천성에 의해

Human beings **by nature** hate to lose. 학평

인간은 천성적으로 지는 것을 싫어한다.

19 □□□ ★

by accident

1. 우연히 ㊐ by chance ㊎ on purpose, intentionally

by(~에 의해) + accident(우연) = 우연에 의해

2. 사고로

by(~에 의해) + accident(사고) = 사고에 의해

Countless inventions have been generated **by accident**.

셀 수 없이 많은 발명품이 우연히 만들어져 왔다.

He hurt his leg **by accident**. 학평

그는 사고로 다리를 다쳤다.

⊕ by mistake 실수로

20 □□□ ★

by the same token

같은 이유로, 마찬가지로 ㊐ for the same reason, in the same vein

by(~에 의해) + the same(같은) + token(증거) = 같은 증거나 이유에 의해

The more you eat, the more you gain weight. **By the same token**, the less you eat, the more you lose weight.

당신이 더 많이 먹을수록, 당신은 더 살이 찐다. 마찬가지로, 당신이 더 적게 먹을수록, 당신은 더 살이 빠진다.

21 □□□ ★

by leaps and bounds

급속히, 대폭 ㊐ rapidly, fast, quickly

by(~에 의해) + leaps(도약) + and(그리고) + bounds(반동) = 도약과 반동에 의해 급속히

Organic food production is growing **by leaps and bounds**. 모평

유기농 식품 생산이 급속히 증가하고 있다.

22 □□□ ★

by means of

~을 사용해서, ~의 도움으로, ~에 의하여 ⊜ with the aid of

by(~에 의해) + means(수단) + of(~의) = ~의 수단에 의해

Before e-mail was invented, messages were sent **by means of** telegrams.

이메일이 발명되기 전에, 메시지는 전보를 사용해서 보내졌다.

정도·차이 를 의미하는 by

기준점의 바로 '옆에서' 약간의 차이가 나는 것을 나타내며, '**~씩, ~의 차이로**'라고 해석한다.

23 □□□ ★

one by one

하나하나씩, 차례차례 ⊜ separately, one at a time, individually

one(하나) + by(~씩) + one(하나) = 하나하나씩

Let's mark off these items in the checklist **one by one**. (학평)

체크리스트에 있는 이 항목들에 하나하나씩 완료 표시를 하자.

24 □□□ ★

step by step

차근차근, 조금씩 ⊜ by degrees, little by little, bit by bit

step(걸음) + by(~씩) + step(걸음) = 한 걸음 한 걸음씩 차근차근

He went from the easy questions to the difficult ones **step by step**.

그는 쉬운 문제들에서 어려운 문제들로 차근차근 넘어갔다.

Daily Quiz

A 영어는 우리말로, 우리말은 영어로 쓰세요.

01 get by ________________

02 by accident ________________

03 by means of ________________

04 one by one ________________

05 stop by ________________

06 급속히, 대폭 ________________

07 같은 이유로 ________________

08 대체로, 전반적으로 ________________

09 ~이 뒤따르다 ________________

10 혼자서 ________________

B 빈칸에 들어갈 숙어를 골라 알맞은 형태로 쓰세요.

be accompanied by	by chance	stand by
pass by	by no means	step by step

11 Children under eight must ________________ an adult.

8세 미만의 어린이는 반드시 성인을 동반해야 한다.

12 Potato chips were invented ________________.

감자칩은 우연히 발명되었다.

13 He went from the easy questions to the difficult ones ________________.

그는 쉬운 문제들에서 어려운 문제들로 차근차근 넘어갔다.

14 Your brother just wants you to ________________ him.

네 형은 단지 네가 그의 곁을 지켜주길 원해.

15 I've just ________________ the post office.

저는 방금 우체국을 지나쳤어요.

정답

01 그럭저럭 살아나가다 **02** 우연히, 사고로 **03** ~을 사용해서, ~의 도움으로, ~에 의하여 **04** 하나하나씩, 차례차례 **05** (~에) 잠시 들르다
06 by leaps and bounds **07** by the same token **08** by and large **09** be followed by **10** by oneself **11** be accompanied by
12 by chance **13** step by step **14** stand by **15** passed by

DAY 27

for (1)

목표를 의미하는 for

목표를 '위해' 나아가며 추구하는 상태를 나타내며, '**~을 위해, ~을 찾아**'라고 해석한다.

---

01 □□□ ★★★

apply for

(목표를 위해) ~에 지원하다

apply(지원하다) + for(~을 위해) = ~을 위해 지원하다

Pay is an important consideration when **applying for** a job.
급여는 일자리에 지원할 때 중요한 고려 사항이다.

---

02 □□□ ★★★

run for

~에 출마하다, ~에 입후보하다 ⊜ be a candidate for, stand for

run(나서다) + for(~을 위해) = ~을 위해 나서서 선거 등에 출마하다

He wanted to **run for** student president. (수능)
그는 학생회장에 출마하고 싶어했다.

---

03 □□□ ★★★

prepare for

~을 준비하다

prepare(준비하다) + for(~을 위해) = ~을 위해 준비하다

I heard your musical club is **preparing for** the school festival next month. (학평)
너희 음악 동아리가 다음 달에 있을 학교 축제를 준비하고 있다고 들었어.

---

04 □□□ ★★★

search for

~을 찾다 ⊜ look for, seek

search(찾다) + for(~을 찾아) = ~을 찾다

I'm **searching for** a perfume as a gift for mom. (학평)
저는 엄마를 위한 선물로 향수를 찾고 있어요.

---

05 □□□ ★★

wait for

~을 기다리다

wait(기다리다) + for(~을 위해) = ~을 위해 기다리다

I was **waiting for** the bus after work. (수능)
나는 퇴근 후에 버스를 기다리고 있었다.

06 □□□ ★

strive for

~을 얻으려고 노력하다 ⊜ make an effort for, fight for

strive(노력하다) + for(~을 위해) = ~을 얻기 위해 노력하다

We all **strive for** perfect harmony.

우리 모두는 완벽한 조화를 얻으려고 노력한다.

07 □□□ ★

fight for

~을 (얻기) 위해 싸우다 ⊜ strive for

fight(싸우다) + for(~을 위해) = ~을 얻기 위해 싸우다

She works for a progressive organization **fighting for** social change.

그녀는 사회 변화를 위해 싸우는 진보 단체에서 일한다.

⊕ fight against ~에 맞서 싸우다

08 □□□ ★

long for

~을 갈망하다 ⊜ wish for, yearn for, desire

long(갈망하다) + for(~을 찾아) = ~을 찾아 갈망하다

A harsh society makes us feel insecure and **long for** improvement. 수능

냉혹한 사회는 우리가 불안을 느끼게 만들고 개선을 갈망하게 만든다.

09 □□□ ★

wish for

~을 원하다 ⊜ yearn for, desire, long for

wish(원하다) + for(~을 찾아) = ~을 찾아 얻기를 원하다

A lot of people **wish for** happiness and love.

많은 사람들이 행복과 사랑을 원한다.

10 □□□ ★

yearn for

~을 동경하다, ~을 갈망하다 ⊜ wish for, desire, long for

yearn(갈망하다) + for(~을 찾아) = ~을 찾아 갈망하다

Most people **yearn for** friendship, just as you do. 모평

꼭 당신이 그러는 것처럼, 대부분의 사람들이 우정을 갈망한다.

11 □□□ ★

work for

1. ~을 위해 일하다, ~에서 일하다

work(일하다) + for(~을 위해) = ~을 위해 일하다

2. ~에(게) 효과가 있다

work(효과가 있다) + for(~에 대해) = ~에 대해 효과가 있다

She retired and wanted to **work for** the community. 학평

그녀는 은퇴했고 지역사회를 위해 일하고 싶어했다.

This medicine will **work for** your symptoms.

이 약은 당신의 증상에 효과가 있을 거예요.

12 □□□ ★
set the stage for

~을 위한 무대를 마련하다, ~을 위한 환경을 조성하다

set(세우다) + the stage(무대) + for(~을 위해) = ~을 위해 무대를 세워 마련하다

If you want your kids to form good eating habits, **set the stage for** healthy eating at home.

당신의 아이들이 좋은 식습관을 형성하기를 원한다면, 가정에서 건강한 식사를 위한 환경을 조성하라.

13 □□□ ★
make way for

~에(게) 길을 비켜주다, ~에(게) 자리를 내주다

make(만들다) + way(길) + for(~을 위해) = ~을 위해 길을 만들어 비켜주다

According to traffic regulations, drivers must **make way for** emergency vehicles.

교통 법규에 따르면, 운전자들은 반드시 구급차에 길을 비켜주어야 한다.

14 □□□ ★
exchange A for B

A를 B로 교환하다 ⊜ trade A for B, swap A for B

exchange(교환하다) + A + for(~을 위해) + B = B를 얻기 위해 A를 교환하다

We **exchange** money **for** other objects of value.

우리는 돈을 가치가 있는 다른 물건들로 교환한다.

15 □□□ ★
for the sake of

~을 (얻기) 위해 ⊜ for the benefit of

for(~을 위해) + the sake(이익) + of(~의) = ~의 이익을 얻기 위해

For the sake of everyone's safety, stop wearing headphones while riding your scooter.

모두의 안전을 위해, 스쿠터를 타는 동안에는 헤드폰 착용을 중단하라.

16 □□□ ★
for the benefit of

~의 이익을 위해, ~을 위해 ⊜ for the sake of

for(~을 위해) + the benefit(이익) + of(~의) = ~의 이익을 위해

Each individual has to sacrifice a little **for the benefit of** the whole group. (교과서)

각 개인은 집단 전체의 이익을 위해 조금씩 희생해야 한다.

17 □□□ ★
for sale

판매하는 ⊜ on the market

for(~을 위해) + sale(판매) = 판매를 위해 내놓아진

Unfortunately, the poster you're looking for is not **for sale**. (모평)

안타깝게도, 당신이 찾고 있는 포스터는 판매하지 않습니다.

⊕ on sale 할인 중인

18 □□□ ★

for oneself

직접, 스스로 ⊜ on one's own

for(~을 위해) + oneself(자기 자신) = 자기 자신을 위해 스스로

I love to cook **for myself**. 학평

나는 직접 요리하는 것을 아주 좋아한다.

⊕ by oneself 혼자서

방향 을 의미하는 **for**

목적지에 도달하기 '위해' 특정 방향으로 나아가는 상태를 나타내며, '**~을 향해**'라고 해석한다.

19 □□□ ★★

leave for

~로 떠나다, ~로 출발하다 ⊜ set out for

leave(떠나다) + for(~을 향해) = ~을 향해 떠나다

He has just checked out of the hotel to **leave for** the airport. 학평

그는 공항으로 출발하기 위해 방금 호텔에서 체크아웃했다.

20 □□□ ★★

go for

1\. ~을 선택하다 ⊜ choose, select

go(가다) + for(~을 향해) = 선택하기 위해 ~을 향해 가다

2\. ~을 하러 가다 ⊜ go out for

go(가다) + for(~을 위해) = ~을 하기 위해 가다

When you want something cool and refreshing, **go for** cold noodles. 교과서

뭔가 시원하고 개운한 것을 원한다면, 냉면을 선택하라.

My dogs are excited to **go for** a walk. 수능

나의 강아지들은 산책을 하러 가게 되어 신이 나 있다.

⊕ Go for it! 힘내!, 해 봐!, 어서!

21 □□□ ★★

stand for

~을 상징하다, ~을 의미하다 ⊜ represent, mean

stand(서 있다) + for(~을 향해) = 상징하는 바를 향해 서서 ~을 의미하다

A.I. **stands for** artificial intelligence. 학평

A.I.는 인공 지능을 의미한다.

22 □□□ ★

head for

~로 향하다 ⊜ head towards

head(향하다) + for(~을 향해) = ~로 향하다

The weather was perfect for a picnic, so we **headed for** a small park. 학평

날씨가 소풍 하기에 딱 좋아서, 우리는 작은 공원으로 향했다.

23 □□□ ★

reach (out) for

~을 잡으려고 손을 뻗다, ~에 도달하려고 애쓰다

reach(손을 뻗다) + out(끝까지) + for(~을 향해) = 잡으려고 ~을 향해 손을 끝까지 뻗다

As I **reached for** the house key, I realized that I had left my purse at the bus stop.

집 열쇠를 잡으려고 손을 뻗었을 때, 나는 핸드백을 버스 정류장에 두고 왔다는 것을 깨달았다.

이유를 의미하는 for

특정한 이유 '때문에' 어떤 상태가 된 것을 나타내며, '**~ 때문에, ~으로**'라고 해석한다.

24 □□□ ★

be famous for

~으로 유명하다 ＝ be well known for, be renowned for

be famous(유명하다) + for(~으로) = ~으로 유명하다

Ancient Egyptians **were famous for** their love for jewels. (학평)

고대 이집트인들은 보석을 아주 좋아하는 것으로 유명했다.

25 □□□ ★★

be known for

~으로 유명하다

be known(알려져 있다) + for(~ 때문에) = ~ 때문에 그것으로 알려져 있다

That restaurant **is known for** its great service and reasonable prices. (모평)

저 식당은 훌륭한 서비스와 합리적인 가격으로 유명해.

⊕ be known as ~으로 알려져 있다

26 □□□ ★★

be noted for

~으로 유명하다 ＝ be renowned for, be well known for

be noted(주목 받다) + for(~ 때문에) = ~ 때문에 주목 받을 만큼 유명하다

The Olympic gold medalist **was noted for** his friendly personality. (모평)

그 올림픽 금메달리스트는 친절한 성격으로 유명했다.

Daily Quiz

A 영어는 우리말로, 우리말은 영어로 쓰세요.

01 strive for ____________

02 be noted for ____________

03 for the sake of ____________

04 go for ____________

05 stand for ____________

06 ~을 (얻기) 위해 싸우다 ____________

07 A를 B로 교환하다 ____________

08 ~을 잡으려고 손을 뻗다 ____________

09 ~에(게) 효과가 있다 ____________

10 판매하는 ____________

B 빈칸에 들어갈 숙어를 골라 알맞은 형태로 쓰세요.

search for	run for	make way for
be noted for	set the stage for	yearn for

11 He wanted to ____________ student president.

그는 학생회장에 출마하고 싶어했다.

12 Most people ____________ friendship, just as you do.

꼭 당신이 그러는 것처럼, 대부분의 사람들이 우정을 갈망한다.

13 If you want your kids to form good eating habits, ____________ healthy eating at home.

당신의 아이들이 좋은 식습관을 형성하기를 원한다면, 가정에서 건강한 식사를 위한 환경을 조성하라.

14 The Olympic gold medalist ____________ his friendly personality.

그 올림픽 금메달리스트는 친절한 성격으로 유명했다.

15 I'm ____________ a perfume as a gift for mom.

저는 엄마를 위한 선물로 향수를 찾고 있어요.

정답

01 ~을 얻으려고 노력하다 02 ~으로 유명하다 03 ~을 (얻기) 위해 04 ~을 선택하다, ~을 하러 가다 05 ~을 상징하다, ~을 의미하다 06 fight for 07 exchange A for B 08 reach (out) for 09 work for 10 for sale 11 run for 12 yearn for 13 set the stage for 14 was noted for 15 searching for

DAY 28 for (2)

음성 바로 듣기

대상 을 의미하는 for

특정한 대상'에 대해' 가리키는 것을 나타내며, **'~을, ~를, ~에 대한, ~에 대해'**라고 해석한다.

01 □□□ ★★★

ask for

~을 요청하다, ~을 해달라고 부탁하다 = request, demand

ask(요청하다) + for(~을) = ~을 요청하다

Do not hesitate to **ask for** help from a trustworthy person. 교과서

신뢰할 수 있는 사람에게 도움을 요청하는 것을 주저하지 마라.

02 □□□ ★★★

account for

1. ~을 차지하다 = comprise

account(차지하다) + for(~을) = 전체에서 ~만큼을 차지하다

2. ~을 설명하다 = explain

account(설명하다) + for(~을) = ~을 설명하다

Packaging waste **accounted for** 46.69% of all plastic waste. 모평

포장 폐기물은 전체 플라스틱 폐기물의 46.69퍼센트를 차지했다.

There's a natural cause that may **account for** the Arctic warming. 학평

북극의 온난화를 설명할 수 있을지도 모르는 자연적인 원인이 있다.

03 □□□ ★★

as for

~에 대해 말하자면 = as to, with regard to, with respect to

as(~로서) + for(~에 대해) = 하나의 의견으로서 ~에 대해 말하자면

As for cucumbers, choose firm, dark green ones. 학평

오이에 대해 말하자면, 단단하고 짙은 녹색인 것을 골라라.

04 □□□ ★★

compensate for

~을 보충하다, ~을 보상하다 = make up for

compensate(보충하다) + for(~을) = ~을 보충하다

Efforts should be made to **compensate for** the losses. 학평

손실을 보충하기 위해 노력이 이루어져야 한다.

05 □□□ ★★
root for
~를 응원하다 ⊜ cheer, support
root(응원하다) + for(~를) = ~를 응원하다

The local residents are **rooting for** the home team.
지역 주민들은 (그 지역) 홈 팀을 응원하고 있다.

06 □□□ ★★
care for
1. ~를 돌보다, ~를 보살피다 ⊜ look after, take care of
care(돌보다) + for(~를) = ~를 돌보다

2. ~를 (대단히) 좋아하다
care(좋아하다) + for(~를) = ~를 좋아하다

Schools have a duty to **care for** their students. (학평)
학교는 학생들을 돌볼 의무가 있다.

We listen to each other's problems because we **care for** each other.
우리는 서로를 좋아하기 때문에 서로의 문제들을 들어준다.

⊕ Would you care for ~ ? ~을 하시겠어요?, ~을 드시겠어요?

07 □□□ ★
vote for
~에 (찬성) 투표하다
vote(투표하다) + for(~에 대해) = ~에 대해 찬성하여 투표하다

Taste all the kimchi to **vote for** the best. (학평)
최고의 김치에 투표하기 위해 모든 김치를 맛보세요.

⊕ vote against ~에 반대 투표를 하다

08 □□□ ★
responsible for
~에 책임이 있는, ~에 대해 원인이 되는 ⊜ accountable for, liable for
responsible(책임이 있는) + for(~에 대해) = ~에 대해 책임이 있는

Automobiles are **responsible for** air pollution. (수능)
자동차는 대기 오염에 대해 원인이 된다.

09 □□□ ★
pay for
~에 돈을 내다
pay(돈을 내다) + for(~에 대해) = ~에 대해 돈을 내다

Parents of newborns should start saving to **pay for** their children's college education.
갓 태어난 아이의 부모들은 아이의 대학 교육에 돈을 내기 위해 저축을 시작해야 한다.

10 □□□ ★
call for
~을 요구하다, ~을 요청하다 ⊜ ask for
call(외치다) + for(~을) = ~을 큰 소리로 외치며 요구하다

He opened his mouth to **call for** help. (모평)
그는 도움을 요청하기 위해 입을 열었다.

11 □□□ ★

make for

1. ~에 도움이 되다, ~에 기여하다 (=) contribute

make(이루어 내다) + for(~을) = 결과로 ~을 이루어 낼 만큼 그것에 도움이 되다

2. ~로 향하다, ~에 접근하다 (=) go towards, head for

make(나아가다) + for(~을 향해) = ~로 나아가 향하다

Diligence and honesty are the characteristics that **make for** success.

근면과 정직은 성공에 도움이 되는 특성들이다.

Disappointed fans **made for** the exits long before the baseball game ended.

실망한 팬들은 야구 경기가 끝나기도 훨씬 전에 출구로 향했다.

12 □□□ ★

apologize for

~에 대해 사과하다

apologize(사과하다) + for(~에 대해) = ~에 대해 사과하다

The boy brought the girl flowers and **apologized for** hurting her. 모평

그 남자아이는 여자아이에게 꽃을 가져다 주며 그녀를 다치게 한 것에 대해 사과했다.

⊕ apologize to ~에게 사과하다

13 □□□ ★

be suited for

~에 적합하다 (=) be appropriate for, be suitable for

be suited(적합하다) + for(~에 대해) = ~에 적합하다

Your voice would **be suited for** the audio guide. 학평

네 목소리는 오디오 가이드에 적합할 것이다.

14 □□□ ★

give A credit for B

A에게 B에 대한 공로를 인정하다

give(주다) + A + credit(공로) + for(~에 대해) + B = B에 대한 공로를 A에게 인정해주다

We **gave** her **credit for** making major breakthroughs.

우리는 그녀에게 중요한 발견들을 한 것에 대한 공로를 인정해 주었다.

⊕ be credited with ~으로 공로를 인정받다

15 □□□ ★

look to A for B

A에게 B를 기대하다 (=) turn to A for B

look(기대하다) + to(~에게) + A + for(~에 대해) + B = A에게 B에 대해 기대하다

Students **look to** their professors **for** wise leadership.

학생들은 그들의 교수에게 현명한 리더십을 기대한다.

⊕ look to ~를 돌보다, ~를 보살피다

속성
을 의미하는 **for**

대상이 그것의 속성'으로서' 가지고 있는 것을 나타내며, **'~으로(서)'**라고 해석한다.

16 □□□ ★

pass for

~으로(서) 통하다, ~으로(서) 받아들여지다

pass(통하다) + for(~으로서) = ~으로서 통하다

Although she is only a student, she **passes for** an expert.

비록 그녀는 학생일 뿐이지만, 전문가로 통한다.

17 □□□ ★

mistake A for B

A를 B로 착각하다 ≡ confuse A with B, mix up A with B

mistake(착각하다) + A + for(~으로) + B = A를 B로 착각하다

Students **mistake** familiarity **for** understanding. 학평

학생들은 익숙한 것을 이해한 것으로 착각한다.

18 □□□ ★

take ~ for granted

~을 당연하게 여기다

take(받아들이다) + for(~으로서) + granted(주어진 것) = ~을 주어진 것으로서 당연하게 받아들이다

We **take** it **for granted** that people of different ages behave differently. 수능

우리는 서로 다른 연령대의 사람들이 다르게 행동하는 것을 당연하게 여긴다.

19 □□□ ★★★

for instance

예를 들어 ≡ for example

for(~으로서) + instance(사례) = 하나의 사례로서

We choose how we behave. **For instance**, we can either tell the truth or tell a lie. 수능

우리는 우리가 행동하는 방식을 선택한다. 예를 들어, 우리는 진실을 말할 수도 있고 거짓말을 할 수도 있다.

20 □□□ ★★

for free

무료로, 공짜로 ≡ at no cost, free of charge

for(~으로) + free(무료의) = 무료로

I'll give you a helmet **for free**. 학평

내가 너에게 헬멧을 공짜로 줄게.

21 □□□ ★

for sure

확실히, 틀림없이 ≡ surely, certainly, definitely

for(~으로서) + sure(확실한) = 확실한 것으로서

If I have you for a partner, we'll win **for sure**. 학평

제가 당신을 파트너로 둔다면, 저희가 틀림없이 우승할 거예요.

22 □□□ ★

for good

영원히, 영구히 ⊜ for ever, permanently

for(~으로서) + good(좋은 것) = 품질이 좋은 것으로서 영원히 지속되는

I have no interest in owning artworks **for good**. (교과서)

나는 예술품을 영구히 소유하는 것에는 관심이 없다.

기간을 의미하는 for

한 시점에서 다른 시점'을 향해' 나아가면서 발생하는 일정 기간을 나타내며, '**~ 동안**'이라고 해석한다.

23 □□□ ★★

for the first time

처음으로

for(~ 동안) + the first time(처음)= 무언가를 처음 하는 동안

Three years ago, I started skateboarding **for the first time**. (수능)

3년 전, 나는 스케이트보드 타는 것을 처음으로 시작했다.

24 □□□ ★

for the time being

당분간은, 우선

for(~ 동안) + the time being(당장)= 당장 동안은

For the time being, what really matters is how you see about yourself. (교과서)

우선, 정말로 중요한 것은 당신이 스스로에 대해 어떻게 바라보는지이다.

Daily Quiz

A 영어는 우리말로, 우리말은 영어로 쓰세요.

01 ask for ____________

02 root for ____________

03 for instance ____________

04 give A credit for B ____________

05 look to A for B ____________

06 ~에 (찬성) 투표하다 ____________

07 당분간은, 우선 ____________

08 영원히, 영구히 ____________

09 A를 B로 착각하다 ____________

10 ~에 대해 사과하다 ____________

B 빈칸에 들어갈 숙어를 골라 알맞은 형태로 쓰세요.

account for	care for	pass for
compensate for	call for	make for

11 Efforts should be made to ____________ the losses.

손실을 보충하기 위해 노력이 이루어져야 한다.

12 Diligence and honesty are the characteristics that ____________ success.

근면과 정직은 성공에 도움이 되는 특성들이다.

13 He opened his mouth to ____________ help.

그는 도움을 요청하기 위해 입을 열었다.

14 Schools have a duty to ____________ their students.

학교는 학생들을 돌볼 의무가 있다.

15 Packaging waste ____________ 46.69% of all plastic waste.

포장 폐기물은 전체 플라스틱 폐기물의 46.69퍼센트를 차지했다.

정답

01 ~을 요청하다, ~을 해달라고 부탁하다 **02** ~를 응원하다 **03** 예를 들어 **04** A에게 B에 대한 공로를 인정하다 **05** A에게 B를 기대하다 **06** vote for **07** for the time being **08** for good **09** mistake A for B **10** apologize for **11** compensate for **12** make for **13** call for **14** care for **15** accounted for

D A Y
29 of (1)

대상 을 의미하는 of

특정한 대상'에 대해' 가리키는 것을 나타내며, **'~을, ~를, ~에 대한, ~에 대해'**라고 해석한다.

01 □□□ ★★★
take care of

~를 돌보다, ~을 신경 쓰다, ~을 처리하다 = look after, care for

take(쓰다) + care(신경) + of(~을) = ~을 신경 쓰다

Let me **take care of** your dog while you're away.

당신이 없는 동안 제가 당신의 강아지를 돌볼게요.

02 □□□ ★★
be capable of

~할 수 있다

be capable(할 수 있다) + of(~을) = ~을 할 수 있다

She **is capable of** leading this country.

그녀는 이 나라를 이끌 수 있다.

03 □□□ ★★
keep track of

~에 대해 계속 파악하고 있다, ~을 추적하다 = monitor, follow

keep(따르다) + track(자취) + of(~에 대해) = ~에 대해 자취를 따라가며 정보를 계속 파악하다

The night sky helped past generations to **keep track of** time and create calendars. 학평

밤하늘은 이전 세대들이 시간을 추적하고 달력을 만드는 데 도움을 주었다.

04 □□□ ★★
make fun of

~를 웃음거리로 만들다, ~를 조롱하다 = make a fool of, poke fun at

make(만들다) + fun(웃음거리) + of(~를) = ~를 웃음거리로 만들다

The other girls **made fun of** me because my volleyball skills weren't like theirs. 수능

내 배구 실력이 그들의 실력과 같지 않았기 때문에 다른 여자 아이들은 나를 조롱했다.

05 □□□ ★★
get the hang of

~에 익숙해지다, ~을 이해하다 = get the knack of, learn

get(얻다) + the hang(요령) + of(~에 대한) = ~에 대한 요령을 얻어 익숙해지다

Before you **got the hang of** it, you probably made mistakes. 수능

그것에 익숙해지기 전에는, 당신은 아마 실수를 했을 것이다.

06 □□□ ★★
conceive of

~을 상상하다, ~을 생각해 내다 ⊜ come up with
conceive(상상하다) + of(~을) = ~을 상상하다

I **conceived of** new methods of achieving a goal.
나는 목표를 달성할 새로운 방법들을 생각해 냈다.

07 □□□ ★★
take hold of

~을 잡다 ⊜ seize, catch, grasp
take(취하다) + hold(잡는 행위) + of(~을) = ~을 잡는 행위를 취하다

Take hold of opportunities. Don't miss out on them. 학평
기회를 잡아라. 그것들을 놓치지 마라.

08 □□□ ★★
be aware of

~을 인식하다, ~을 알고 있다 ⊜ be conscious of
be aware(인식하다) + of(~을) = ~을 인식하다

You need to **be aware of** the power of empathy. 교과서
당신은 공감의 힘을 알고 있어야 한다.

09 □□□ ★
make use of

~을 이용하다 ⊜ use, utilize
make(하다) + use(이용) + of(~을) = ~을 이용하다

Many animals **make use of** touch to communicate their feelings to others. 학평
많은 동물들은 다른 동물들에게 자신의 감정을 전달하기 위해 접촉을 이용한다.

10 □□□ ★
make a fool of

~를 웃음거리로 만들다, ~를 놀리다 ⊜ make fun of, embarrass
make(만들다) + a fool(바보) + of(~를) = ~를 바보 같은 웃음거리로 만들다

She hoped to get through the presentation without **making a fool of** herself. 학평
그녀는 자신을 웃음거리로 만들지 않고 프레젠테이션을 끝내기를 바랐다.

11 □□□ ★
speak of

~에 대해 말하다, ~에 대해 평하다 ⊜ talk about
speak(말하다) + of(~에 대해) = ~에 대해 말하다

Americans **speak of** individualism as being good. 수능
미국인들은 개인주의에 대해 좋다고 평한다.

⊕ speak of A as B A에 대해 B라고 평하다

12 □□□ ★
approve of

~을 인정하다, ~을 찬성하다 ⊜ admit, consent to ⊖ disapprove of
approve(인정하다) + of(~을) = ~을 인정하다

Parents should **approve of** the child's play without interfering. 수능
부모는 간섭하지 않고 아이의 놀이를 인정해주어야 한다.

13 □□□ ★

think of

~을 생각하다, ~을 고려하다 ⊜ think about

think(생각하다) + of(~을) = ~을 생각하다

I don't want to **think of** a difficult episode from my past.

나는 과거에 있었던 곤란했던 사건을 생각하고 싶지 않다.

⊕ think of A as B A를 B로 생각하다, A를 B로 여기다

14 □□□ ★

be fond of

~을 좋아하다, (좋아서) ~을 따르다 ⊜ like, love, enjoy

be fond(좋아하다) + of(~을) = ~을 좋아하다

I'**m** not **fond of** horror movies because they freak me out.

공포 영화는 나를 기겁하게 만들기 때문에 나는 그것을 좋아하지 않는다.

15 □□□ ★

be true of

~에(게) 적용되다, ~에(게) 해당되다

be true(적용되다) + of(~에 대해) = ~에 대해 적용되다

You should not judge a tree by only one season. The same **is true of** people's lives. (모평)

나무를 한 계절만 보고 평가해서는 안 된다. 인간의 삶에도 똑같은 것이 적용된다.

16 □□□ ★

be conscious of

~을 의식하다, ~을 알고 있다 ⊜ be aware of

be conscious(의식하다) + of(~을) = ~을 의식하다

Some children **are** so **conscious of** their parents that they don't show feelings in front of their parents.

일부 아이들은 부모를 너무 의식해서 그들의 부모 앞에서는 감정을 보여주지 않는다.

17 □□□ ★

be ignorant of

~에 무지하다, ~을 모르다 ⊜ be unaware of ⊖ be aware of

be ignorant(무지하다) + of(~에 대해) = ~에 대해 무지하다

People **are ignorant of** the fundamental fact that food is carbon dioxide. (학평)

사람들은 음식이 이산화탄소라는 본질적인 사실을 모른다.

18 □□□ ★

be suspicious of

~을 의심하다, ~에 의구심이 들다 ⊜ be doubtful about

be suspicious(의심하다) + of(~을) = ~을 의심하다

Accept the criticism of others, but **be suspicious of** it. (수능)

다른 사람들의 비판을 수용하되, 그것을 의심하라.

19 □□□ ★

be ashamed of

~을 부끄러워하다

be ashamed(부끄러워하다) + of(~을) = ~을 부끄러워하다

Don't **be ashamed of** making mistakes.

실수하는 것을 부끄러워하지 마라.

20 □□□ ★
take charge of

~의 책임을 지다, ~을 담당하다 ≡ be in charge of, be responsible for

take(갖다) + charge(책임) + of(~에 대한) = ~에 대한 책임을 갖다

Please **take charge of** the food for my party. 학평

제 파티를 위한 음식을 담당해주세요.

21 □□□ ★
take notice of

~에 주목하다 ≡ take note of, pay attention to

take(가져가다) + notice(공고문) + of(~에 대한) = ~에 대한 공고문을 가져갈 만큼 주목하다

Take notice of what's happening around you.

당신의 주변에서 무슨 일이 일어나고 있는지에 주목하라.

22 □□□ ★
take control of

~을 통제하다, ~을 지배하다 ≡ rule

take(취하다) + control(통제) + of(~에 대해) = ~에 대해 통제를 취하다

Do not let anyone **take control of** your life. 학평

그 누구도 당신의 삶을 통제하도록 내버려 두지 마라.

23 □□□ ★
avail oneself of

~을 이용하다, ~을 틈타다 ≡ take advantage of, make (good) use of

avail(~에 도움이 되다) + oneself(자신) + of(~을) = ~을 자신에게 도움이 되게 이용하다

He has never **availed himself of** that service before.

그는 이전에 그 서비스를 이용해 본 적이 전혀 없었다.

⊕ to no avail 보람 없이, 헛되이

24 □□□ ★
speak highly of

~을 높이 평가하다, ~을 칭찬하다 ≡ praise

speak(말하다) + highly(높이) + of(~에 대해) = ~에 대해 높이 평가하여 말하다

As your teacher, I **speak highly of** your academic abilities. 모평

너의 선생님으로서, 나는 너의 학업 능력을 높이 평가한단다.

25 □□□ ★
ahead of

~의 앞에, ~보다 앞서서

ahead(앞선) + of(~에 대해) = ~에 대해 앞서서

I felt depressed at the thought of the hard work **ahead of** me. 모평

나는 내 앞에 놓여 있는 힘든 일에 관한 생각에 울적했다.

26 □□□ ★★
remind A of B

A에게 B를 상기시키다

remind(~에게 생각나게 하다) + A + of(~을) + B = A에게 B를 상기시키다

I'm calling to **remind** you **of** our upcoming 10-year class reunion. 학평

나는 너에게 다가오는 우리의 10주년 동창회를 상기시켜주기 위해 전화했어.

27 □□□ ★

inform A of B

A에게 B를 알리다

inform(~에게 알리다) + A + of(~을) + B = A에게 B를 알리다

I'd like to **inform** you **of** the rules you have to follow. (학평)

당신이 따라야 할 규칙들을 알려드리고 싶습니다.

Daily Quiz

A 영어는 우리말로, 우리말은 영어로 쓰세요.

01 avail oneself of ____________

02 remind A of B ____________

03 keep track of ____________

04 be aware of ____________

05 inform A of B ____________

06 ~를 돌보다 ____________

07 ~에 주목하다 ____________

08 ~을 의심하다 ____________

09 ~에 무지하다 ____________

10 ~을 좋아하다 ____________

B 빈칸에 들어갈 숙어를 골라 알맞은 형태로 쓰세요.

take charge of	get the hang of	conceive of
approve of	speak highly of	take hold of

11 I ____________ new methods of achieving a goal.

나는 목표를 달성할 새로운 방법들을 생각해 냈다.

12 As your teacher, I ____________ your academic abilities.

너의 선생님으로서, 나는 너의 학업 능력을 높이 평가한단다.

13 Please ____________ the food for my party.

제 파티를 위한 음식을 담당해주세요.

14 Before you ____________ it, you probably made mistakes.

그것에 익숙해지기 전에는, 당신은 아마 실수를 했을 것이다.

15 Parents should ____________ the child's play without interfering.

부모는 간섭하지 않고 아이의 놀이를 인정해주어야 한다.

정답

01 ~을 이용하다, ~을 틈타다 **02** A에게 B를 상기시키다 **03** ~에 대해 계속 파악하고 있다, ~을 추적하다 **04** ~을 인식하다, ~을 알고 있다 **05** A에게 B를 알리다 **06** take care of **07** take notice of **08** be suspicious of **09** be ignorant of **10** be fond of **11** conceived of **12** speak highly of **13** take charge of **14** got the hang of **15** approve of

DAY 30 of (2)

음성 바로 듣기

구성·요소를 의미하는 of

전체'에 대해' 일부가 되는 구성 요소를 나타내며, '**~으로 (구성된)**'라고 해석한다.

---

01 □□□ ★★★
consist of

~으로 이루어지다, ~으로 구성되다 ⊜ be comprised of
consist(이루어지다) + of(~으로) = ~으로 이루어지다

Each team **consists of** five players. (학평)
각 팀은 5명의 선수로 구성되어 있다.

---

02 □□□ ★★
be made (up) of

~으로 구성되다 ⊜ be composed of, be comprised of, consist of
be made(만들어지다) + up(완전히) + of(~으로) = ~으로 완전히 만들어지다

A water molecule **is made up of** two hydrogen atoms and one oxygen atom. (학평)
물 분자는 두 개의 수소 원자들과 한 개의 산소 원자로 구성되어 있다.

⊕ be made from ~으로 만들어지다

---

03 □□□ ★★
be comprised of

~으로 구성되다 ⊜ consist of, be composed of, be made up of
be comprised(구성되다) + of(~으로) = ~으로 구성되다

A football game **is comprised of** 60 minutes of play. (모평)
풋볼 한 경기는 60분간의 경기로 구성된다.

---

04 □□□ ★
be composed of

~으로 구성되다 ⊜ be comprised of, consist of
be composed(구성되다) + of(~으로) = ~으로 구성되다

This community chorus **is composed of** over 30 members. (학평)
이 지역 합창단은 30명이 넘는 멤버들로 구성되어 있다.

---

05 □□□ ★★
be full of

~으로 가득 차 있다 ⊜ be filled with, be packed with, be loaded with
be full(가득 차다) + of(~으로) = ~으로 가득 차 있다

Nature **is full of** mysterious things. (교과서)
자연은 신비로운 것들로 가득 차 있다.

소속·포함을 의미하는 of

어떤 사람이나 사물'~의' 소속이 되거나 포함된 상태를 나타내며, '**~의, ~ (중)에서**'라고 해석한다.

06 □□□ ★★★
take advantage of

~을 이용하다, ~을 활용하다 ⊜ utilize, make use of

take(얻다) + advantage(이점) + of(~의) = ~의 이점을 얻기 위해 이용하다

Take advantage of this wonderful opportunity. (모평)

이 멋진 기회를 이용하세요.

07 □□□ ★
take the place of

~를 대체하다, ~을 대신하다 ⊜ replace, substitute

take(갖다) + the place(자리) + of(~의) = ~의 자리를 대신 갖다

Robots are **taking the place of** human workers. (모평)

로봇이 인간 노동자들을 대체하고 있다.

08 □□□ ★
make the most of

~을 최대한 활용하다 ⊜ make the best use of, maximize

make(이루어 내다) + the most(최대치) + of(~의) = ~의 최대치를 이루어 내다

I can do lots of things on the subway and **make the most of** my time. (학평)

나는 지하철에서 많은 것들을 하면서 내 시간을 최대한 활용할 수 있다.

09 □□□ ★
be worthy of

~의 가치가 있다, ~을 받을 만하다 ⊜ deserve, be deserving of

be worthy(가치 있다) + of(~의) = ~의 가치가 있다

A role model means someone who **is worthy of** my respect. (교과서)

롤 모델은 나의 존경을 받을 만한 누군가를 의미한다.

⊕ be worth -ing ~할 가치가 있다

10 □□□ ★
first of all

우선, 다른 무엇보다도 ⊜ most of all, above all

first(첫 번째로) + of(~ 중에서) + all(모든 것) = 모든 것 중에서 첫 번째로 우선

I will give some guidelines on how to use the seminar rooms. **First of all**, book a room in advance. (학평)

세미나실 이용 방법에 대해 몇 가지 지침을 드리겠습니다. 우선, 세미나실을 미리 예약하세요.

11 □□□ ★
most of all

무엇보다도

most(가장) + of(~ 중에서) + all(전체) = 전체 중에서 무엇보다도 가장 어떠한

He's perfect. **Most of all**, he is kind to everyone. (학평)

그는 완벽해. 무엇보다도, 그는 모두에게 친절해.

원인을 의미하는 of

결과나 행동'~의' 원인을 나타내며, '**~에 의해**'라고 해석한다.

12 □□□ ★

die of

~으로 죽다, ~으로 사망하다 ⊜ die from, perish from

die(죽다) + of(~에 의해) = ~에 의해 죽다

He **died of** cardiac disease. (학평)

그는 심장병으로 사망했다.

13 □□□ ★

be accused of

~으로 기소되다, ~라는 비난을 받다 ⊜ be blamed for

be accused(기소되다) + of(~에 의해) = ~에 의해 기소되다

He **was accused of** stealing other people's ideas. (학평)

그는 다른 사람들의 아이디어를 도용했다는 비난을 받았다.

⊕ accuse A of B A를 B라는 이유로 비난하다, A를 B의 죄로 기소하다

분리를 의미하는 of

어떤 대상'을 제거하여' 분리된 상태를 나타내며, '**~을 제거하여, ~에서 떨어져**'라고 해석한다.

14 □□□ ★★★

regardless of

~에 상관없이, ~을 막론하고 ⊜ irrespective of

regardless(상관하지 않는) + of(~을 제거하여) = ~을 제거하여 더 이상 상관하지 않는

Regardless of their social class, she treats people equally.

사회적 계층에 상관없이, 그녀는 사람들을 동등하게 대한다.

15 □□□ ★★★

get rid of

~을 없애다, ~을 처리하다, ~을 제거하다 ⊜ throw away, dispose of

get(~하게 되다) + rid(없애다) + of(~을 제거하여) = ~을 제거하여 없애게 되다

I want to **get rid of** bad habits.

나는 나쁜 습관을 없애고 싶다.

16 □□□ ★★

lose track of

~을 놓치다, ~을 잊어버리다 ⊜ lose count of, forget ⊖ keep track of

lose(잃다) + track(길) + of(~에서 떨어져) = 길을 잃고 ~에서 떨어져 그것을 놓치다

I'm sorry I **lost track of** time. I didn't realize it was so late. (모평)

시간 가는 것을 잊어버려서 죄송해요. 이렇게 시간이 늦었는지 몰랐어요.

17 □□□ ★★
irrespective of

~과 상관없이, ~을 불문하고 = regardless of
irrespective(개의치 않는) + of(~을 제거하여) = ~을 제거하여 더 이상 개의치 않는

People love dogs **irrespective of** factors like age and gender. (학평)
나이 및 성별 같은 요소를 불문하고 사람들은 강아지를 아주 좋아한다.

18 □□□ ★
dispose of

~을 처리하다, ~을 버리다 = get rid of, do away with
dispose(처리하다) + of(~을 제거하여) = ~을 제거하여 처리하다

We should **dispose of** all waste in special trash bags.
우리는 모든 쓰레기를 전용 쓰레기봉투에 버려야 한다.

19 □□□ ★
be short of

~이 부족하다, ~에 못 미치다 ↔ exceed
be short(부족하다) + of(~을 제거하여) = ~의 일부가 제거되어 부족하다

She leads a busy life and **is short of** time. (모평)
그녀는 바쁜 삶을 살고 있어 시간이 부족하다.

20 □□□ ★
be devoid of

~이 없다 = be deficient in
be devoid(~이 없다) + of(~을 제거하여) = ~을 제거하여 그것이 없다

Unlike romaine lettuce, iceberg lettuce **is** nearly **devoid of** nutritional value.
로메인 상추와 달리, 아이스버그 상추는 거의 영양가가 없다.

21 □□□ ★
lose sight of

~을 못 보고 놓치다, ~을 망각하다 = overlook, be oblivious of
lose(잃다) + sight(시야) + of(~에서 떨어져) = ~에서 떨어져 그것을 보던 시야를 잃다

In a heated argument, we are apt to **lose sight of** the truth. (학평)
격렬한 논쟁 속에서, 우리는 진실을 못 보고 놓치기 쉽다.

22 □□□ ★
stay clear of

~을 멀리 하다, ~을 피하다 = avoid, keep away from
stay(머무르다) + clear(떨어져) + of(~에서 떨어져) = ~에서 떨어진 곳에 머무르다

When you fly a drone, **stay clear of** other drones.
드론을 조종할 때는, 다른 드론들을 피하라.

23 □□□ ★★
free of charge

무료로, 무상으로 = at no cost, for nothing
free(없는) + of(~을 제거하여) + charge(요금) = 요금을 제거하여 없는

Members can borrow equipment **free of charge**.
회원들은 장비를 무료로 빌릴 수 있다.

⊕ free of ~이 없는

24 □□□ ★

deprive A of B

A에게서 B를 빼앗다 ⊜ rob A of B

deprive(~에게서 빼앗다) + A + of(~을 제거하여) + B = A에게서 B를 제거하여 빼앗다

The fire **deprived** 600 families **of** their homes.

그 화재는 600 가구에게서 그들의 집을 빼앗았다.

25 □□□ ★

rob A of B

A에게서 B를 빼앗다 ⊜ deprive A of B

rob(~에게서 빼앗다) + A + of(~을 제거하여) + B = A에게서 B를 제거하여 빼앗다

Pirates **robbed** him **of** all his goods. 수능

해적들이 그에게서 그의 모든 물건을 빼앗았다.

Daily Quiz

A 영어는 우리말로, 우리말은 영어로 쓰세요.

01 take the place of ____________

02 be short of ____________

03 deprive A of B ____________

04 be devoid of ____________

05 consist of ____________

06 ~의 가치가 있다 ____________

07 ~으로 기소되다 ____________

08 우선 ____________

09 무료로, 무상으로 ____________

10 ~을 멀리 하다 ____________

B 빈칸에 들어갈 숙어를 골라 알맞은 형태로 쓰세요.

lose track of	be comprised of	make the most of
take advantage of	be full of	get rid of

11 I want to ____________ bad habits.

나는 나쁜 습관을 없애고 싶다.

12 Nature ____________ mysterious things.

자연은 신비로운 것들로 가득 차 있다.

13 ____________ this wonderful opportunity.

이 멋진 기회를 이용하세요.

14 I'm sorry I ____________ time. I didn't realize it was so late.

시간 가는 것을 잊어버려서 죄송해요. 이렇게 시간이 늦었는지 몰랐어요.

15 I can do lots of things on the subway and ____________ my time.

나는 지하철에서 많은 것들을 하면서 내 시간을 최대한 활용할 수 있다.

정답

01 ~를 대체하다, ~을 대신하다 **02** ~이 부족하다, ~에 못 미치다 **03** A에게서 B를 빼앗다 **04** ~이 없다 **05** ~으로 이루어지다, ~으로 구성되다
06 be worthy of **07** be accused of **08** first of all **09** free of charge **10** stay clear of **11** get rid of **12** is full of
13 Take advantage of **14** lost track of **15** make the most of

해커스북 중·고등
HackersBook.com

PART 02

테마별로 외우는 숙어

DAY 31 · 수량·정도
DAY 32 · 시간·빈도
DAY 33 · 감정·태도
DAY 34 · 성공·결과
DAY 35 · 문제상황·노력
DAY 36 · 계획·행동
DAY 37 · 일상생활 (1)
DAY 38 · 일상생활 (2)
DAY 39 · 일상생활 (3)
DAY 40 · 강조·부연·부정

DAY
31 수량·정도

| 음성 바로 듣기 |

수량

01 □□□ ★★★
more than

~보다 많은, ~ 이상(의) ⊖ less than
more(더 많은) + than(~보다) = ~보다 더 많은

It's too expensive. I don't want to spend **more than** one hundred dollars. 학평
그건 너무 비싸요. 저는 100달러 이상은 쓰고 싶지 않아요.

02 □□□ ★★★
a variety of

여러 가지의, 다양한 ⊜ various, diverse
a variety(여러 가지) + of(~의) = 여러 가지의

We offer **a variety of** Korean cultural activities such as rice cake making. 모평
우리는 떡 만들기와 같은 다양한 한국의 문화 활동들을 제공한다.

03 □□□ ★★
a number of

다수의, 많은 ⊜ numerous
a number(다수) + of(~의) = 다수의

Climate change has **a number of** negative effects. 교과서
기후 변화는 많은 부정적인 영향을 가지고 있다.

⊕ the number of ~의 (개)수

04 □□□ ★★
a great deal of

다량의, 많은 ⊜ a good deal of, a lot of, a host of
a great deal(많은 양) + of(~의) = 많은 양의

She is a big fan of science fiction. Therefore, she reads **a great deal of** science fiction.
그녀는 공상 과학 소설의 엄청난 팬이다. 그래서, 그녀는 많은 공상 과학 소설을 읽는다.

05 □□□ ★★
a pair of

한 쌍의, 한 짝의, 한 켤레의
a pair(한 쌍) + of(~의) = 한 쌍의

I bought **a pair of** new soccer shoes for the game. 학평
나는 경기를 위해 새 축구화 한 켤레를 샀다.

06 □□□ ★★

a (wide) range of

광범위한, 다양한 ⊜ a (wide) variety of

a wide range(넓은 범위) + of(~의) = 넓은 범위에 이를 만큼 다양한

She appeared in **a range of** films, plays, and TV productions. 학평

그녀는 다양한 영화, 연극과 TV 프로그램에 출연했다.

07 □□□ ★★

a host of

다수의, 많은 ⊜ a large number of

a host(큰 무리) + of(~의) = 큰 무리를 형성할 만큼 다수의

Moringa contains **a host of** vitamins and minerals. 학평

모링가 나무는 많은 비타민과 미네랄을 함유하고 있다.

08 □□□ ★

an array of

다양한, 다수의, 일련의 ⊜ a range of, a variety of

an array(배열) + of(~의) = 배열을 형성할 만큼 다양한

Plants transform water, soil, and sunlight into **an array of** nutritious substances.

식물들은 물, 토양과 햇빛을 다수의 영양 물질로 바꾼다.

09 □□□ ★

a couple of

두서너 개의, 몇 개의

a couple(두서넛) + of(~의) = 두서너 개의

Her midterm exam is only **a couple of** days away. 수능

그녀의 중간고사가 단 며칠밖에 남지 않았다.

10 □□□ ★

a multitude of

다수의, 수많은 ⊜ many, a large number of

a multitude(다수) + of(~의) = 다수의

The restaurant's menu includes **a multitude of** options.

그 식당의 메뉴는 다수의 선택지를 포함하고 있다.

11 □□□ ★

a set of

한 세트의, 일련의

a set(한 세트) + of(~의) = 한 세트의

Don't you have **a set of** spare keys? 학평

네가 여분의 열쇠 한 세트를 가지고 있지 않니?

12 □□□ ★

plenty of

풍부한 (양의), 충분한 (양의)

plenty(풍부한 양) + of(~의) = 풍부한 양의

The competition is a month away. We have **plenty of** time to prepare. 학평

대회가 한 달 남았다. 우리에게는 준비할 충분한 시간이 있다.

13 □□□ ★

quite a few

상당히 많은 ⊜ many, numerous

quite(꽤) + a few(어느 정도) = 꽤 어느 정도 있을 만큼 상당히 많은

I wasn't prepared enough, so I made **quite a few** mistakes in my first show. 학평

나는 준비가 충분히 되어 있지 않았었기 때문에, 내 첫 공연에서 상당히 많은 실수를 했다.

14 □□□ ★

no more than

~ 이하(의), 기껏해야, ~일 뿐 ⊜ no less than

no(~이 아닌) + more(더 많은) + than(~보다) = ~보다 더 많지 않은

Essays must have **no more than** 750 words. 학평

에세이는 반드시 750단어 이하를 포함해야 한다.

정도

15 □□□ ★★★

at least

최소한, 적어도

at(~의 상태인) + least(최소) = 최소의 상태에서도

I want my apartment to have **at least** two bedrooms. 수능

나는 내 아파트에 최소한 2개의 침실이 있기를 원한다.

16 □□□ ★

at (the) most

기껏해야, 많아 봐야 ⊜ at best, at (the) utmost

at(~의 상태인) + the most(최대) = 최대의 상태라고 해봐야

Without nurturing, infants would only live for a few hours or a few days **at the most**. 수능

양육이 없다면, 유아들은 고작 몇 시간, 혹은 많이 봐야 며칠밖에 살지 못할 것이다.

17 □□□ ★

more or less

거의, 대략 ⊜ approximately, roughly, nearly

more(더 많은) + or(혹은) + less(더 적은) = 기준치와 똑같지는 않고 약간 더 많거나 혹은 더 적은

Both smartphones and tablets fulfill **more or less** the same function. 학평

스마트폰과 태블릿 PC는 모두 거의 동일한 기능을 한다.

18 □□□ ★

for the most part

대개, 보통 ⊜ mostly, mainly, on the whole, by and large, largely

for(~에 대해) + the most part(대부분) = 대부분의 상황에 대해

For the most part, we like things that are familiar to us. 수능

대개, 우리는 우리에게 익숙한 것들을 좋아한다.

19 □□□ ★

as a whole

전체적으로, 대체로 ⊜ altogether, all in all, by and large, generally

as(~으로서) + a whole(전체) = 전체로서

The individual sacrifice will make the community **as a whole** stronger. (학평)

개인의 희생은 지역 사회를 전체적으로 더 강하게 만들 것이다.

20 □□□ ★

as much (as)

~만큼 (많이), ~ 못지 않게 (많이)

as(~만큼) + much(많이) + as(~만큼) = ~만큼 못지 않게 많이

Sports involve your brain **as much as** your body. (학평)

스포츠는 당신의 신체 못지 않게 당신의 뇌를 참여시킨다.

⊕ as much as possible 가능한 한 많이

21 □□□ ★

to the point (of)

~할 정도로 ⊜ to the extent (of)

to(~까지) + the point(정도) + of(~의) = ~의 정도까지

The right to privacy may extend only **to the point** where it does not restrict someone else's rights. (모평)

사생활에 대한 권리는 그것이 다른 사람의 권리를 제한하지 않을 정도로만 확장될 수 있다.

22 □□□ ★

to some degree

어느 정도는 ⊜ to some extent

to(~까지) + some(어떤) + degree(정도) = 어느 정도까지는

Success in treatment is **to some degree** dependent on the cooperation between the patient and the doctor. (학평)

치료의 성공은 어느 정도는 환자와 의사 사이의 협력에 달려 있다.

23 □□□ ★

to a large extent

크게, 대부분, 대단히 ⊜ largely, mostly, in large part

to(~에 이르도록) + a large extent(넓은 범위) = 넓은 범위에 이르도록 크게 보면

Anxiety is triggered **to a large extent** by the uncertainty of the future.

불안은 대부분 미래에 대한 불확실성으로 인해 유발된다.

⊕ to an extent (that) ~할 정도까지
to a certain extent 어느 정도까지, 얼마간, 다소

24 □□□ ★

on a large scale

대규모로

on(~에서) + a large scale(큰 규모) = 큰 규모에서

Fossil fuels began to be used **on a large scale** in the 19th century. (학평)

화석 연료는 19세기에 대규모로 사용되기 시작했다.

25 □□□ ★

next to nothing

없는 것과 다름 없는, 아주 약간 ⊜ very little

next(바로 옆의) + to(~에) + nothing(없는 것)
= 아무것도 없는 것 바로 옆에 있는, 즉, 없는 것과 다름 없는

People who know **next to nothing** about photography can still produce high-quality photographs. (교과서)

사진에 대해 아주 약간만 아는 사람들도 여전히 고품질의 사진을 찍을 수 있다.

26 □□□ ★

by far

훨씬, 단연코

by(~의 차이로) + far(훨씬) = 훨씬 큰 차이로

Houseplants are **by far** the best way to filter indoor air. (학평)

실내용 화초는 실내 공기를 여과하는 단연코 가장 좋은 방법이다.

Daily Quiz

A 영어는 우리말로, 우리말은 영어로 쓰세요.

01 a host of ____________________

02 at (the) most ____________________

03 more or less ____________________

04 as a whole ____________________

05 an array of ____________________

06 없는 것과 다름 없는 ____________________

07 두서너 개의 ____________________

08 한 세트의, 일련의 ____________________

09 어느 정도는 ____________________

10 ~할 정도로 ____________________

B 빈칸에 들어갈 숙어를 골라 알맞은 형태로 쓰세요.

a variety of	at least	as much as
no more than	quite a few	a pair of

11 I wasn't prepared enough, so I made ____________________ mistakes in my first show.

나는 준비가 충분히 되어 있지 않았었기 때문에, 내 첫 공연에서 상당히 많은 실수를 했다.

12 We offer ____________________ Korean cultural activities such as rice cake making.

우리는 떡 만들기와 같은 다양한 한국의 문화 활동들을 제공한다.

13 I want my apartment to have ____________________ two bedrooms.

나는 내 아파트에 최소한 2개의 침실이 있기를 원한다.

14 Essays must have ____________________ 750 words.

에세이는 750단어 이하를 포함해야 한다.

15 I bought ____________________ new soccer shoes for the game.

나는 경기를 위해 새 축구화 한 켤레를 샀다.

정답

01 다수의, 많은 **02** 기껏해야, 많아 봐야 **03** 거의, 대략 **04** 전체적으로, 대체로 **05** 다양한, 다수의, 일련의 **06** next to nothing **07** a couple of **08** a set of **09** to some degree **10** to the point (of) **11** quite a few **12** a variety of **13** at least **14** no more than **15** a pair of

DAY 32 시간·빈도

시간

01 □□□ ★★

at the same time

동시에 ⊜ at once, at a time, simultaneously

at(~에) + the same time(같은 시간) = 같은 시간에 동시에

If you do many tasks **at the same time**, you will lose focus. 교과서

여러 가지 일을 동시에 한다면, 당신은 집중력을 잃을 것이다.

02 □□□ ★★

at once

1. 한 번에, 동시에 ⊜ at the same time, at a time, simultaneously

at(~에) + once(한 번) = 한 번에

2. 즉시, 지체 없이

at(~에) + once(한 번) = 한 번에 즉시

People can only pay attention to a certain amount of information **at once**. 학평

사람들은 한 번에 일정량의 정보에만 주의를 기울일 수 있다.

I asked the shoemaker to visit, and he came **at once**. 학평

내가 구두 제작자에게 방문해달라고 요청하자, 그는 즉시 왔다.

⊕ all at once 갑자기, 느닷없이, 한꺼번에

03 □□□ ★★

at a time

한 번에, 동시에 ⊜ at the same time, at once, simultaneously

at(~에) + a time(한 번) = 한 번에

Focus on one thing **at a time**. 교과서

한 번에 한 가지 일에 집중하라.

⊕ at times 가끔, 때로는

04 □□□ ★★

at the moment

지금(은) ⊜ for now, right now

at(~에) + the moment(순간) = 지금 이 순간에

The book is sold out **at the moment** and it will take a few days for new copies to arrive. 학평

그 책은 지금은 품절되었고 새 책이 도착하려면 며칠이 걸릴 것이다.

⊕ at that moment 그때, 그 순간

05 □□□ ★★

for a while

잠시 동안, 잠깐 ⊜ for a moment, for a minute, briefly

for(~ 동안) + a while(잠시) = 잠시 동안

You look very tired. Let's stop **for a while**.

너 무척 피곤해 보여. 잠깐 멈추자.

06 □□□ ★★

all of a sudden

갑자기, 불시에, 문득 ⊜ all at once, suddenly, abruptly

all(모든 것) + of(~의) + a sudden(불시) = 불시에 일어나는 모든 것처럼 갑자기

He quit his job **all of a sudden** and went to Paris. (학평)

그는 갑자기 직장을 그만두고 파리로 갔다.

07 □□□ ★★

in the long term

장기적으로 (보면) ⊜ in the long view ⊖ in the short term

in(~에서) + the long term(오랜 기간) = 오랜 기간에서 보면

Good food means pleasure in the short term and health **in the long term**. (교과서)

좋은 음식은 단기적으로는 기쁨을 의미하고 장기적으로는 건강을 의미한다.

08 □□□ ★★

day after day

하루하루, 날마다 ⊜ from day to day, day by day

day(하루) + after(~ 후에) + day(하루) = 하루가 끝난 후 시작되는 또 다른 하루

She practiced hard and her skills improved **day after day**.

그녀는 열심히 연습했고 그녀의 실력은 날마다 향상되었다.

09 □□□ ★★

no sooner A than B

A하자마자 B하다 ⊜ B as soon as A, hardly A when B

no(~않은) + sooner(더 빨리) + A + than(~보다) + B = A한 것이 B한 것보다 크게 더 빠르진 않다

No sooner had he finished his homework **than** his mom knocked on the door.

그가 숙제를 끝내자마자 그의 엄마가 문을 두드렸다.

10 □□□ ★★

in time

알맞은 때에, 시간 맞춰

in(~에) + time(알맞은 시기) = 알맞은 시기에

If the driver hadn't stopped **in time**, he could have been seriously injured. (학평)

만약 운전자가 알맞은 때에 멈추지 않았다면, 그는 심하게 다쳤을 수도 있다.

11 □□□ ★

in no time

곧, 당장에 ⊜ very soon

in(~의 상태에 있는) + no(조금도 ~이 아닌) + time(시간) = 시간이 조금도 걸리지 않는 상태에서

You are going to get better **in no time**. (학평)

너는 곧 좋아질 거야.

12 □□□ ★

before long

머지않아, 곧 ⊜ soon, shortly

before(~ 전에) + long(긴) = 긴 시간이 걸리기 전에 곧

The line for the restaurant moved quickly, and **before long**, we were seated.

그 식당의 대기 줄은 빠르게 움직였고, 머지않아, 우리는 자리에 앉았다.

13 □□□ ★

sooner or later

조만간, 곧, 언젠가는

sooner(더 빨리) + or(혹은) + later(더 늦게) = 예정 시간보다 약간 더 빨리 혹은 늦게 조만간

I hope you find a job **sooner or later**.

네가 곧 일자리를 구하길 바랄게.

14 □□□ ★

no later than

늦어도 ~까지는 ⊜ at the latest

no(~하지 않게) + later(더 늦게) + than(~보다) = ~보다는 더 늦지 않게

We need to leave for the airport **no later than** four o'clock. 수능

우리는 늦어도 4시까지는 공항으로 출발해야 한다.

15 □□□ ★

after a while

잠시 후에, 얼마 후에 ⊜ after a time, a little later

after(~ 후에) + a while(잠시) = 잠시 후에

I often start to study, but **after a while**, find myself doing something else. 학평

나는 종종 공부를 시작하지만, 얼마 후에 다른 것을 하고 있는 나 자신을 발견한다.

16 □□□ ★

for ages

오랫동안 ⊜ for a long time

for(~ 동안) + ages(오랜 세월) = 오랜 세월 동안

I'm going to visit my parents because I haven't seen them **for ages**. 학평

나는 부모님을 오랫동안 못 뵈어서 부모님을 뵈러 갈 거야.

⊕ for some time 한동안, 당분간

17 □□□ ★

in the course of time

시간이 지남에 따라 ⊜ over time, as time goes by

in(~에서) + the course(경로) + of(~의) + time(시간) = 시간이 흘러가는 경로에 따라

In the course of time, women's rights progressed. 교과서

시간이 지남에 따라, 여성들의 권리는 향상되었다.

18 □□□ ★

in the meantime

(두 가지 시점·사건) 그 사이에, 그동안에 ⊜ meanwhile

in(~에) + the meantime(그동안) = 그동안에

I'll get the report for you now. **In the meantime**, have some snacks. (모평)

지금 당신께 드릴 보고서를 가져올게요. 그동안에, 간식 좀 드세요.

19 □□□ ★

once upon a time

옛날 옛적에 ⊜ a long time ago, in the old days

once(과거 한때) + upon(~에서) + a time(시간) = 시간 중에서의 과거 한때

Once upon a time, there lived a young king. (학평)

옛날 옛적에, 한 젊은 왕이 살았다.

20 □□□ ★

around the corner

(거리·시간상으로) 아주 가까운, 임박한 ⊜ close, at hand

around(~을 돌아) + the corner(모퉁이) = 모퉁이만 돌면 바로 나올 만큼 가까운

The exam is just **around the corner**, so I'm worried. (학평)

시험이 아주 가까워서, 나는 걱정이 된다.

빈도

21 □□□ ★★

more often than not

자주, 대개 ⊜ frequently, usually

more(더) + often(자주) + than(~보다는) + not(~이 아닌)
= 자주가 아니라기보다는 자주에 더 가까운

More often than not, people fail to keep their New Year's resolutions.

대개, 사람들은 자신의 새해 다짐을 지키지 못한다.

22 □□□ ★★

all the time

항상, 늘, 내내 ⊜ always, at all times

all(모든) + the time(시간) = 모든 시간에 항상

You should break the habit of being late **all the time**. (수능)

너는 항상 지각하는 버릇을 고쳐야 해.

⊕ all the way 내내, 완전히, 줄곧 all the while 그동안 내내, 그동안 쭉

23 □□□ ★★

at times

가끔, 때로는 ⊜ sometimes, from time to time, once in a while

at(~에) + times(몇 번) = 일정 기간 내에서 몇 번

Does your dog bark for no reason **at times**? (수능)

당신의 개가 가끔 이유 없이 짖나요?

⊕ at a time 한 번에, 동시에 at the time 그때에는, 그 당시에는

24 □□□ ★

at all times

언제든(지), 항상 = always, all the time

at(~에) + all(모든) + times(때) = 모든 때에 항상

Show respect **at all times.** 학평

항상 존경심을 보여라

25 □□□ ★

from time to time

때때로, 가끔, 이따금 = sometimes, at times, once in a while

from(~에서) + time(시간) + to(~에 이르도록) + time(시간)
= 한 시간에서 다른 시간에 이르기까지 간격을 두고

My hobby is baking. **From time to time**, I share cookies with my coworkers. 학평

내 취미는 베이킹이다. 때때로, 나는 쿠키를 직장 동료들과 나누어 먹는다.

26 □□□ ★

(every) once in a while

가끔, 이따금 = sometimes, at times, from time to time

every(~마다) + once(한 번) + in(~에) + a while(일정 기간) = 일정 기간마다 한 번씩

I eat meat **once in a while**, but I mostly eat vegetables. 학평

나는 가끔 고기를 먹지만, 주로 채소를 먹는다.

Daily Quiz

A 영어는 우리말로, 우리말은 영어로 쓰세요.

01 all of a sudden ________________

02 at a time ________________

03 in the long term ________________

04 around the corner ________________

05 in the meantime ________________

06 옛날 옛적에 ________________

07 A하자마자 B하다 ________________

08 하루하루, 날마다 ________________

09 시간이 지남에 따라 ________________

10 늦어도 ~까지는 ________________

DAY 32

해커스 보카 수능 숙어

B 빈칸에 들어갈 숙어를 골라 알맞은 형태로 쓰세요.

at the same time	in time	sooner or later
at all times	for ages	after a while

11 Show respect ________________.

항상 존경심을 보여라.

12 If the driver hadn't stopped ________________, he could have been seriously injured.

만약 운전자가 알맞은 때에 멈추지 않았다면, 그는 심하게 다쳤을 수도 있다.

13 I'm going to visit my parents because I haven't seen them ________________.

나는 부모님을 오랫동안 못 뵈어서 부모님을 뵈러 갈 거야.

14 I often start to study, but ________________, find myself doing something else.

나는 종종 공부를 시작하지만, 얼마 후에 다른 것을 하고 있는 나 자신을 발견한다.

15 If you do many tasks ________________, you will lose focus.

여러 가지 일을 동시에 한다면, 당신은 집중력을 잃을 것이다.

정답

01 갑자기, 불시에, 문득 **02** 한 번에, 동시에 **03** 장기적으로 (보면) **04** (거리·시간적으로) 아주 가까운, 임박한 **05** (두 가지 시점·사건) 그 사이에, 그동안에 **06** once upon a time **07** no sooner A than B **08** day after day **09** in the course of time **10** no later than **11** at all times **12** in time **13** for ages **14** after a while **15** at the same time

DAY
33 감정·태도

감정

01 □□□ ★★
be stressed out

스트레스를 받다 ⊜ be under stress

be stressed(스트레스를 받다) + out(완전히) = 완전히 스트레스를 받다

You've **been stressed out** from work these days. (수능)

너는 요즘 일 때문에 스트레스를 받았잖아.

02 □□□ ★★
be concerned about

~에 대해 걱정하다 ⊜ be worried about, be anxious about

be concerned(걱정하다) + about(~에 대해) = ~에 대해 걱정하다

I **was concerned about** her because she didn't look happy.

나는 그녀가 행복해 보이지 않았기 때문에 그녀에 대해 걱정했다.

03 □□□ ★★
be tired of

~에 싫증이 나다

be tired(싫증 나다) + of(~에 대해) = ~에 대해 싫증이 나다

I **was tired of** urban life and moved to the countryside.

나는 도시 생활에 싫증이 나서 시골로 이사했다.

04 □□□ ★
be afraid of

~을 무서워하다 ⊜ be scared of

be afraid(무서워하다) + of(~을) = ~을 무서워하다

She **is afraid of** spiders. (수능)

그녀는 거미를 무서워한다.

⊕ be afraid that ~ ~일까 봐 걱정이다

05 □□□ ★
see red

화가 나다

see(보다) + red(빨간색) = 빨간색을 본 황소처럼 화가 나다

The expression, "to **see red**," means to suddenly get very angry. (수능)

'빨간색을 보다(화가 나다)'라는 표현은 갑자기 매우 화가 나는 것을 의미한다.

06 □□□ ★
feel like -ing

~하고 싶다, ~할 마음이 나다
feel(~한 마음이다) + like(~와 같은) + -ing(~하는 것)
= 너무 하고 싶어서 마음은 이미 ~하는 것과 같은 마음이다

I don't **feel like** go**ing** on a hike. I'd rather watch TV at home. (학평)
나는 하이킹하러 갈 마음이 나지 않아. 나는 차라리 집에서 TV를 볼래.

07 □□□ ★
out of curiosity

호기심에서, 궁금해서 (=) out of interest
out(생겨난) + of(~에서) + curiosity(호기심) = 호기심에서 생겨난

Out of curiosity, I asked her a question.
호기심에서, 나는 그녀에게 질문 하나를 했다.

태도

08 □□□ ★★★
make sure

~을 확실하게 하다, 반드시 ~하도록 하다 (=) ensure
make(~하게 만들다) + sure(확실한) = ~을 확실하게 만들다

Managers must **make sure** that all dangerous equipment is safely stored. (모평)
관리자들은 반드시 모든 위험한 장비가 안전하게 보관되도록 해야 한다.

09 □□□ ★★
be proud of

~을 자랑스러워하다
be proud(자랑스러워하다) + of(~을) = ~을 자랑스러워하다

We **are** very **proud of** our achievements. (수능)
우리는 우리의 성과를 아주 자랑스러워한다.

10 □□□ ★★
be willing to +동사원형

기꺼이 ~하려 하다
be willing(기꺼이 ~하다) + to+동사원형(~하는 것) = ~하는 것을 기꺼이 하려 하다

Spinach is packed with vitamins, but few children **are willing to** eat it. (학평)
시금치는 비타민으로 가득 차 있지만, 기꺼이 그것을 먹으려 하는 아이들은 거의 없다.

11 □□□ ★★
feel free to +동사원형

거리낌 없이 ~하다, 마음대로 ~하다 (=) be welcome to
feel(느끼다) + free(자유로운) + to+동사원형(~하는 것)
= ~하는 것에 대해 자유롭게 느껴 거리낌 없이 하다

If you have any questions, please **feel free to** ask. (학평)
질문이 있으시다면, 거리낌 없이 물어봐 주세요.

12 □□□ ★

be eager to + 동사원형

~하기를 열망하다

be eager(열망하다) + to+동사원형(~하는 것) = ~하기를 열망하다

She **is eager to** be the best mom. (학평)

그녀는 최고의 엄마가 되기를 열망한다.

13 □□□ ★

be determined to + 동사원형

~하기로 결심하다 (=) resolve to, decide to

be determined(굳게 결심하다) + to+동사원형(~하는 것) = ~하기로 굳게 결심하다

She **was determined to** work hard and find a way to become a teacher. (학평)

그녀는 열심히 노력해서 선생님이 될 방법을 찾기로 결심했다.

14 □□□ ★

be reluctant to + 동사원형

~하기를 꺼리다, ~하기를 주저하다 (=) be unwilling to (↔) be willing to

be reluctant(꺼리다) + to+동사원형(~하는 것) = ~하기를 꺼리다

Japanese workers **are reluctant to** take time off after the birth of a child. (학평)

일본인 근로자들은 출산 후에 휴가를 내기를 꺼린다.

15 □□□ ★

would like to + 동사원형

~하고 싶다

would like(하고 싶다) + to+동사원형(~하는 것) = ~하는 것을 하고 싶다

I **would like to** learn to make more money. (학평)

나는 돈을 더 많이 버는 법을 배우고 싶다.

16 □□□ ★

seem to + 동사원형

~처럼 보이다, ~인 것 같다

seem(~처럼 보이다) + to+동사원형(~하는 것) = ~하는 것처럼 보이다

City people always **seem to** be in a hurry.

도시 사람들은 항상 서두르는 것처럼 보인다.

⊕ seem like + 명사 ~처럼 보이다

17 □□□ ★

hold one's horses

서두르지 않다, 침착하다

hold(꽉 잡다) + one's horses(자신의 말) = 달리려는 말의 고삐를 꽉 잡아 서두르지 않다

"**Hold your horses**" is a common way of telling someone to wait or slow down. (학평)

'네가 탄 말을 꽉 잡아(서두르지 마)'는 누군가에게 기다리거나 속도를 줄이라고 말하는 흔한 방법이다.

18 □□□ ★
take it easy

마음 편하게 생각하다, (일을) 쉬엄쉬엄 하다, 진정하다 ≡ relax
take(받아들이다) + it(그것) + easy(편하게) = 주어진 그것을 마음 편하게 받아들여 생각하다

Take it easy. This dog is not dangerous at all. 학평
진정해. 이 개는 전혀 위험하지 않아.

19 □□□ ★
think nothing of

~을 아무렇지 않게 생각하다, ~을 경시하다
think(생각하다) + nothing(아무것도 아닌 것) + of(~에 대해)
= ~에 대해 아무것도 아닌 것으로 생각하다

He was so independent that he **thought nothing of** doing things all by himself.
그는 정말 독립적이어서 혼자서 무언가를 하는 것을 아무렇지 않게 생각했다.

⊕ think highly of ~을 높이 평가하다, ~을 중요시하다

20 □□□ ★
see A as B

A를 B로(서) 여기다 ≡ regard A as B
see(여기다) + A + as(~으로서) + B = A를 B로서 여기다

People with low self-esteem **see** themselves **as** inadequate. 학평
낮은 자존감을 지닌 사람들은 자신을 부족하다고 여긴다.

21 □□□ ★
give a second thought

다시 생각하다, 재고하다
give(하다) + a second thought(두 번째 생각) = 한 번 생각했던 것에 대해 두 번째 생각을 하다

Don't **give** the problem **a second thought**. I will take care of it.
그 문제에 대해서 다시 생각하지 마. 내가 그걸 처리할게.

⊕ give a thought 생각하다, 염두에 두다

22 □□□ ★
make a point of -ing

반드시 ~하다
make(만들다) + a point(중요한 것) + of(~을) + -ing(~하는 것)
= ~하는 것을 중요한 것으로 만들어 반드시 실행하다

I **make a point of** gett**ing** to the beach to get a tan in summer. 수능
나는 여름에 반드시 선탠을 하기 위해 해변에 간다.

23 □□□ ★
refrain from -ing

~하는 것을 삼가다
refrain(삼가다) + from(~으로부터) + -ing(~하는 것) = ~하는 것으로부터 삼가다

Visitors should **refrain from** touch**ing** the items on display.
방문객들은 진열된 물품들을 만지는 것을 삼가야 한다.

24 □□□ ★

as if

마치 ~처럼 ⊜ as though

as(~처럼) + if(만약) = 만약의 상황이 실제인 것처럼

I cared for Jason **as if** he had been my son. (교과서)

나는 마치 Jason이 내 아들인 것처럼 그를 보살폈다.

Daily Quiz

A 영어는 우리말로, 우리말은 영어로 쓰세요.

01 feel like -ing ____________

02 take it easy ____________

03 see A as B ____________

04 hold one's horses ____________

05 think nothing of ____________

06 ~하는 것을 삼가다 ____________

07 호기심에서 ____________

08 ~을 무서워하다 ____________

09 마치 ~처럼 ____________

10 ~에 싫증이 나다 ____________

B 빈칸에 들어갈 숙어를 골라 알맞은 형태로 쓰세요.

be reluctant to	be willing to	be proud of
be concerned about	be eager to	be determined to

11 I ____________ her because she didn't look happy.
나는 그녀가 행복해 보이지 않았기 때문에 그녀에 대해 걱정했다.

12 Spinach is packed with vitamins, but few children ____________ eat it.
시금치는 비타민으로 가득 차 있지만, 기꺼이 그것을 먹으려 하는 아이들은 거의 없다.

13 She ____________ be the best mom.
그녀는 최고의 엄마가 되기를 열망한다.

14 Japanese workers ____________ take time off after the birth of a child.
일본인 근로자들은 출산 후에 휴가를 내기를 꺼린다.

15 She ____________ work hard and find a way to become a teacher.
그녀는 열심히 노력해서 선생님이 될 방법을 찾기로 결심했다.

정답

01 ~하고 싶다, ~할 마음이 나다 02 마음 편하게 생각하다, (일을) 쉬엄쉬엄 하다, 진정하다 03 A를 B로(서) 여기다 04 서두르지 않다, 침착하다 05 ~을 아무렇지 않게 생각하다, ~을 경시하다 06 refrain from -ing 07 out of curiosity 08 be afraid of 09 as if 10 be tired of 11 was concerned about 12 are willing to 13 is eager to 14 are reluctant to 15 was determined to

DAY
34 성공·결과

음성 바로 듣기

성공

01 □□□ ★★★
make it

1. (바라던 일을) 해내다, 성공하다 ⊜ accomplish, achieve
make(이루어 내다) + it(그것) = 바라던 그것을 이루어 내다

2. (시간 맞추어) 가다, 참석하다
make(이루어 내다) + it(그것) = 정해진 그 시간에 맞추는 것을 이루어 내다

He wants to be a writer, but he doesn't think he can **make it** in the publishing industry. 학평
그는 작가가 되고 싶어 하지만, 자신이 출판업계에서 성공할 수 있다고 생각하지 않는다.

I'm sorry, but I don't think I can **make it** on time. 학평
죄송하지만, 저는 제때 시간 맞추어 가지 못할 것 같아요.

02 □□□ ★★
make a fortune

돈을 많이 벌다, 부자가 되다 ⊜ make money
make(만들다) + a fortune(큰돈) = 큰돈을 만들어 벌다

The restaurant owner **made a fortune** with the secret recipes from his great-grandmother. 학평
그 식당 사장은 자신의 증조할머니로부터 받은 요리 비법으로 돈을 많이 벌었다.

03 □□□ ★★
make money

(많은) 돈을 벌다 ⊜ make a fortune
make(만들다) + money(돈) = (많은) 돈을 만들어 벌다

The desire to **make money** can inspire us. 수능
돈을 벌려는 욕망은 우리를 분발하게 만들 수 있다.

04 □□□ ★★
manage to +동사원형

간신히 ~하다, 어떻게든 ~하다
manage(간신히 ~하다) + to+동사원형(~하는 것) = ~하는 것을 간신히 하다

Some working mothers **manage to** take care of their children by themselves. 학평
일부 워킹맘들은 어떻게든 혼자서 아이들을 돌본다.

05 □□□ ★
come true
이루어지다, 실현되다
come(~이 되다) + true(현실) = 현실이 되어 이루어지다

Her dream was about to **come true**.
그녀의 꿈이 실현되려 하고 있었다.

06 □□□ ★
take the lead
선두에 서다, 앞장서다 ⊜ take first place
take(잡다) + the lead(선두) = 선두의 위치를 잡다

Cell phones **take the lead** when it comes to "e-waste." (학평)
휴대폰은 '전자 폐기물'에 관한 한 선두에 선다.

07 □□□ ★
get ahead
앞서가다, 출세하다, 성공하다
get(가다) + ahead(앞으로) = 앞서서 앞으로 가다

Do something today. If you want to **get ahead**, start moving! (학평)
오늘 무언가를 하라. 성공하고 싶다면, 움직이기 시작하라!

08 □□□ ★
break new ground
새 분야를 개척하다
break(깨다) + new ground(새로운 땅) = 새로운 미지의 땅을 깨서 새 분야를 개척하다

The director **broke new ground** with his creative ideas for the film.
그 감독은 영화에 대한 자신의 창의적인 아이디어로 새 분야를 개척했다.

⊕ break ground 공사를 시작하다, 착공하다

09 □□□ ★
break the record
기록을 깨다
break(깨다) + the record(기록) = 기록을 깨다

He won three gold medals in the marathon and **broke the record**. (모평)
그는 마라톤에서 3개의 금메달을 따면서 기록을 깼다.

10 □□□ ★
set a record
기록을 세우다
set(세우다) + a record(기록) = 기록을 세우다

I **set a record** at the cycling competition this year.
나는 올해 사이클링 대회에서 기록을 세웠다.

⊕ set the record straight 기록을 바로 잡다, 오해를 풀다

11 □□□ ★
make one's way

1. 출세하다, 성공하다 ⊜ get ahead
make(나아가다) + one's way(자신의 길) = 출세로 향하는 길을 나아가다

2. (길을) 가다, 나아가다
make(나아가다) + one's way(자신의 길) = 길을 걸어서 나아가다

He **made his way** to the top with hard work.
그는 열심히 노력하여 정상에 오르며 성공했다.

He **made his way** to a park bench. (학평)
그는 공원 벤치로 나아갔다.

결과

12 □□□ ★★★
take place

개최되다, 일어나다
take(차지하다) + place(장소) = 장소를 차지하며 어떤 일이 개최되다

The auditions will **take place** on Monday. (학평)
오디션은 월요일에 개최될 것이다.

⊕ take the place of ~의 자리를 대신하다, ~를 대리하다

13 □□□ ★★★
bring about

~을 일으키다, ~을 초래하다 ⊜ bring on, cause
bring(~이 생기게 하다) + about(주변에) = 주변에 ~이 생기게 하다

Small decisions can **bring about** big changes. (교과서)
작은 결정들이 큰 변화를 일으킬 수 있습니다.

14 □□□ ★★
shut down

1. (공장·사업체 등을) 폐쇄하다 ⊜ close down
shut(문을 닫다) + down(완전히) = 완전히 문을 닫아 폐쇄하다

2. (기계 등을) 멈추다, 끄다
shut(닫다) + down(완전히) = 기계 작동 장치를 완전히 닫아 멈추게 하다

We will **shut down** the cafeteria because it was damaged.
구내식당이 훼손되었기 때문에, 우리는 그곳을 폐쇄할 것이다.

During the inspections, we will **shut down** the elevators.
점검 동안, 우리는 엘리베이터를 멈출 것이다.

15 □□□ ★★

make a difference

변화를 가져오다, 영향을 미치다 ⊜ change, make an impact

make(만들어 내다) + a difference(변화) = 변화를 만들어 내다

Even small efforts in our daily lives can **make a difference.** (교과서)

우리의 일상생활에서의 작은 노력들조차도 변화를 가져올 수 있다.

16 □□□ ★★

make a decision

결정을 내리다 ⊜ decide, determine

make(하다) + a decision(결정) = 결정을 하다

Once you **make a decision**, you have to be able to live with it. (학평)

일단 결정을 내리면, 당신은 그것을 감수할 수 있어야 한다.

17 □□□ ★★

call forth

~을 불러일으키다, ~을 끌어내다 ⊜ arouse, provoke

call(불러내다) + forth(앞으로) = ~을 앞으로 불러내다

His arrogant attitude **called forth** angry comments on social media.

그의 거만한 태도는 소셜 미디어에서 분노의 댓글들을 불러일으켰다.

18 □□□ ★★

come about

생기다, 나타나다 ⊜ take place, occur

come(생기다) + about(주변에) = 주변에 어떤 것이 생기다

So many inventions **came about** by accident. (학평)

아주 많은 발명품들이 우연히 나타났다.

19 □□□ ★

come through

1. ~을 통과하다, ~을 통해 들어오다

come(오다) + through(~을 통과하여) = ~을 통과하다

2. 겉으로 나타나다

come(나오다) + through(~을 뚫고) = 속에서 뚫고 나와 겉으로 나타나다

Fresh water **comes through** the water pipe into the tank. (학평)

신선한 물이 수도관을 통과하여 탱크 안으로 들어온다.

Let your personality **come through** during your speech.

연설하는 동안 당신이 성격이 겉으로 나타나게 하라.

20 □□□ ★

come to an end

끝나다, 막이 내리다 ⊜ come to a close

come(달하다) + to(~에 이르도록) + an end(끝) = 끝에 이르러 달하다

The music **came to an end** and the dancers whirled to a stop. (모평)

음악이 끝나자 댄서들은 빙빙 돌다가 멈추었다.

21 □□□ ★

finish off

~을 다 마치다

finish(마치다) + off(완전히) = ~을 완전히 다 마치다

I should **finish off** my homework before I go to bed.

나는 자러 가기 전에 숙제를 다 마쳐야 한다.

22 □□□ ★

end up with

결국 ~을 갖게 되다, 결국 ~와 함께 하게 되다

end(끝나다) + up(도달하여) + with(~과 함께) = 결국 ~과 함께 하는 것으로 끝나다

Tony **ended up with** sunburn after playing outside.

Tony는 밖에서 놀고 난 후에 결국 화상을 입게 되었다.

23 □□□ ★

only to + 동사원형

(그 결과는) ~뿐인

only(~일 뿐인) + to(결과적으로 ~하는 것) = 결과적으로 ~하는 것일 뿐인

I rushed out of my house **only to** realize I forgot my keys on the kitchen table.

나는 서둘러 집을 뛰쳐나왔지만 부엌 식탁에 열쇠를 두고 왔다는 것을 깨달았을 뿐이었다.

Daily Quiz

A 영어는 우리말로, 우리말은 영어로 쓰세요.

01 get ahead ____________

02 call forth ____________

03 make one's way ____________

04 come about ____________

05 make money ____________

06 새 분야를 개척하다 ____________

07 이루어지다 ____________

08 ~을 통과하다 ____________

09 (시간 맞추어) 가다 ____________

10 선두에 서다 ____________

B 빈칸에 들어갈 숙어를 골라 알맞은 형태로 쓰세요.

make a difference	take place	break the record
bring about	shut down	manage to

11 He won three gold medals in the marathon and ____________.

그는 마라톤에서 3개의 금메달을 따면서 기록을 깼다.

12 Small decisions can ____________ big changes.

작은 결정들이 큰 변화를 일으킬 수 있습니다.

13 Some working mothers ____________ take care of their children by themselves.

일부 워킹맘들은 어떻게든 혼자서 아이들을 돌본다.

14 The auditions will ____________ on Monday.

오디션은 월요일에 개최될 것이다.

15 Even small efforts in our daily lives can ____________.

우리의 일상생활에서의 작은 노력들조차도 변화를 가져올 수 있다.

정답

01 앞서가다, 출세하다, 성공하다 **02** ~을 불러일으키다, ~을 끌어내다 **03** 출세하다, 성공하다, (길을) 가다, 나아가다 **04** 생기다, 나타나다 **05** (많은) 돈을 벌다 **06** break new ground **07** come true **08** come through **09** make it **10** take the lead **11** broke the record **12** bring about **13** manage to **14** take place **15** make a difference

DAY 35 문제상황·노력

| 음성 바로 듣기 |

문제상황

01 □□□ ★★

go wrong

(일 등이) 잘못되다, (기계·차 등이) 망가지다

go(진행되다) + wrong(잘못된) = 일이 잘못 진행되다

I'm worried because plenty of things can **go wrong** in the future.

앞으로 많은 일들이 잘못될 수 있기 때문에 나는 걱정이 된다.

02 □□□ ★★

go through

1. (고생·절차 등을) 겪다, 거치다, 경험하다 ⊜ undergo, experience

go(가다) + through(통과하여) = 고생이나 절차를 통과해 가면서 경험하다

2. ~을 검토하다, ~을 살펴보다 ⊜ go over

go(가다) + through(끝까지) = ~을 왔다 갔다 하며 끝까지 검토하다

3. (~을 찾기 위해) 뒤지다

go(지나가다) + through(속속들이) = ~을 찾기 위해 모든 곳을 속속들이 지나가다

Our company is **going through** a lot of change. (학평)

우리 회사는 많은 변화를 겪고 있습니다.

Let's **go through** our checklist one last time. (모평)

우리 체크리스트를 마지막으로 한 번 살펴보자.

I **went through** my bag, but I couldn't find my pen.

내 가방을 뒤져보았지만, 나는 내 펜을 찾을 수 없었다.

03 □□□ ★

make a mistake

실수하다, 잘못하다 ⊜ make an error

make(만들다) + a mistake(실수) = 실수를 만들다

I don't want to **make a mistake** on the stage. (학평)

나는 무대에서 실수하고 싶지 않다.

04 □□□ ★

break apart

산산이 부서지다, 분리되다 ⊜ fall apart, come apart

break(부서지다) + apart(조각조각) = 조각조각 산산이 부서지다

The spaceship **broke apart** and resulted in the deaths of its seven crew members. (교과서)

그 우주선은 산산이 부서졌고 승무원 7명의 죽음을 초래했다.

05 □□□ ★

fall apart

부서지다, 허물어지다 ⊜ collapse, break down, fall to pieces

fall(~하게 되다) + apart(조각조각) = 조각조각 부서지게 되다

I was upset that this product **fell apart** after hardly any use. 모평

나는 이 제품이 거의 사용되지 않고 부서져서 속상했다.

06 □□□ ★

fall through (the cracks)

(부주의로) 빠지다, 간과되다

fall(떨어지다) + through(~ 사이로) + the cracks(틈) = 틈 사이로 떨어져 빠지다

They handle multiple projects at the same time, but never let anything **fall through the cracks.** 모평

그들은 여러 프로젝트를 동시에 처리하지만, 결코 어떤 것도 간과되도록 하지 않는다.

07 □□□ ★

fall behind

뒤떨어지다, 뒤처지다 ⊜ lag behind

fall(~하게 되다) + behind(뒤떨어져) = 뒤떨어지게 되다

During the race, I noticed that she was **falling behind.** 모평

경주 중에, 나는 그녀가 뒤처지고 있다는 것을 알아차렸다.

08 □□□ ★

get nowhere

아무 성과도 얻지 못하다, 아무런 진전이 없다 ⊜ make no progress

get(도달하다) + nowhere(아무 데도 ~ 않다) = 아무 데도 도달하지 못하다

He tried a few approaches to solve the problem, but he **got nowhere**.

그는 문제를 풀기 위해 몇 가지 접근법을 시도했지만, 아무 성과도 얻지 못했다.

09 □□□ ★

drop out (of)

(참여하던 것에서) 빠지다, 중퇴하다 ⊜ quit, withdraw

drop(떨어지다) + out(밖으로) + of(~에서) = ~에서 밖으로 떨어져 나가 빠지다

He **dropped out of** school to become a baseball player.

그는 야구 선수가 되기 위해 학교를 중퇴했다.

⊕ drop off (다른 곳에) ~을 갖다주다, 잠깐 잠들다, 줄어들다

10 □□□ ★

turn against

~에게 등을 돌리다, ~를 배반하다 ⊜ turn one's back on

turn(돌리다) + against(반대 방향으로) = ~의 반대 방향으로 등을 돌려 배반하다

My friend **turned against** me after I let out his secret.

내 친구는 내가 그의 비밀을 누설한 후 나에게 등을 돌렸다.

11 □□□ ★

do harm (to)

(~에게) 해를 입히다 ⊜ do damage (to)

do(가하다) + harm(피해) + to(~에게) = ~에게 피해를 가해서 해를 입히다

Selfish people **do harm to** others and ignore their pain. 교과서

이기적인 사람들은 다른 사람들에게 해를 입히고 그들의 고통을 무시한다.

12 □□□ ★

fall victim to

~에 희생되다, ~의 피해자가 되다 ⊜ fall prey to

fall(~이 되다) + victim(희생자) + to(~에 대해) = ~에 대해 희생자가 되다

Many people **fell victim to** slavery in the past. 학평

많은 사람들이 과거에 노예제의 피해자가 되었다.

13 □□□ ★

have trouble (in) -ing

~하는 데 어려움을 겪다

have(갖다) + trouble(문제) + in(~에) + -ing(~하는 것) = ~하는 것에 문제를 겪다

She **has trouble** wak**ing** up early and sometimes misses her class in the morning. 학평

그녀는 일찍 일어나는 데 어려움을 겪어서 때때로 아침에 있는 수업을 놓친다.

14 □□□ ★

have difficulty (in) -ing

~하는 데 어려움을 겪다

have(갖다) + difficulty(어려움) + in(~에) + -ing(~하는 것) = ~하는 것에 어려움을 겪다

I'm **having difficulty** choos**ing** my major. 학평

나는 전공을 선택하는 데 어려움을 겪고 있다.

15 □□□ ★

run late

(예정보다) 늦어지다, 지연되다 ⊜ be behind schedule

run(~한 상태가 되다) + late(늦은) = 예정보다 늦은 상태가 되다

I am **running late** because of a traffic jam.

저는 교통체증 때문에 예정보다 늦어지고 있어요.

노력

16 □□□ ★★

get through

(고비나 위기 등을) 헤쳐 나가다 ⊜ overcome, come through

get(가다) + through(끝까지) = 고비나 위기를 끝까지 헤쳐 나가다

With a positive perspective, you will **get through** all obstacles. 모평

긍정적인 시각으로, 너는 모든 장애물을 헤쳐 나갈 것이다.

17 □□□ ★

care about

~에 신경 쓰다, ~에 관심을 가지다 ⊖ ignore

care(신경 쓰다) + about(~에 대해) = ~에 대해 신경 쓰다

You can get hurt if you don't **care about** your safety. 교과서

안전에 신경 쓰지 않으면 당신은 다칠 수 있습니다.

⊕ care for ~를 보살피다, ~를 좋아하다

18 □□□ ★
take action

조치를 취하다 ⊜ take steps, take measures
take(취하다) + action(조치) = 조치를 취하다

Unless we **take action** now, traffic congestion will get worse. 수능
우리가 지금 조치를 취하지 않는다면, 교통 체증은 더 악화될 것이다.

19 □□□ ★
take steps

조치를 취하다 ⊜ take measures, take action
take(취하다) + steps(조치) = 조치를 취하다

The country needs to **take steps** to build a profitable tourism infrastructure. 학평
그 나라는 수익성 있는 관광 기반 시설을 건설하기 위해 조치를 취해야 한다.

20 □□□ ★
make an effort

노력하다 ⊜ strive, endeavor
make(만들다) + an effort(노력) = 노력을 만들다

Make an effort to buy locally grown produce. 학평
지역에서 재배된 농산물을 사도록 노력해라.

21 □□□ ★
go without

~ 없이 견디다, ~ 없이 지내다 ⊜ do without
go(나아가다) + without(~ 없이) = ~ 없이 견디며 나아가다

Camels can **go without** water for quite a while.
낙타들은 꽤 오랫동안 물 없이 견딜 수 있다.

22 □□□ ★
go the extra mile

한층 더 노력하다 ⊜ go out of one's way, go to great lengths
go(가다) + the extra mile(추가 1마일)
= 1마일을 추가로 갈 만큼 한층 더 노력하다 (*마일: 거리를 나타내는 단위)

She **goes the extra mile** to help her teammates. 학평
그녀는 자신의 팀원들을 돕기 위해 한층 더 노력한다.

23 □□□ ★
do one's best

최선을 다하다 ⊜ do one's utmost, try one's best
do(하다) + one's best(자신의 최선) = 자신이 할 수 있는 최선을 다하다

We always **do our best** to make our customers happy. 수능
우리는 고객을 행복하게 하기 위해 항상 최선을 다한다.

24 □□□ ★
root out

~을 뿌리째 뽑다, ~을 근절하다 ⊜ weed out, get rid of
root(뿌리째 뽑다) + out(밖으로) = 땅속에 박혀 있던 ~을 뿌리째 밖으로 뽑다

We simplified the process to **root out** inefficiency.
우리는 비효율을 근절하기 위해 절차를 간소화했다.

25 □□□ ★

break the habit of

~의 습관을 버리다 = kick the habit of ↔ get in the habit of

break(끊다) + the habit(습관) + of(~의) = ~의 습관을 끊다

I want to **break the habit of** wasting money.

나는 돈을 낭비하는 습관을 버리고 싶다.

26 □□□ ★

in an effort to +동사원형

~하기 위한 노력으로 = in an attempt to

in(~의 상태에 있는) + an effort(노력) + to+동사원형(~하기 위해) = ~하기 위해 노력 상태에 있는

I've been eating salad **in an effort to** lose weight.

살을 빼기 위한 노력으로 나는 샐러드를 먹어 오고 있다.

Daily Quiz

A 영어는 우리말로, 우리말은 영어로 쓰세요.

01 do harm (to) ____________

02 root out ____________

03 break apart ____________

04 get through ____________

05 turn against ____________

06 실수하다, 잘못하다 ____________

07 뒤떨어지다 ____________

08 (일 등이) 잘못되다 ____________

09 ~에 신경 쓰다 ____________

10 최선을 다하다 ____________

B 빈칸에 들어갈 숙어를 골라 알맞은 형태로 쓰세요.

go through	go the extra mile	go without
take action	drop out	get nowhere

11 She ____________ to help her teammates.

그녀는 자신의 팀원들을 돕기 위해 한층 더 노력한다.

12 He tried a few approaches to solve the problem, but he ____________.

그는 문제를 풀기 위해 몇 가지 접근법을 시도했지만, 아무 성과도 얻지 못했다.

13 Unless we ____________ now, traffic congestion will get worse.

우리가 지금 조치를 취하지 않는다면, 교통 체증은 더 악화될 것이다.

14 Camels can ____________ water for quite a while.

낙타들은 꽤 오랫동안 물 없이 견딜 수 있다.

15 Our company is ____________ a lot of change.

우리 회사는 많은 변화를 겪고 있습니다.

정답

01 (~에게) 해를 입히다 02 ~을 뿌리째 뽑다, ~을 근절하다 03 산산이 부서지다, 분리되다 04 (고비나 위기 등을) 헤쳐 나가다
05 ~에게 등을 돌리다, ~를 배반하다 06 make a mistake 07 fall behind 08 go wrong 09 care about 10 do one's best
11 goes the extra mile 12 got nowhere 13 take action 14 go without 15 going through

DAY 36 계획·행동

음성 바로 듣기

계획

01 □□□ ★★★

be supposed to + 동사원형

~하기로 되어 있다

be supposed(가정되다) + to+동사원형(~하는 것) = ~하는 것이 이미 가정되어 있다

He **is supposed to** be here in 30 minutes. 학평

그는 30분 후에 이곳에 오기로 되어 있어요.

02 □□□ ★★★

be about to + 동사원형

막 ~하려는 참이다

be about(가까이에 있다) + to+동사원형(~하는 것) = ~하려는 상황의 가까이에 있다

You cannot park here because we'**re about to** close off the parking lot. 수능

저희가 주차장을 막 폐쇄하려는 참이기 때문에 당신은 여기에 주차하실 수 없습니다.

03 □□□ ★

be scheduled to + 동사원형

~할 예정이다

be scheduled(예정되다) + to+동사원형(~하는 것) = ~하는 것이 예정되다

The winner of the local competition **is scheduled to** participate in the city dance competition. 모평

지역 대회 우승자는 시 댄스 대회에 참가할 예정이다.

04 □□□ ★

aim to + 동사원형

~하는 것을 목표로 하다 ≡ intend to

aim(~을 목표로 하다) + to+동사원형(~하는 것) = ~하는 것을 목표로 하다

The history tour **aims to** promote students' interest in history. 모평

역사 탐방은 학생들의 역사에 대한 관심을 고취시키는 것을 목표로 한다.

05 □□□ ★

in order to + 동사원형

~하기 위해

in(~의 상태에 있는) + order(상태) + to+동사원형(~하기 위한) = ~하기 위한 상태에 있는

Teachers need to know their students well **in order to** teach them effectively. 수능

선생님들은 학생들을 효과적으로 가르치기 위해 그들을 잘 알아야 한다.

⊕ in order for ~을 위해

06 □□□ ★

set a goal

목표를 세우다 ⊜ aim

set(세우다) + a goal(목표) = 목표를 세우다

He **set a goal** to get an A in math. (학평)

그는 수학에서 A학점을 받겠다는 목표를 세웠다.

07 □□□ ★

make a plan

계획을 세우다, 계획하다

make(만들어 내다) + a plan(계획) = 계획을 만들어 세우다

You need to **make a plan** to achieve your dreams. (교과서)

당신은 당신의 꿈을 이루기 위해 계획을 세워야 한다.

행동

08 □□□ ★★

give ~ a hand

~에게 도움을 주다, ~를 거들어 주다 ⊜ help out, assist, support

give(주다) + a hand(손) = ~를 손을 내어 주며 도와주다

Give me **a hand** with my assignment. (학평)

나의 과제와 관련해서 내게 도움을 좀 줘.

⊕ give a big hand 큰 박수를 보내다

09 □□□ ★★

put together

1. (부품·조각 등을) 조립하다 ⊜ assemble

put(놓다) + together(함께) = 여러 가지를 한 곳에 함께 놓고 조립하다

2. ~을 만들다, ~을 준비하다 ⊜ create, make

put(놓다) + together(함께) = 여러 가지 재료를 함께 놓고 만들다

3. ~을 합치다, ~을 합하다 ⊜ combine

put(놓다) + together(함께) = ~을 함께 놓아서 합치다

Do you remember when you **put together** that 500-piece puzzle? (학평)

네가 그 500피스짜리 퍼즐을 조립했던 때를 기억하니?

The vendor **puts together** a perfect hot dog. (학평)

그 노점상은 완벽한 핫도그를 만든다.

He **put together** several clips into a single video.

그는 여러 비디오 클립들을 합쳐 하나의 영상으로 만들었다.

10 □□□ ★★
turn around

1. 돌(리)다, (~을) 뒤돌아보다 ⊜ look back
turn(돌다) + around(빙 돌아) = 돌다

2. 호전되다, (~을) 호전시키다 ⊜ improve
turn(~하게 되다) + around(빙 돌아) = 한 바퀴 빙 돌아 원래 상태로 호전되다

She did not **turn around** even once. (교과서)
그녀는 단 한번도 뒤돌아보지 않았다.

The campaign manager **turned around** a hopeless situation. (학평)
그 선거 사무장은 절망적인 상황을 호전시켰다.

11 □□□ ★★
hang around

서성거리다, 배회하다
hang(어슬렁거리다) + around(주변에) = 주변에서 어슬렁거리다

In a neighborhood of San Francisco, many homeless people **hang around**. (학평)
샌프란시스코의 한 동네에서는, 많은 노숙인들이 배회한다.

⊕ hang around with ~와 어울리다, ~와 많은 시간을 보내다

12 □□□ ★★
look through

~을 살펴보다, ~을 검토하다 ⊜ browse
look(보다) + through(완전히) = ~을 완전히 꼼꼼하게 살펴보다

You just **look through** the online catalog and select your books. (학평)
당신은 단지 온라인 카탈로그를 살펴보고 책을 고르기만 하면 됩니다.

13 □□□ ★
take apart

~을 분해하다 ⊜ break down, disassemble ⊖ put together, assemble
take(가져가다) + apart(조각조각) = 기계를 조각조각 뜯어 가져가서 분해하다

You can easily **take apart** this table.
당신은 이 테이블을 쉽게 분해할 수 있습니다.

14 □□□ ★
bring together

1. ~을 (긁어)모으다, ~을 합치다 ⊜ combine, unite
bring(가져오다) + together(함께) = 흩어진 것이 함께 있도록 한 곳으로 가져오다

2. ~를 화합시키다, ~를 화해시키다
bring(데려오다) + together(함께) = 흩어진 사람들을 함께 있도록 한 곳으로 데려오다

By **bringing together** enough data, we drew some interesting conclusions.
충분한 자료를 모음으로써, 우리는 몇 가지 흥미로운 결론을 도출했다.

Sports **bring** people **together**. (학평)
스포츠는 사람들을 화합시킨다.

15 □□□ ★

give a speech

연설하다 ≡ make a speech, address

give(하다) + a speech(연설) = 연설하다

The award winner usually **gives a speech** in front of the whole staff. (학평)

수상자는 보통 전 직원 앞에서 연설한다.

16 □□□ ★

set ~ free

~를 자유롭게 하다, ~를 풀어주다 ≡ free, release, liberate

set(~하게 하다) + free(자유로운) = ~를 자유롭게 하다

We will **set** you **free** and let you go home, if you agree to do as we say. (학평)

우리가 말하는 대로 하는 것에 동의하면, 우리는 당신을 풀어주고 집에 가게 해줄 것이다.

17 □□□ ★

set aside

1. ~을 따로 떼어두다, ~을 확보하다 ≡ reserve

set(두다) + aside(따로) = ~을 따로 떼어서 두다

2. (하던 일을) 제쳐놓다 ≡ put aside

set(두다) + aside(한쪽으로) = 하던 일을 한쪽으로 제쳐두다

Some cities have **set aside** particular areas for legal graffiti. (학평)

몇몇 도시들은 합법적인 그라피티를 위한 특정 구역을 따로 떼어두었다.

You'd better **set aside** your video games and focus on studies.

너는 비디오 게임을 제쳐놓고 학업에 집중하는 게 좋겠어.

18 □□□ ★

go after

~을 뒤쫓다, ~을 추구하다 ≡ follow, pursue

go(가다) + after(~의 뒤를 쫓아서) = ~을 뒤쫓아 가다

His self-confidence enabled him to achieve anything he **went after**. (학평)

그의 자신감은 그가 추구했던 모든 것을 그가 이룰 수 있게 했다.

19 □□□ ★

give it a try

한 번 해보다, 시도하다 ≡ give it a shot, give it a go

give(하다) + it(그것) + a try(한 번의 시도) = 그것에 한 번의 시도를 하다

My brother encouraged me to teach Korean to immigrants, so I decided to **give it a try**. (교과서)

형이 내게 이민자들에게 한국어를 가르칠 것을 권해서, 나는 한 번 해보기로 결심했다.

20 □□□ ★
hold on to

1. ~을 꼭 잡다, ~에 매달리다 ㊐ grasp, clutch
hold(잡다) + on(계속) + to(~에 집착하여) = ~에 집착하여 그것을 계속 잡고 있다

2. ~을 고수하다, ~을 지키다
hold(고수하다) + on(계속) + to(~에 집착하여) = ~에 집착하여 그것을 계속 고수하다

I tightly **held on to** my husband's hand.
나는 남편의 손을 꼭 잡았다.

You should **hold on to** your dreams.
당신은 당신의 꿈을 지켜야 한다.

21 □□□ ★
phase out

~을 단계적으로 폐지하다, ~을 단계적으로 중단하다 ㊉ phase in
phase(단계적으로 하다) + out(소멸된) = ~을 단계적으로 소멸되게 하다

India decided to **phase out** all 500 and 1,000 rupee bills to eliminate black money. (교과서)
인도는 검은 돈을 없애기 위해 500루피와 1,000루피 지폐를 모두 단계적으로 폐지하기로 결정했다.

22 □□□ ★
leave behind

~을 뒤로 하다, ~을 영원히 떠나다
leave(떠나다) + behind(~ 뒤에) = ~을 뒤에 남겨두고 떠나다

Education was the only way to **leave behind** my hard life. (학평)
교육은 나의 힘든 삶을 영원히 떠날 유일한 방법이었다.

23 □□□ ★
discourage ~ from -ing

~가 -하는 것을 막다
discourage(막다) + from(~으로부터) + -ing(-하는 것) = ~가 -하는 것을 막다

Is there any way to **discourage** students **from** cheat**ing**? (학평)
학생들이 부정행위하는 것을 막을 방법이 있을까요?

24 □□□ ★
keep ~ from -ing

~가 -하는 것을 막다
keep(막다) + from(~으로부터) + -ing(-하는 것) = ~가 -하는 것을 막다

A flu shot can **keep** you **from** gett**ing** sick. (학평)
독감 예방주사는 당신이 병에 걸리는 것을 막을 수 있다.

25 □□□ ★
keep on -ing

계속해서 ~하다 ㊐ continue, persist
keep(계속하다) + on(~에 대해) + -ing(-하는 것) = -하는 것에 대해 계속하다

We need to **keep on** develop**ing** our communication skills. (학평)
우리는 계속해서 의사소통 기술을 발달시켜야 한다.

Daily Quiz

A 영어는 우리말로, 우리말은 영어로 쓰세요.

01 set aside ____________

02 phase out ____________

03 leave behind ____________

04 make a plan ____________

05 give ~ a hand ____________

06 막 ~하려는 참이다 ____________

07 목표를 세우다 ____________

08 ~를 자유롭게 하다 ____________

09 한 번 해보다 ____________

10 연설하다 ____________

B 빈칸에 들어갈 숙어를 골라 알맞은 형태로 쓰세요.

aim to	go after	take apart
look through	turn around	be scheduled to

11 You can easily ____________ this table.

당신은 이 테이블을 쉽게 분해할 수 있습니다.

12 You just ____________ the online catalog and select your books.

당신은 단지 온라인 카탈로그를 살펴보고 책을 고르기만 하면 됩니다.

13 The winner of the local competition ____________ participate in the city dance competition.

지역 대회 우승자는 시 댄스 대회에 참가할 예정이다.

14 The campaign manager ____________ a hopeless situation.

그 선거 사무장은 절망적인 상황을 호전시켰다.

15 His self-confidence enabled him to achieve anything he ____________.

그의 자신감은 그가 추구하는 모든 것을 이룰 수 있게 했다.

정답

01 ~을 따로 떼어두다, ~을 확보하다, (하던 일을) 제쳐놓다 **02** ~을 단계적으로 폐지하다, ~을 단계적으로 중단하다 **03** ~을 뒤로 하다, ~을 영원히 떠나다 **04** 계획을 세우다, 계획하다 **05** ~에게 도움을 주다, ~를 거들어 주다 **06** be about to + 동사원형 **07** set a goal **08** set ~ free **09** give it a try **10** give a speech **11** take apart **12** look through **13** is scheduled to **14** turned around **15** went after

DAY 37

일상생활 (1)

집·학교

01 □□□ ★★★

stay tuned

채널을 고정하다

stay(상태를 유지하다) + tuned(채널이 맞춰진) = 채널이 맞춰진 상태를 유지하다

Now, we'll be back after the commercial break. **Stay tuned!** 수능

이제, 저희는 광고 방송 후에 돌아오도록 하겠습니다. 채널을 고정하세요!

02 □□□ ★★

keep a diary

일기를 쓰다 = keep a journal

keep(계속 두다) + a diary(일기) = 일기를 계속 곁에 두며 쓰다

I **keep a diary** in English for my English writing skills. 학평

나는 나의 영어 작문 실력을 위해서 영어로 일기를 쓴다.

03 □□□ ★★

get dressed

옷을 입다

get(상태가 되다) + dressed(옷이 입혀진) = 옷을 입은 상태가 되다

Get dressed first and have your breakfast. 학평

먼저 옷을 입고 나서 아침밥을 먹어라.

04 □□□ ★

set the table

식탁을 차리다, 밥상을 차리다

set(세우다) + the table(식탁) = 식탁 다리를 세워 밥상을 차리다

I grilled the beef and **set the table**. 학평

나는 소고기를 굽고 밥상을 차렸다.

05 □□□ ★

take a break

휴식을 취하다, 쉬다 = take a rest, rest

take(취하다) + a break(휴식) = 휴식을 취하다

I think you need to **take a break** for a while. 수능

내 생각에 넌 잠깐 휴식을 취해야 할 것 같아.

06 □□□ ★

take notes

필기하다 ≡ jot down notes

take(사용하다) + notes(노트) = 노트를 사용하여 필기하다

She uses her tablet to **take notes** in class. 학평

그녀는 수업 시간에 필기하기 위해 태블릿을 사용한다.

07 □□□ ★

take a course

강의를 듣다 ≡ take a class

take(받아들이다) + a course(강의) = 강의 내용을 받아들이면서 듣다

With a computer, we can **take courses** at home. 수능

컴퓨터로, 우리는 집에서 강의를 들을 수 있다.

외출·만남

08 □□□ ★★

look around

(~을) 둘러보다, (~을) 구경하다

look(보다) + around(~의 주변을) = ~의 주변을 둘러보다

We're going to take a guided tour to **look around** the old castle. 학평

우리는 고성을 둘러보기 위해 가이드 투어를 할 예정이다.

09 □□□ ★★

go around

(이곳저곳을) 돌아다니다 ≡ get around, go here and there

go(가다) + around(여기저기) = 여기저기 가다

Feel free to **go around** and take photos of the house. 학평

이곳저곳을 돌아다니면서 집의 사진을 마음껏 찍으세요.

10 □□□ ★

get around

(~를) 돌아다니다

get(가다) + around(~의 주변을) = ~의 주변을 가보다

Most people use the bus or subway to **get around** Seoul. 모평

대부분의 사람들은 서울을 돌아다니기 위해 버스나 지하철을 이용한다.

11 □□□ ★

give ~ a ride

~를 태워주다

give(제공하다) + a ride(탈 것) = ~에게 탈 것을 제공하다

While I was waiting at the bus stop, Daniel's mom drove by and **gave** me **a ride**. 학평

내가 버스 정류장에서 기다리고 있는 동안, Daniel의 어머니께서 차를 타고 지나가시다가 나를 태워주셨다.

12 □□□ ★
go -ing

~하러 가다
go(가다) + -ing(~하는 것) = ~하는 것을 목적으로 가다

All my friends are **going** fish**ing** and I really want to go with them. 수능
내 친구들은 모두 낚시하러 갈 것인데 나는 정말 그들과 함께 가고 싶다.

13 □□□ ★★★
make a reservation

예약하다 ≡ book, reserve
make(만들다) + a reservation(예약) = 예약을 만들어 잡다

For this wonderful tour, you need to **make a reservation** in advance. 학평
이 멋진 투어를 위해, 당신은 사전에 예약해야 합니다.

14 □□□ ★★
come along

1. 함께 가다
come(가다) + along(함께) = 함께 가다

2. 나타나다, 생기다
come(생기다) + along(앞으로) = 앞으로 조금씩 생겨 나타나다

3. (순조롭게) 진행되다, 진보하다
come(가다) + along(진척되어) = 일이 순조롭게 진척되어 가다

Why don't you **come along** with me this weekend? 학평
이번 주말에 나와 함께 가지 않을래?

When photography **came along** in the nineteenth century, painting was put in crisis. 수능
19세기에 사진술이 나타났을 때, 그림은 위기에 놓였다.

How's everything **coming along** for mom's birthday? 학평
어머니의 생신을 위한 모든 것이 어떻게 진행되고 있니?

15 □□□ ★★
come across

1. ~를 우연히 만나다, ~을 우연히 발견하다 ≡ come upon
come(오다) + across(맞은 편에) = ~가 우연히 맞은 편에서 오다

2. (특정한) 인상을 주다
come(이르다) + across(건너서) = 인상이나 느낌이 건너가서 상대에게 이르다

While surfing the Internet, she **came across** a review for the concert. 모평
인터넷 서핑을 하던 중, 그녀는 그 콘서트에 대한 후기를 우연히 발견했다.

Listening to positive feedback may help you **come across** as confident to others. 학평
긍정적인 피드백을 듣는 것은 당신이 다른 사람들에게 자신감 있는 인상을 주는 데 도움을 줄 수 있다.

16 □□□ ★★
get together

모이다, 합쳐지다, ~을 모으다 ⊜ gather
get(상태가 되다) + together(함께) = 함께 모인 상태가 되다

All my family members will **get together** and have a party. (학평)
우리 가족 구성원들 모두 모여서 파티를 할 것이다.

17 □□□ ★★
make an appointment

(만날) 약속을 하다, 예약하다 ⊜ book an appointment
make(만들다) + an appointment(약속) = 만남을 위해 약속을 만들다

You can **make an appointment** for your examination with one of the doctors on the list. (모평)
당신은 명단에 있는 의사들 중 한 명과 검진을 예약할 수 있습니다.

18 □□□ ★
show A around B

A에게 B를 구경시켜 주다 ⊜ give A a tour of B
show(~에게 보여주다) + A + around(~의 주변을) + B = A에게 B의 주변을 보여주다

Could you **show** me **around** the garden? (학평)
제게 정원을 구경시켜 주실 수 있나요?

19 □□□ ★
face-to-face

서로 얼굴을 맞대고, 면대면으로 ⊜ in person
face(얼굴) + to(~에 맞춰) + face(얼굴) = 서로 얼굴을 얼굴에 맞춰 대고

In an online class, you can't interact with the teacher **face-to-face**. (학평)
온라인 수업에서, 당신은 선생님과 면대면으로 소통할 수 없다.

기타 활동

20 □□□ ★★
look after

~를 돌보다, ~을 살피다 ⊜ care for, take care of
look(지켜보다) + after(~의 뒤에) = ~의 뒤에서 지켜보며 돌보다

Governments are finding ways to **look after** old people.
정부는 노인들을 돌볼 방법들을 찾고 있다.

21 □□□ ★★
pass through

~을 (거쳐) 통과하다
pass(지나가다) + through(통과하여) = ~을 지나서 통과하다

Place some plants beside your electronics. This will reduce harmful energy **passing through** your body. (학평)
전자 기기 옆에 화분 몇 개를 놓아라. 이것은 당신의 몸을 통과하는 해로운 에너지를 줄일 것이다.

22 □□□ ★

take a deep breath

숨을 깊게 들이마시다

take(받아들이다) + a deep breath(깊은숨) = 깊은숨을 받아들이다

Take a deep breath. This will help you relax. (학평)

숨을 깊게 들이마셔라. 이것은 당신이 편안하게 쉬도록 도울 것이다.

23 □□□ ★

take turns

돌아가면서 ~을 하다, 교대로 ~을 하다 (=) alternate

take(가지다) + turns(순번) = 각자 순번을 가지고 돌아가면서 ~을 하다

If several people **take turns** driving, you should pay for extra insurance coverage. (모평)

여러 명이 돌아가면서 운전을 하면, 당신은 추가 보험료를 내야 한다.

24 □□□ ★

spend ~ (on) -ing

(시간이나 돈을) ~하는 데에 쓰다

spend(쓰다) + on(~에) + -ing(~하는 것) = ~하는 것에 시간이나 돈을 쓰다

I don't want to **spend** hours wait**ing** for a connecting flight, so I prefer nonstop flights. (수능)

나는 연결 항공편을 기다리는 데에 몇 시간을 쓰고 싶지 않아서, 직항 편을 선호한다.

⊕ waste ~ -ing (시간이나 돈을) ~하는 데에 낭비하다

25 □□□ ★

break a bill

지폐를 잔돈으로 바꾸다

break(깨다) + a bill(지폐) = 지폐를 깨서 잔돈으로 바꾸다

I can **break** your **bill** into coins if you like.

당신이 원하시면 지폐를 동전으로 바꿔 드릴 수 있습니다.

⊕ split the bill (비용 등을) 각자 부담하다, 나눠 내다

Daily Quiz

A 영어는 우리말로, 우리말은 영어로 쓰세요.

01 break a bill ____________

02 spend ~ (on) -ing ____________

03 take notes ____________

04 show A around B ____________

05 take a course ____________

06 휴식을 취하다 ____________

07 ~를 태워주다 ____________

08 교대로 ~을 하다 ____________

09 옷을 입다 ____________

10 일기를 쓰다 ____________

B 빈칸에 들어갈 숙어를 골라 알맞은 형태로 쓰세요.

stay tuned	set the table	come across
come along	get around	look after

11 While surfing the Internet, she ____________ a review for the concert.

인터넷 서핑을 하던 중, 그녀는 그 콘서트에 대한 후기를 우연히 발견했다.

12 Why don't you ____________ with me this weekend?

이번 주말에 나와 함께 가지 않을래?

13 Now, we'll be back after the commercial break. ____________!

이제, 저희는 광고 방송 후에 돌아오도록 하겠습니다. 채널을 고정하세요!

14 Governments are finding ways to ____________ old people.

정부는 노인들을 돌볼 방법들을 찾고 있다.

15 I grilled the beef and ____________.

나는 소고기를 굽고 밥상을 차렸다.

정답

01 지폐를 잔돈으로 바꾸다 **02** (시간이나 돈을) ~하는 데에 쓰다 **03** 필기하다 **04** A에게 B를 구경시켜 주다 **05** 강의를 듣다 **06** take a break **07** give ~ a ride **08** take turns **09** get dressed **10** keep a diary **11** came across **12** come along **13** Stay tuned **14** look after **15** set the table

DAY 38 일상생활 (2)

경향

01 □□□ ★★★

tend to + 동사원형

~하는 경향이 있다 ⊜ be inclined to

tend(경향이 있다) + to+동사원형(~하는 것) = ~하는 경향이 있다

Commercials **tend to** contain humorous elements to capture people's attention. (수능)

광고는 사람들의 관심을 사로잡기 위해 유머러스한 요소들을 포함하는 경향이 있다.

02 □□□ ★★★

be likely to + 동사원형

~하기 쉽다, ~할 가능성이 있다 ⊜ be apt to

be likely(~하기 쉽다) + to+동사원형(~하는 것) = ~하기 쉽다

If you exercise in the wrong position, you **are likely to** get hurt. (학평)

잘못된 자세로 운동하면, 당신은 다치기 쉽다.

03 □□□ ★★★

be able to + 동사원형

~할 수 있다

be able(할 수 있다) + to+동사원형(~하는 것) = ~할 수 있다

After I changed my pillow, I **was able to** sleep much better. (학평)

베개를 바꾼 후, 나는 훨씬 더 잘 잘 수 있었다.

04 □□□ ★★

be inclined to + 동사원형

~하는 경향이 있다 ⊜ be disposed to, tend to

be inclined(경향이 있다) + to+동사원형(~하는 것) = ~하는 경향이 있다

Grateful people **are inclined to** make healthy decisions. (학평)

감사함을 느끼는 사람들은 건전한 결정을 내리는 경향이 있다.

05 □□□ ★

be apt to + 동사원형

~하기 쉽다 ⊜ be likely to

be apt(~하기 쉽다) + to+동사원형(~하는 것) = ~하기 쉽다

Someone speaking a different language **is apt to** be regarded as a dangerous stranger. (학평)

다른 언어를 사용하는 사람은 위험한 이방인으로 간주되기 쉽다.

의무

06 □□□ ★★

be bound to +동사원형

~할 의무가 있다 ⊜ be obligated to, be obliged to

be bound(의무가 있다) + to+동사원형(~하는 것) = ~할 의무가 있다

Mental healthcare professionals **are bound to** protect the privacy of their patients. (학평)

정신 건강 관리 전문가들은 그들의 환자의 개인 정보를 보호할 의무가 있다.

07 □□□ ★

be obliged to +동사원형

~할 의무가 있다 ⊜ be bound to, be obligated to

be obliged(의무가 있다) + to+동사원형(~하는 것) = ~할 의무가 있다

You **are** not **obliged to** include everything that you see in the landscape you're painting. (학평)

당신이 그리고 있는 풍경화에 당신이 보는 모든 것을 포함할 의무는 없다.

특성

08 □□□ ★★

in one's own right

자기 자체로, 자기 능력으로, 남을 의지하지 않고

in(~의 상태에 있는) + one's own right(자기 자신의 권한)
= 타인의 도움 없이 자기 자신의 권한을 사용한 상태로

Tulips were very scarce and they even began to be used as a form of money **in their own right**. (교과서)

튤립은 매우 귀했고 심지어는 그것 자체로 돈의 형태로써 사용되기 시작했다.

09 □□□ ★★

one of a kind

독특한, 유일한 ⊜ unique

one(하나) + of(~ 중의) + a kind(종류) = 같은 종류 중 눈에 띄는 독특한 단 하나

As I looked down at Paris from the sky, I realized that this city was **one of a kind**. (교과서)

하늘에서 파리를 내려다보면서, 나는 이 도시가 독특하다는 것을 깨달았다.

10 □□□ ★

behind the times

시대에 뒤떨어진, 구식의 ⊜ out of date, outdated

behind(~ 뒤에) + the times(시대) = 시대의 뒤에 있는

Some bike makers are still **behind the times**. (학평)

일부 자전거 제조사들은 여전히 시대에 뒤떨어져 있다.

11 □□□ ★
in the middle of

1. ~의 중앙에 ⊜ at the heart of
in(~에) + the middle(중앙) + of(~의) = ~의 중앙에

2. ~의 (도)중에 ⊜ in the midst of
in(~에) + the middle(도중) + of(~의) = ~의 도중에

The heart is **in the middle of** the chest. (학평)
심장은 가슴의 중앙에 있다.

She woke up alone **in the middle of** the night. (학평)
그녀는 한밤중에 혼자 잠에서 깼다.

12 □□□ ★
be named after

~의 이름을 따서 지어지다
be named(이름이 지어지다) + after(~을 따라) = ~을 따라 이름이 지어지다

The Philippines **was named after** Philip II, the power-hungry Spanish king. (학평)
필리핀은 권력에 굶주렸던 스페인의 왕인, 필립 2세의 이름을 따서 지어졌다.

⊕ name A after B B의 이름을 따서 A의 이름을 짓다

13 □□□ ★
be worth -ing

~할 가치가 있다
be worth(가치가 있다) + -ing(~하는 것) = ~할 가치가 있다

The museum **was worth** visit**ing**. (교과서)
그 박물관은 방문할 가치가 있었다.

14 □□□ ★
go beyond

(범위·권한 등을) 넘어서다, ~을 능가하다 ⊜ exceed, surpass
go(~하게 되다) + beyond(~을 넘어서) = ~을 넘어서게 되다

Clothing has functions that **go beyond** just protecting the body. (모평)
옷은 단지 신체를 보호하는 것을 넘어선 기능들을 가지고 있다.

인식·이해

15 □□□ ★★★
make sense

앞뒤가 맞다, 말이 되다 ⊜ hold water, fall into place
make(만들어 내다) + sense(의미) = 앞뒤가 맞아 의미를 만들어 내다

It didn't **make sense** for the crew to abandon the ship. (학평)
선원들이 배를 포기한다는 것은 말이 되지 않았다.

16 □□□ ★★

make sense of

~을 이해하다 ⊜ understand, figure out

make(하다) + sense(감지) + of(~을) = ~을 제대로 감지하여 이해하다

In order to learn language, an infant must **make sense of** the contexts in which language occurs. 학평

언어를 배우기 위해서, 유아는 반드시 언어가 발생하는 상황을 이해해야 한다.

17 □□□ ★★

have no idea

전혀 모르다

have(~이 있다) + no(아무것도 없는) + idea(생각) = 몰라서 아무 생각이 없다

I **have no idea** how to play badminton. 학평

나는 배드민턴 치는 법을 전혀 모른다.

18 □□□ ★

set ~ apart

~을 구별되게 하다, ~을 눈에 띄게 하다 ⊜ distinguish

set(두다) + apart(따로) = ~을 다른 것들과 따로 두어 서로 구별되게 하다

He has a special aura that **sets** him **apart** from ordinary people.

그는 자신을 보통 사람들로부터 구별되게 하는 특유의 분위기를 가지고 있다.

⊕ be set apart (특정 목적·용도를 위해) 따로 놓아두어지다

19 □□□ ★

tell ~ apart

~을 구별하다, ~을 분간하다 ⊜ distinguish, discriminate

tell(판단하다) + apart(별개로) = ~을 구별하여 각각 다른 별개의 것으로 판단하다

They look so much alike that I can barely **tell** them **apart**.

그들은 너무 많이 닮아서 나는 그들을 거의 구별하지 못한다.

20 □□□ ★

tell from

~을 통해 알다

tell(알다) + from(~으로부터) = 주위에서 보고 들은 ~으로부터 알다

People can **tell from** the context what sense of a word is being used. 학평

사람들은 단어의 어떤 의미가 사용되고 있는지 문맥을 통해 알 수 있다.

⊕ tell A from B A를 B와 구분하다

의견

21 □□□ ★★

put forward

(안건·의견을) 내다, 제기하다 ⊜ present

put(설명하다) + forward(앞으로) = 의견을 앞으로 꺼내 설명하다

Please **put forward** your opinion freely.

당신의 의견을 자유롭게 내주세요.

22 □□□ ★
object to

~에 반대하다, ~에 이의를 제기하다 ⊜ protest against
object(반대하다) + to(~에) = ~에 반대하다

I strongly **object to** violence on TV. (교과서)
나는 TV에 나오는 폭력에 강력히 반대한다.

23 □□□ ★
come to mind

생각이 떠오르다, 생각나다
come(오다) + to(~으로) + mind(마음) = 특정한 생각이 마음으로 와서 떠오르다

When you hear the word science, what's the first thing that **comes to mind**? (모평)
당신은 과학이라는 단어를 들으면, 가장 먼저 생각나는 것이 무엇인가요?

24 □□□ ★
point of view

의견, 관점
point(요점) + of(~의) + view(의견) = 의견의 요점

Her **point of view** was different from mine, and this caused a conflict between us.
그녀의 의견은 나의 의견과 서로 달랐고, 이것은 우리 사이에 갈등을 유발했다.

25 □□□ ★
in my opinion

내 의견으로는, 내 생각에는
in(~의 형태로) + my opinion(나의 의견) = 나의 의견의 형태로

In my opinion, running is a good way to relieve stress.
내 의견으로는, 달리기는 스트레스를 해소하는 좋은 방법이다.

Daily Quiz

A 영어는 우리말로, 우리말은 영어로 쓰세요.

01 tell ~ apart ____________

02 put forward ____________

03 make sense ____________

04 behind the times ____________

05 in one's own right ____________

06 ~할 가치가 있다 ____________

07 전혀 모르다 ____________

08 독특한, 유일한 ____________

09 ~의 중앙에 ____________

10 ~에 반대하다 ____________

B 빈칸에 들어갈 숙어를 골라 알맞은 형태로 쓰세요.

be inclined to	be bound to	make sense of
be named after	be able to	go beyond

11 Mental healthcare professionals ____________ protect the privacy of their patients.

정신 건강 관리 전문가들은 그들의 환자의 개인 정보를 보호할 의무가 있다.

12 Grateful people ____________ make healthy decisions.

감사함을 느끼는 사람들은 건전한 결정을 내리는 경향이 있다.

13 Clothing has functions that ____________ just protecting the body.

옷은 단지 신체를 보호하는 것을 넘어선 기능들을 가지고 있다.

14 After I changed my pillow, I ____________ sleep much better.

베개를 바꾼 후, 나는 훨씬 더 잘 잘 수 있었다.

15 The Philippines ____________ Philip II, the power-hungry Spanish king.

필리핀은 권력에 굶주렸던 스페인의 왕인, 필립 2세의 이름을 따서 지어졌다.

정답

01 ~을 구별하다, ~을 분간하다 **02** (안건·의견을) 내다, 제기하다 **03** 앞뒤가 맞다, 말이 되다 **04** 시대에 뒤떨어진, 구식의 **05** 자기 자체로, 자기 능력으로, 남을 의지하지 않고 **06** be worth -ing **07** have no idea **08** one of a kind **09** in the middle of **10** object to **11** are bound to **12** are inclined to **13** go beyond **14** was able to **15** was named after

DAY **39** # 일상생활 (3)

음성 바로 듣기

소통

01 □□□ ★
break the news
소식을 전하다
break(깨다) + the news(새 소식) = 감춰져 있던 새 소식을 깨서 전하다

The organization **broke the news** about its crisis before the crisis was discovered by the media. (모평)
그 기관은 매체에 의해 그곳의 위기가 발견되기 전에 그 위기에 관한 소식을 전했다.

02 □□□ ★
break the ice
서먹서먹한 분위기를 깨다
break(깨다) + the ice(얼음) = 얼음처럼 냉랭하고 서먹서먹한 분위기를 깨다

She usually **broke the ice** with people with a big "Hi!" (학평)
그녀는 주로 큰 소리로 '안녕!'이라고 하며 사람들과의 서먹서먹한 분위기를 깼다.

03 □□□ ★
fall out of touch
연락이 끊기다 = be out of touch
fall(~하게 되다) + out(벗어나) + of(~에서) + touch(연락) = 연락하던 관계에서 벗어나게 되다

Call someone regularly and don't let yourself **fall out of touch.** (학평)
누군가에게 주기적으로 전화해서 스스로 연락이 끊기지 않도록 하라.

상황

04 □□□ ★★★
get used to
~에 익숙해지다 = get accustomed to
get(상태가 되다) + used(익숙한) + to(~에 대해) = ~에 대해 익숙한 상태가 되다

I hope you'll **get used to** your new school. (학평)
나는 네가 새로운 학교에 익숙해지기를 바라.

+ used to + **동사원형** ~하곤 했다(과거에는 ~했지만 지금은 하지 않는다)

05 □□□ ★★
used to + 동사원형

~하곤 했다
used(늘 ~했다) + to+동사원형(~하는 것) = 늘 ~하곤 했다

I **used to** drive, but I prefer to take the subway these days. (학평)
나는 운전을 하곤 했지만, 요즘은 지하철을 타는 것을 선호한다.

⊕ get used to ~에 익숙해지다 be used to ~에 익숙하다
be used to + 동사원형 ~하는 데에 사용되다

06 □□□ ★★
follow suit

따라 하다, 선례를 따르다
follow(따라 하다) + suit(카드 한 벌) = 남이 낸 카드 한 벌을 따라서 내다

If the pioneer survives, everyone else will **follow suit**. (학평)
만약 개척자가 살아남는다면, 다른 모든 사람들은 선례를 따를 것이다.

07 □□□ ★★
put aside

1. ~을 제쳐두다
put(두다) + aside(옆으로) = 옆으로 제쳐두다

2. ~을 따로 챙겨두다, ~을 저축하다 (=) save, reserve, put by
put(두다) + aside(따로) = 돈을 따로 두어 저축하다

People can **put aside** their interests for the common good. (학평)
사람들은 공공의 이익을 위해 자신들의 이익을 제쳐둘 수 있다.

Put aside $100 a month for your retirement.
퇴직을 대비하여 매달 100달러를 저축해라.

08 □□□ ★★
have nothing to do with

~과(는) 관련이 없다 (↔) have something to do with
have(갖다) + nothing(아무것도 없는 것) + to do(관계가 있는) + with(~과)
= ~과 관계가 있는 것을 아무것도 갖고 있지 않다

Loneliness **has nothing to do with** how many people are physically around us. (학평)
외로움은 우리 주위에 물리적으로 얼마나 많은 사람들이 있는지와는 관련이 없다.

⊕ have a lot to do with ~과 관련이 많다

09 □□□ ★
have no choice but to + 동사원형

~할 수밖에 없다
have no(~이 없다) + choice(선택권) + but(~외에) + to+동사원형(~하는 것)
= ~하는 것 외에는 선택권이 없다

Most farmers **have no choice but to** rely on chemicals. (모평)
대부분의 농부들은 화학약품에 의존할 수밖에 없다.

10 □□□ ★

afford to+동사원형

~할 형편이 되다

afford(형편이 되다) + to+동사원형(~하는 것) = ~할 형편이 되다

I can't **afford to** buy new clothes because I don't earn much money. (교과서)

나는 많은 돈을 벌지 않기 때문에 새 옷을 살 형편이 되지 않아.

11 □□□ ★

make it a rule to+동사원형

~하는 것을 규칙으로 삼다

make(만들다) + it(그것) + a rule(규칙) + to+동사원형(~하는 것) = ~하는 것을 규칙으로 만들다

I **make it a rule to** go to bed at 10 p.m.

나는 밤 10시에 자는 것을 규칙으로 삼는다.

12 □□□ ★

there is no room for

~을 위한 자리가 없다, ~을 위한 여지가 없다

there is no(~가 없다) + room(자리) + for(~을 위한) = ~을 위한 자리가 없다

There is no room for error, so check the report several times.

오류를 낼 여지가 없으니까, 보고서를 여러 번 확인해라.

13 □□□ ★

do without

~ 없이 지내다, ~ 없이 견디다 (=) go without

do(해 나가다) + without(~ 없이) = ~ 없이 해 나가며 지내다

I had to **do without** my smartphone when I stayed at the temple.

절에서 머물렀을 때 나는 스마트폰 없이 지내야 했다.

14 □□□ ★

cannot help -ing

~할 수밖에 없다 (=) cannot (help) but, have no choice but to

cannot(~할 수 없다) + help(피하다) + -ing(~하는 것) = ~하는 것을 피할 수 없다

He is so funny. I **cannot help** laugh**ing** because of him.

그는 정말 웃기다. 나는 그 때문에 웃을 수밖에 없다.

15 □□□ ★

be busy -ing

~을 하느라 바쁘다

be busy(바쁘다) + -ing(~하는 것) = ~하는 것으로 바쁘다

I didn't look at my phone because I **was busy** study**ing** for the test.

시험공부를 하느라 바빠서 나는 핸드폰을 보지 않았다.

16 □□□ ★

stand little chance

가능성이 거의 없다 ⇔ stand good chance

stand(~한 상황에 있다) + little(거의 없는) + chance(가능성) = 가능성이 거의 없는 상황에 있다

Any manuscript that contains errors **stands little chance** at being accepted for publication. (학평)

오류가 포함된 모든 원고는 출판을 위해 받아들여질 가능성이 거의 없다.

17 □□□ ★★★

in the same way

같은 방법으로, 마찬가지로

in(~의 형태로) + the same(같은) + way(방법) = 같은 방법으로

A kite flies **in the same way** as a plane does. (교과서)

연은 비행기가 나는 것과 같은 방법으로 난다.

18 □□□ ★★

here and there

여기저기에, 곳곳에

here(여기) + and(그리고) + there(저기) = 여기와 저기에

I was worried because I made some mistakes **here and there**. (모평)

나는 여기저기에 실수를 조금 해놓았기 때문에 걱정이 되었다.

19 □□□ ★★

speak of the devil

호랑이도 제 말 하면 온다더니

speak(말하다) + of(~에 대해) + the devil(악마)
= 악마에 대해 말하니 악마가 오다, 즉, 호랑이도 제 말 하면 온다

Speak of the devil! Hi, Jin. We were just talking about you.

호랑이도 제 말 하면 온다더니! 안녕, Jin. 우리는 마침 네 얘기를 하고 있었어.

20 □□□ ★★

no matter how

아무리 ~해도

no(~하지 않은) + matter(중요하다) + how(얼마나)
= 얼마나 ~하든 중요하지 않은, 즉, 아무리 ~해도 상관없이

No matter how much work you have, always relax during one full evening. (모평)

당신에게 아무리 일이 많아도, 항상 저녁 내내 휴식을 취하세요.

⊕ no matter what 무엇을 하든지 간에

21 □□□ ★★

due to

~ 때문에, ~으로 인해 ≡ because of

due(~ 때문에) + to(~에) = ~ 때문에

The shuttle service was canceled **due to** the heavy snowstorm. (학평)

심한 눈보라 때문에 셔틀 운행 서비스가 취소되었다.

22 □□□ ★★

with the exception of

~을 제외하고 ⊜ except

with(~과 함께) + the exception(예외) + of(~에 대해) = ~에 대한 예외와 함께

These butterflies are widespread throughout Europe **with the exception of** the northern countries. 학평

이 나비들은 (유럽의) 북부 국가들을 제외하고 유럽 전역에 널리 퍼져 있다.

23 □□□ ★

no wonder

놀랍지도 않은

no(~이 아닌) + wonder(놀랄만한 것) = 놀랄만한 것이 아닌

It is **no wonder** that most modern people are on a diet.

대부분의 현대인들이 다이어트를 한다는 것은 놀랍지도 않다.

Daily Quiz

A 영어는 우리말로, 우리말은 영어로 쓰세요.

01 break the ice ____________

02 cannot help -ing ____________

03 no matter how ____________

04 no wonder ____________

05 due to ____________

06 선례를 따르다 ____________

07 ~을 하느라 바쁘다 ____________

08 ~을 위한 자리가 없다 ____________

09 ~과(는) 관련이 없다 ____________

10 ~에 익숙해지다 ____________

B 빈칸에 들어갈 숙어를 골라 알맞은 형태로 쓰세요.

afford to	used to	stand little chance
put aside	fall out of touch	break the news

11 Any manuscript that contains errors ____________ at being accepted for publication.

오류가 포함된 모든 원고는 출판을 위해 받아들여질 가능성이 거의 없다.

12 I ____________ drive, but I prefer to take the subway these days.

나는 운전을 하곤 했지만, 요즘은 지하철을 타는 것을 선호한다.

13 People can ____________ their interests for the common good.

사람들은 공공의 이익을 위해 자신들의 이익을 제쳐둘 수 있다.

14 Call someone regularly and don't let yourself ____________.

누군가에게 주기적으로 전화해서 스스로 연락이 끊기지 않도록 하라.

15 I can't ____________ buy new clothes because I don't earn much money.

나는 많은 돈을 벌지 않기 때문에 새 옷을 살 형편이 되지 않아.

정답

01 서먹서먹한 분위기를 깨다 **02** ~할 수밖에 없다 **03** 아무리 ~해도 **04** 놀랍지도 않은 **05** ~ 때문에, ~으로 인해 **06** follow suit **07** be busy -ing **08** there is no room for **09** have nothing to do with **10** get used to **11** stands little chance **12** used to **13** put aside **14** fall out of touch **15** afford to

DAY

40 강조·부연·부정

강조·부연

01 □□□ ★★

strictly speaking

엄밀히 말하면 ⊜ technically (speaking)

strictly(엄밀히) + speaking(말하는) = 엄밀히 말하면

Strictly speaking, spiders are not insects.

엄밀히 말하면, 거미는 곤충이 아니다.

02 □□□ ★★

not A but B

A가 아니라 B인

not(~이 아닌) + A + but(하지만) + B = A가 아니지만 B인

The pants are **not** blue, **but** black. 학평

그 바지는 파란색이 아니라, 검은색이다.

03 □□□ ★★

not only A but (also) B

A뿐만 아니라 B도 ⊜ B as well as A

not only A but (also) B= 전체 중에서 무엇보다도 가장 어떠한

Dancing improves **not only** health **but also** sociability. 학평

춤은 건강뿐만 아니라, 사회성도 향상시킨다.

04 □□□ ★★

not so much A as B

A라기보다는 B인

not(~이 아닌) + so much(~ 정도의) + A + as(~와 같은) + B
= A 정도는 아니고 B와 같은

What's important is **not so much** the speed **as** the direction.

중요한 것은 속도라기보다는 방향이다.

05 □□□ ★★

in the long run

결국에는, 장기적으로 보면 ⊜ in the end

in(~에서) + the long run(오랜 달리기) = 오랜 달리기에서 그것이 끝난 후에야 결국

This product will save your money **in the long run**.

이 상품이 결국에는 당신의 돈을 아껴줄 것입니다.

⊕ in the long term 장기적으로 (보면)

06 □□□ ★★

no doubt

의심의 여지 없이, 확실히
no(~ 없이) + doubt(의심) = 의심의 여지 없이

It is **no doubt** true that basketball players are tall.
농구선수들이 키가 크다는 것은 의심의 여지 없이 사실이다.

⊕ there's no doubt that ~ ~라는 것에 의심의 여지가 없다

07 □□□ ★★

be sure to +동사원형

반드시 ~하도록 하다 ⊜ make sure to
be sure(반드시 ~하다) + to+동사원형(~하는 것) = 반드시 ~하도록 하다

Be sure to take breaks so you don't get sick again. 학평
다시 아프지 않도록 반드시 휴식을 취하도록 해라.

08 □□□ ★★

in sum

요약하자면, 말하자면, 결국 ⊜ in short, in brief, in a word
in(~의 상태에 있는) + sum(요약) = 요약한 상태로 말하면

In sum, classical music and jazz both provide a depth of expression and detail. 수능
요약하자면, 클래식 음악과 재즈 둘 다 깊이 있는 표현과 디테일을 제공한다.

09 □□□ ★★

in the end

결국, 마침내 ⊜ in the long run, ultimately
in(~에) + the end(끝) = 하던 일의 끝에야 결국

I failed a few times, but **in the end**, I succeeded.
나는 몇 번 실패했지만, 결국, 성공했다.

10 □□□ ★

at last

마침내, 드디어 ⊜ finally
at(~에) + last(마지막) = 마지막에 와서야 마침내

We watched the pre-flight safety demonstration, and the plane took off **at last**. 학평
우리는 비행 전 안전 시연을 보았고, 비행기는 마침내 이륙했다.

11 □□□ ★

to make matters worse

설상가상으로 ⊜ what is worse
to make(~하게 만들어) + matters(문제) + worse(더 나쁘게) = 문제를 더 나쁘게 만들면서

She lost all of her belongings. **To make matters worse**, she got in an accident.
그녀는 자신의 모든 소지품을 잃어버렸다. 설상가상으로, 그녀는 사고를 당했다.

12 □□□ ★

last but not least

마지막으로, 마지막으로 덧붙일 중요한 말은
last(마지막) + but(하지만) + not(~이 아닌) + least(가장 가치가 적은)
= 마지막이지만 가장 가치가 적은 것은 아닌

My special thanks go to my director, my costar, and **last but not least**, to my mother. 학평
저는 감독님과 상대역 배우 분께 특별히 감사드리며, 마지막으로 어머니께 감사드립니다.

13 □□□ ★
it goes without saying that

~은 말할 것도 없다
it goes(일이 되어가다) + without(~ 없이도) + saying that(~이라고 말하는 것)
= ~이라고 말하는 것 없이도 일이 되어가다

It goes without saying that you will improve your skills with practice. (교과서)
연습을 통해 네가 실력을 향상시킬 것이라는 것은 말할 것도 없다.

14 □□□ ★
to say nothing of

~은 말할 것도 없고 = not to mention, let alone
to say(말하다) + nothing(아무것도 ~ 않는) + of(~에 대해)
= ~은 너무 당연해서 ~에 대해 말할 것도 없고

The song's powerful lyrics, **to say nothing of** its catchy melody, captivated the audience.
그 노래의 강렬한 가사는, 귀에 쏙 들어오는 멜로디는 말할 것도 없고, 청중을 사로잡았다.

15 □□□ ★
nothing but

오직, 그저 ~만 = only, just
nothing(아무것도 없는) + but(~ 외에) = ~ 외에는 아무것도 없는

Hoping for a slim body, the girl ate **nothing but** salad for lunch.
날씬한 몸을 바라며, 그 소녀는 점심으로 오직 샐러드만 먹었다.

16 □□□ ★★
so to speak

말하자면, 이를테면 = so to say
so to(~하자면) + speak(말하다) = 말하자면

The factory produces goods with machinery and not, **so to speak**, by hand.
그 공장은 기계로 물건을 제조하며, 말하자면, 사람 손으로 제조하지 않는다.

17 □□□ ★★
for the moment

지금은, 일단은, 우선 = for now, for the time being
for(~으로서) + the moment(현재) = 현재로서 당장은

Let's forget about it **for the moment**.
지금은 그것에 대해 잊어버리자.

⊕ at the moment (바로) 지금

18 □□□ ★★
at first

처음에는, 애초에 = at the beginning, at the start
at(~에) + first(처음) = 처음에는

She was reluctant **at first**, but she finally decided to go on the trip. (학평)
그녀는 처음에는 주저했지만, 결국 여행을 가기로 결정했다.

⊕ for the first time 처음으로, 비로소

19 □□□ ★★

given that

~을 고려하면, ~을 감안하면 ≡ considering (that)

given(~을 고려해 볼 때) + that(~이라는 것) = ~이라는 것을 고려해 보면

Given that she is only 10 years old, she is very mature.

그녀가 겨우 10살이라는 것을 고려하면, 그녀는 매우 성숙하다.

20 □□□ ★★

let alone

~은 말할 것도 없이, ~은 물론이고 ≡ needless to say, not to mention

let(두다) + alone(단독으로) = ~은 너무 당연해서 말할 것도 없이 단독으로 떼어 두고

Grown-ups rarely explain the meaning of new words to children, **let alone** how grammatical rules work. (학평)

어른들은 아이들에게 어떻게 문법 규칙이 적용되는지는 물론이고, 새로운 단어들의 의미도 거의 설명해주지 않는다.

⊕ let ~ alone ~를 혼자 있게 해주다

21 □□□ ★

not to mention

~은 말할 것도 없고 ≡ to say nothing of, let alone

not(~하지 않고) + to mention(말할) = ~은 말할 필요도 없어 말하지 않고

Even elementary school children carry smart phones, **not to mention** students in middle and high school. (학평)

중고등학생은 말할 것도 없고, 초등학생도 스마트폰을 가지고 다닌다.

22 □□□ ★

on the whole

전반적으로 ≡ overall, all in all

on(~에 근거하여) + the whole(전체) = 전체에 근거하여, 전반적으로

On the whole, living standards rose around the world during the 20th century. (학평)

전반적으로, 20세기 동안 생활 수준이 전 세계적으로 향상되었다.

23 □□□ ★

generally speaking

일반적으로 말하면, 대개 ≡ in general, as a whole

generally(일반적으로) + speaking(말하는) = 일반적으로 말하면

Generally speaking, Korean people like spicy food.

일반적으로 말하면, 한국 사람들은 매운 음식을 좋아한다.

24 □□□ ★

to be frank (with you)

(당신에게) 솔직히 말하자면 ≡ to be hones (with you)

to be(~하면) + frank(솔직한) + with(~에게) + you(당신) = 당신에게 솔직하자면

To be frank with you, it's a bad idea.

당신에게 솔직히 말하자면, 그건 좋지 않은 생각입니다.

25 □□□ ★

when it comes to

~에 관해서라면

when(~하면) + it(그것) + comes(이르다) + to(~에) = 말하는 것이 ~에 이르면

You can never be too careful **when it comes to** your safety. (학평)

당신의 안전에 관해서라면 아무리 조심해도 결코 지나치지 않다.

부정

26 □□□ ★★★

no longer

더 이상 ~이 아닌 = not any longer, no more

no(~이 아닌) + longer(더 이상) = 더 이상 ~이 아닌

Thanks to drones, photographers **no longer** need to go through dangerous jungles. (모평)

드론 덕분에, 사진작가들은 더 이상 위험한 정글을 지나다니지 않아도 된다.

27 □□□ ★

not necessarily

반드시 ~은 아닌

not(~이 아닌) + necessarily(반드시) = 반드시 ~은 아닌

Money and power do **not necessarily** lead to happiness. (학평)

돈과 권력이 반드시 행복으로 이어지는 것은 아니다.

28 □□□ ★

neither A nor B

A도 B도 아닌 = not A nor B

neither(어느 것도 아닌) + A + nor(~도 아닌) + B = A도 B도 어느 것도 아닌

A long time ago, American flight schools admitted **neither** women **nor** Black people. (학평)

오래전에, 미국 비행 학교는 여성도 흑인도 입학시키지 않았다.

Daily Quiz

A 영어는 우리말로, 우리말은 영어로 쓰세요.

01 at last ____________

02 in sum ____________

03 not A but B ____________

04 on the whole ____________

05 in the long run ____________

06 설상가상으로 ____________

07 의심의 여지 없이 ____________

08 엄밀히 말하면 ____________

09 A라기보다는 B인 ____________

10 반드시 ~하도록 하다 ____________

B 빈칸에 들어갈 숙어를 골라 알맞은 형태로 쓰세요.

given that	so to speak	generally speaking
in the end	when it comes to	not necessarily

11 You can never be too careful ____________ your safety.
당신의 안전에 관해서라면 아무리 조심해도 결코 지나치지 않다.

12 Money and power do ____________ lead to happiness.
돈과 권력이 반드시 행복으로 이어지는 것은 아니다.

13 The factory produces goods with machinery and not, ____________, by hand.
그 공장은 기계로 물건을 제조하며, 말하자면, 사람 손으로 제조하지 않는다.

14 ____________ she is only 10 years old, she is very mature.
그녀가 겨우 10살이라는 것을 고려하면, 그녀는 매우 성숙하다.

15 ____________, Korean people like spicy food.
일반적으로 말하면, 한국 사람들은 매운 음식을 좋아한다.

정답

01 마침내, 드디어 **02** 요약하자면, 말하자면, 결국 **03** A가 아니라 B인 **04** 전반적으로 **05** 결국에는, 장기적으로 보면 **06** to make matters worse **07** no doubt **08** strictly speaking **09** not so much A as B **10** be sure+동사원형 **11** when it comes to **12** not necessarily **13** so to speak **14** Given that **15** Generally speaking

해커스북 중·고등
HackersBook.com

숙어 의미가 보이는
대표 동사 14

숙어를 구성하는 요소에는 전치사·부사 외에도 '동사'가 있다. 숙어의 의미 파악에 도움이 되는 대표 동사 14개의 기본 의미를 파악한 후, 앞에서 배운 전치사·부사의 의미를 조합하여 숙어의 의미를 유추하는 힘을 길러보자.

대표동사 01 · **take**
대표동사 02 · **make**
대표동사 03 · **come**
대표동사 04 · **get**
대표동사 05 · **go**
대표동사 06 · **keep**
대표동사 07 · **turn**
대표동사 08 · **set**
대표동사 09 · **put**
대표동사 10 · **break**
대표동사 11 · **fall**
대표동사 12 · **bring**
대표동사 13 · **give**
대표동사 14 · **hold**

대표동사

01 take

동사 take는 손을 뻗어서 '잡다, 얻다'라는 **취득**의 의미가 있으며, 어떠한 상황이나 대상을 적극적으로 받아들인다는 **수용**의 의미를 갖는다. 또한 take는 행동이나 방법을 목적에 맞게 취하는 **채택**이나, 잡은 것을 다른 곳으로 가져간다는 **이동**의 의미로도 확장될 수 있다.

대표 의미	대표 의미로 유추하는 숙어 뜻
① 취득 (얻다, 차지하다, 갖다)	• **take up** (시간·공간을) 차지하다 **take**(차지하다) + **up**(완전히) = 시간이나 공간을 완전히 차지하다 • **take part in** ~에 참여하다, ~에 가담하다 **take**(얻다) + **part**(역할) + **in**(~에서) = ~에서 역할을 얻어 참여하다
② 수용 (받아들이다, 받다, 먹다)	• **take in** ~을 섭취하다 **take**(받아들이다) + **in**(~ 안으로) = 음식을 몸 안으로 받아들이다 • **take over** (기업·책임을) 이어받다, 인수하다 **take**(받다) + **over**(너머로) = 기업이나 책임을 넘겨 받다
③ 채택 (취하다, 쓰다, 사용하다)	• **take care of** ~를 돌보다, ~을 신경 쓰다, ~을 처리하다 **take**(쓰다) + **care**(신경) + **of**(~을) = ~을 신경 쓰다 • **take steps** 조치를 취하다 **take**(취하다) + **steps**(조치) = 조치를 취하다
④ 이동 (가져가다, 앗아가다)	• **take away** ~을 없애다, ~을 빼앗다 **take**(가져가다) + **away**(멀리) = ~을 멀리 가져가서 없애다 • **take back** (샀던 상품을) 반품하다 **take**(가져가다) + **back**(다시) = 샀던 상품을 가게로 다시 가져가다

대표 동사

02 make

동사 make는 없던 것을 새롭게 '만들다'라는 **창조**의 의미가 있으며, 어떤 상태가 되게 하거나 어떤 행동을 하게 만드는 **유발**의 의미를 갖는다. 더 나아가 make는 특정 행동이나 조치가 생기게 만드는 **실행**이나, 움직임이 발생하게 만드는 **이동**의 의미로도 확장될 수 있다.

대표 의미	대표 의미로 유추하는 숙어 뜻
① 창조 (만들다, 만들어 내다)	• **make money** (많은) 돈을 벌다 make(만들다)+money(돈) = (많은) 돈을 만들어 벌다 • **be made from** ~으로 만들어지다 be made(만들어지다)+from(~으로부터) = ~으로부터 만들어지다
② 유발 (~하게 만들다, ~이 되게 하다)	• **make sure** ~을 확실하게 하다, 반드시 ~하도록 하다 make(~하게 만들다)+sure(확실한) = ~을 확실하게 하다 • **to make matters worse** 설상가상으로 to make(~하게 만들어)+matters(문제)+worse(더 나쁘게) = 문제를 더 나쁘게 만들면서 • **make up** ~을 구성하다, ~을 이루다 make(~하게 만들다)+up(완전히) = ~을 완전하게 만들다
③ 실행 (하다, 이루어 내다)	• **make a reservation** 예약하다 make(하다)+a reservation(예약) = 예약을 하다 • **make a decision** 결정을 내리다 make(하다)+a decision(결정) = 결정하다 • **make use of** ~을 이용하다 make(하다)+use(이용)+of(~을) = ~을 이용하다
④ 이동 (나아가다, 도달하다)	• **make for** ~로 향하다, ~에 접근하다 make(나아가다)+for(~을 향해) = ~로 향하다

대표동사

03 come

동사 come은 목표가 되는 장소, 사물 또는 사람을 향해 '오다, 가다'라는 **이동**의 의미가 있으며, 이동하여 어딘가에 이르게 된다는 **도달**의 의미를 갖는다. 또한 come은 기존의 상태에서 다른 상태에 이르게 된다는 **변화**나, 현상이나 사건이 당사자에게 다가와 생긴다는 **발생**의 의미로도 사용될 수 있다.

대표 의미	대표 의미로 유추하는 숙어 뜻
① **이동** (오다, 다가오다, 가다)	• **come out** 나오다, 벗어나다 **come**(오다) + **out**(밖으로) = 밖으로 나오다 • **come along** 함께 가다 **come**(가다) + **along**(함께) = 함께 가다
② **도달** (이르다, 달하다, 닿다)	• **come to an end** 끝나다, 막이 내리다 **come**(달하다) + **to**(~에 이르도록) + **an end**(끝) = 끝에 이르러 달하다
③ **변화** (~이 되다, ~해지다, ~하게 되다)	• **come down with** (병에) 걸리다 **come**(~해지다) + **down**(약해져) + **with**(~에 의해) = 병에 의해 몸이 약해지다 • **come true** 이루어지다, 실현되다 **come**(~이 되다) + **true**(현실) = 현실이 되어 이루어지다 • **come up** 발생하다, 생기다 **come**(~하게 되다) + **up**(나타나) = 없던 것이 나타나게 되다
④ **발생** (생기다, 일어나다)	• **come from** ~에서 비롯되다, ~에서 나오다 **come**(생기다) + **from**(~에서) = ~에서 생겨나 비롯되다 • **come about** 발생하다, 나타나다 **come**(생기다) + **about**(주변에) = 주변에 어떤 일이 발생하다

대표 동사

04 get

동사 get은 주변의 것을 자연스럽게 '얻다'라는 **획득**의 의미가 있으며, 다른 장소로 움직여 도달한다는 **이동**의 의미를 나타내기도 한다. 더 나아가 get은 기존의 상태에서 다른 상태로 도달한다는 **변화**의 의미로도 확장될 수 있다.

대표 의미	대표 의미로 유추하는 숙어 뜻
① **획득** (얻다, 받다 잡다, 가지다)	• **get the hang of** ~에 ~익숙해지다, ~을 이해하다 **get**(얻다) + **the hang**(요령) + **of**(~에 대한) = ~에 대한 요령을 얻어 익숙해지다
② **이동** (가다, 이르다, 도달하다)	• **get through** (고비나 위기 등을) 헤쳐 나가다 **get**(가다) + **through**(끝까지) = 고비나 위기를 끝까지 헤쳐 나가다 • **get off** (교통수단에서) 내리다 **get**(가다) + **off**(벗어나) = 교통수단에서 벗어나기 위해 가다 • **get to** ~에 도착하다, ~에 도달하다 **get**(도달하다) + **to**(~에 이르도록) = ~에 이르러 도달하다
③ **변화** ((상태가) 되다, ~하게 되다)	• **get involved in** ~에 연루되다, ~에 관계되다 **get**(~하게 되다) + **involved**(포함된) + **in**(~ 안으로) = ~ 안으로 포함되어 연루되다 • **get over** ~을 극복하다 **get**(상태가 되다) + **over**(넘어서) = 문제나 위기를 넘어선 상태가 되어 ~을 극복하다 • **get dressed** 옷을 입다 **get**(상태가 되다) + **dressed**(옷이 입혀진) = 옷을 입은 상태가 되다 • **get used to** ~에 익숙해지다 **get**(상태가 되다) + **used**(익숙한) + **to**(~에 대해) = ~에 대해 익숙한 상태가 되다

대표동사

05 go

동사 go는 원래 있던 곳에서 출발하여 새로운 곳으로 '가다, 향하다'라는 **이동**의 의미가 있으며, 시작된 행동이나 상황이 끝날 때까지 계속된다는 **진행**의 의미를 나타내기도 한다. 또한 go는 원래의 상태에서 다른 상태로 향한다는 **변화**의 의미로도 사용될 수 있다.

대표 의미	대표 의미로 유추하는 숙어 뜻
① 이동 (가다, 나아가다, 지나가다, 향하다)	• **go after** ~을 뒤쫓다, ~을 추구하다 **go**(가다) + **after**(~의 뒤를 쫓아서) = ~을 뒤쫓아 가다 • **go without** ~ 없이 견디다, ~ 없이 지내다 **go**(나아가다) + **without**(~ 없이) = ~없이 견디며 나아가다 • **go back** (되)돌아가다, 거슬러 올라가다 **go**(가다) + **back**(제자리로) = 제자리로 다시 돌아가다
② 진행 (진행되다, 진전되다)	• **go wrong** (일 등이) 잘못되다, (기계·차 등이) 망가지다 **go**(진행되다) + **wrong**(잘못된) = 일이 잘못 진행되다
③ 변화 (~하게 되다, ~이 되다)	• **go away** (문제·고통 등이) 사라지다, 없어지다 **go**(~하게 되다) + **away**(사라져) = 문제나 고통 등이 사라지게 되다 • **go out** (불 등이) 꺼지다, 나가다 **go**(~이 되다) + **out**(꺼진) = 꺼진 상태가 되다 • **go out of business** 폐업하다 **go**(~하게 되다) + **out**(벗어나) + **of**(~에서) + **business**(영업) = 영업 상태에서 벗어나게 되다

대표 동사

06 keep

동사 keep은 기존 상태를 계속 '유지하다'라는 **유지**의 의미가 있으며, 약속이나 규칙을 계속 잘 지키는 **준수**의 의미를 나타내기도 한다. 또한 keep은 기존 상태를 유지하기 위해 변화나 이동을 막는 **통제**의 의미로도 사용될 수 있다.

대표 의미	대표 의미로 유추하는 숙어 뜻
① 유지 (유지하다, 계속하다, 계속 두다)	• **keep ~ in mind** ~을 꼭 기억하다, ~을 명심하다 keep(계속 두다) + in(~ 안에) + mind(마음) = ~을 마음 안에 계속 두고 기억하다 • **keep up** ~을 유지하다, ~을 계속하다 keep(유지하다) + up(완전히) = 현재 하고 있는 ~을 완전히 유지하다 • **keep pace with** ~에 따라가다, ~과 보조를 맞추다 keep(유지하다) + pace(속도) + with(~과) = ~과 같은 속도를 유지하며 따라가다 • **keep a diary** 일기를 쓰다 keep(계속하다) + a diary(일기) = 일기를 계속해서 쓰다
② 준수 (지키다, 다하다, 따르다)	• **keep track of** ~에 대해 계속 파악하고 있다, ~을 추적하다 keep(따르다) + track(자취) + of(~에 대해) = ~에 대해 자취를 따라가며 정보를 계속 파악하다
③ 통제 (막다, 방해하다, 억제하다)	• **keep ~ from -ing** ~가 -하는 것을 막다 keep(막다) + from(~으로부터) + -ing(-하는 것) = ~가 -하는 것을 막다

대표동사

07 turn

동사 turn은 원래 있던 곳에서 다른 쪽으로 '돌다, 돌리다'라는 **회전**의 의미가 있으며, 무언가를 돌려 다른 방향으로 향하게 하는 **전환**의 의미가 있다. 더 나아가 turn은 현재 상태에서 다르게 방향을 바꾸는 **변화**나, 방향이나 상황을 정반대로 뒤집는다는 **역전**의 의미로도 확장될 수 있다.

대표 의미	대표 의미로 유추하는 숙어 뜻
① 회전 (돌다, 돌리다)	• **turn away** 외면하다, 거부하다 turn(돌리다) + **away**(멀리) = 고개를 멀리 돌려 외면하다 • **turn over** ~을 뒤집다 turn(돌리다) + **over**(뒤집다) = ~을 뒤집어 돌리다
② 전환 (향하다, 향하게 하다)	• **turn down** ~을 거절하다, ~을 거부하다 turn(향하게 하다) + **down**(아래로) = 손을 아래로 향하게 해서 ~을 거절하다 • **turn in** ~을 제출하다, ~을 건네다 turn(향하게 하다) + **in**(~ 안으로) = ~을 제출함 안으로 향하게 하다
③ 변화 (변하다, 변화시키다, ~하게 되다, ~되게 하다)	• **turn back** (원래 상태로) 되돌리다, (원래 있던 곳으로) 되돌아가다 turn(~되게 하다) + **back**(원상태로) = 원상태로 되게 하다 • **turn into** ~으로 변하다, ~이 되다 turn(변하다) + **into**(~으로) = ~으로 변하다 • **turn up** (뜻밖에) 나타나다, 생기다, 발견되다 turn(~하게 되다) + **up**(나타나) = 나타나게 되다
④ 역전 (뒤집히다, 뒤집다)	• **turn ~ upside down** ~을 거꾸로 뒤집어 놓다 turn(뒤집다) + **upside**(위쪽) + **down**(아래로) = 위쪽이 아래로 가게 ~을 뒤집다

대표 동사

08 set

동사 set은 정해진 곳에 '놓다, 두다'라는 **배치**의 의미가 있으며, 새로운 일을 시작한다는 **착수**의 의미를 나타내기도 한다. 더 나아가 set은 어떤 상태나 행동을 이끌어내는 **유발**의 의미로도 사용될 수 있다.

대표 의미	대표 의미로 유추하는 숙어 뜻
① **배치** (놓다, 두다, 세우다)	• **set the record** 기록을 세우다 **set**(세우다) + **the record**(기록) = 기록을 세우다 • **set aside** ~을 따로 떼어두다, ~을 확보하다 **set**(두다) + **aside**(따로) = ~을 따로 떼어서 두다 • **set the stage for** ~을 위한 무대를 마련하다 **set**(세우다) + **the stage**(무대) + **for**(~을 위해) = ~을 위한 무대를 마련하다 • **set up** ~을 설치하다, ~을 설립하다, ~을 수립하다 **set**(놓다) + **up**(위에) = ~을 어떤 장소 위에 놓다
② **착수** (착수하다, 시작하다, 출발하다)	• **set in** 시작되다 **set**(착수하다) + **in**(~의 상태에 있는) = 착수해서 어떤 상태에 있기 시작하다 • **set out** 시작하다, 출발하다 **set**(시작하다) + **out**(밖으로) = 밖으로 나가 시작하다
③ **유발** (~이 되게 하다, ~하게 하다)	• **set ~ free** ~를 자유롭게 하다, ~를 풀어주다 **set**(~하게 하다) + **free**(자유로운) = ~를 자유롭게 하다 • **set off** (알람·경보가) 울리다, (폭죽을) 터뜨리다 **set**(~하게 하다) + **off**(멀리) = 알람이나 경보음이 멀리 울려 퍼지게 하다

대표동사

09 put

동사 put은 대상을 어딘가로 '가져다 놓다'라는 **놓아둠**의 의미를 지니며, 머릿속에 있는 생각을 밖으로 가져와 말이나 글로 나타내는 **표현**의 의미를 나타낼 수도 있다. 더 나아가 put은 무언가를 특정 상태나 상황에 가져다 두는 **직면**의 의미로도 확장될 수 있다.

대표 의미	대표 의미로 유추하는 숙어 뜻
① 놓아둠 (놓다, 두다, 넣다, 담다)	• **put together** (부품·조각 등을) 조립하다 **put**(놓다) + **together**(함께) = 여러 가지를 한 곳에 함께 놓고 조립하다 • **put on** ~을 착용하다, ~을 입다 **put**(두다) + **on**(~ 위에) = 몸 위에 옷을 두어 착용하다 • **put aside** 제쳐두다 **put**(두다) + **aside**(옆으로) = 옆으로 제쳐두다 • **put up** ~을 내붙이다, ~을 게시하다 **put**(두다) + **up**(위에) = ~을 게시판 위에 두어 붙이다
② 표현 (말하다, 설명하다, 적다, 쓰다)	• **put forward** (안건·의견을) 내다, 제기하다 **put**(설명하다) + **forward**(앞으로) = 의견을 앞으로 꺼내 설명하다 • **put down** ~을 적다, ~을 적어두다 **put**(쓰다) + **down**(아래로) = ~을 아래로 써 내려가다
③ 직면 (상태로 두다)	• **put out** (불을) 끄다 **put**(상태로 두다) + **out**(꺼진) = 불씨를 꺼진 상태로 두다

대표 동사

10 break

동사 break는 온전한 상태의 것을 '깨다, 부수다'라는 **파괴**의 의미가 있으며, 이어지던 관계나 상황을 끊어 **중단**한다는 의미를 나타내기도 한다. 더 나아가 break는 속박을 깨고 벗어나는 **탈출**이나, 사건이나 행동 등이 갑작스럽게 터져 나온다는 **발생**의 의미로 확장되기도 한다.

대표 의미	대표 의미로 유추하는 숙어 뜻
① 파괴 (깨다, 부수다, 부서지다, 끊어지다)	• **break new ground** 새 분야를 개척하다 break(깨다)+new ground(새 땅) = 새로운 미지의 땅을 깨서 새 분야를 개척하다 • **break a bill** 지폐를 잔돈으로 바꾸다 break(깨다)+a bill(지폐) = 지폐를 깨서 잔돈으로 바꾸다 • **break the record** 기록을 깨다 break(깨다)+the record(기록) = 기록을 깨다
② 중단 (멈추다, 그만두다, 끊다)	• **break off** (하던 것을) 갑자기 중단하다 break(끊다)+off(완전히) = 하던 것을 갑작스럽게 완전히 끊어버리다 • **break up** 헤어지다, 흩어지다 break(끊다)+up(완전히) = 완전히 관계를 끊어 헤어지다 • **break the habit of** ~의 습관을 버리다 break(끊다)+the habit(습관)+of(~의) = ~의 습관을 끊다
③ 탈출 (벗어나다, 도망치다)	• **break free from** ~에서 벗어나다, ~을 탈피하다 break(벗어나다)+free(자유롭게)+from(~에서) = ~에서 자유롭게 벗어나다
④ 발생 (나오다, 나타나다)	• **break out** (일·사고·재해가) 발생하다, (전쟁이) 발발하다 break(나타나다)+out(생겨난) = 일, 사고, 재해가 생겨 나타나다

대표동사

11 fall

동사 fall은 아래를 향해 '떨어지다, (떨어져) 빠지다'라는 **추락**의 의미가 있으며, 수량이나 가치가 줄어드는 **감소**의 의미를 나타내기도 한다. 더 나아가 fall은 갑작스럽게 어떤 상태에 빠지게 되는 **변화**의 의미로도 확장될 수 있다.

대표 의미	대표 의미로 유추하는 숙어 뜻
① 추락 (떨어지다, 빠지다, 넘어지다)	• **fall down** 넘어지다, 쓰러지다 fall(넘어지다)+down(아래로) = 아래로 넘어져 쓰러지다 • **fall through (the cracks)** (부주의로) 빠지다, 간과되다 fall(떨어지다)+through(~ 사이로)+the cracks(틈) = 틈 사이로 떨어져 빠지다 • **fall in love with** ~와 사랑에 빠지다, ~에게 반하다 fall(빠지다)+in(~ 안으로)+love(사랑)+with(~와) = ~와 사랑 안으로 빠지다
② 감소 (줄어들다, 하락하다)	• **fall off** 줄어들다, 쇠퇴하다 fall(줄어들다)+off(낮아져) = 기존의 수치나 정도 줄어들어 낮아지다
③ 변화 (~하게 되다, ~이 되다)	• **fall victim to** ~에 희생되다, ~의 피해자가 되다 fall(~이 되다)+victim(희생자)+to(~에 대해) = ~에 대해 희생자가 되다 • **fall behind** 뒤떨어지다, 뒤처지다 fall(~하게 되다)+behind(뒤떨어져) = 뒤떨어지게 되다 • **fall apart** 부서지다, 허물어지다 fall(~하게 되다)+apart(조각조각) = 조각조각 부서지게 되다

대표 동사

12 bring

동사 bring은 사람이나 사물을 목적지까지 '가져오다, 데려오다'라는 **이동**의 의미가 있으며, 목표한 행동을 이끌어 내는 **유도**의 의미를 갖는다. 또한 bring은 새로운 상황을 가져와 생기게 한다는 **초래**의 의미로도 사용될 수 있다.

대표 의미	대표 의미로 유추하는 숙어 뜻
① 이동 (가져오다, 가져가다, 데려오다, 데려가다)	• bring **out** ~을 꺼내다 bring(가져오다)+**out**(밖으로) = 안에 있던 ~을 밖으로 가져와서 꺼내다 • bring **up** (화제를) 꺼내다, (의견을) 내놓다 bring(가져오다)+**up**(위로) = 이야기를 수면 위로 가져와 꺼내다 • bring **together** ~을 (긁어)모으다, ~을 합치다 bring(가져오다)+**together**(함께) = 흩어진 것이 함께 있도록 한 곳으로 가져오다 • bring **back** ~을 다시 가져다주다, ~을 돌려 주다 bring(가져가다)+**back**(다시) = ~을 다시 가져다주다
② 유도 (~하도록 만들다, ~하도록 이끌다)	• bring **down** ~을 내리다, ~을 떨어뜨리다 bring(~하도록 만들다)+**down**(낮아져) = ~을 낮아지도록 만들다
③ 초래 (~이 생기게 하다, ~을 일으키다)	• bring **about** ~을 일으키다, ~을 초래하다 bring(~이 생기게 하다)+**about**(주변에) = 주변에 ~이 생기게 하다

대표동사

13 give

동사 give는 갖고 있던 것을 다른 사람에게 '내주다'라는 **제공**의 의미가 있으며, 어쩔 수 없는 상황에서 내주는 **양보**의 의미를 나타내기도 한다. 더 나아가 give는 다른 사람에게 행동이나 태도를 내보인다는 **표현**이나, 기존에 없던 것을 세상에 새롭게 내보인다는 **산출**의 의미로까지 확장될 수 있다.

대표 의미	대표 의미로 유추하는 숙어 뜻
① **제공** (주다, 제공하다, 전달하다, 알리다)	• **give a hand** 도움을 주다, 거들어 주다 **give**(주다) + **a hand**(손) = 손을 내어 주며 도와주다 • **give ~ a ride** ~를 태워주다 **give**(제공하다) + **a ride**(탈 것) = ~에게 탈 것을 제공하다
② **양보** (넘겨주다, 굽히다, 타협하다, 내어 주다)	• **give way to** ~으로 대체되다, ~으로 바뀌다 **give**(넘겨주다) + **way**(길) + **to**(~에) = ~에 길을 내주면서 그것으로 대체되다
③ **표현** (행동을 하다)	• **give a second thought** 다시 생각하다, 재고하다 **give**(하다) + **a second thought**(두 번째 생각) = 한 번 생각했던 것에 대해 두 번째 생각을 하다 • **give a speech** 연설하다 **give**(하다) + **a speech**(연설) = 연설하다
④ **산출** (생기게 하다, 일으키다, 내다)	• **give birth to** ~를 탄생시키다, ~를 낳다 **give**(일으키다) + **birth**(탄생) + **to**(~에게) = ~에게 탄생을 일으키다 • **give rise to** ~이 생기게 하다, ~을 일으키다 **give**(일으키다) + **rise**(발생) + **to**(~에) = ~에 발생을 일으키다

대표 동사

14 hold

동사 hold는 무언가를 꽉 '잡다, 쥐다'라는 **붙잡음**의 의미가 있으며, 밖으로 벗어나지 못하게 잡아둔다는 **억압**의 의미를 갖는다. 또한 hold는 자신의 위치나 입장을 꽉 쥐고 계속 지켜나간다는 **유지**의 의미로도 확장될 수 있다.

대표 의미	대표 의미로 유추하는 숙어 뜻
① **붙잡음** ((붙)잡다, 꽉 잡다, 쥐다, 들다)	• **hold on** (전화를 끊지 않고) 기다리다 **hold**(잡다) + **on**(계속) = 전화기를 잡은 채 끊지 않고 계속 기다리다 • **hold one's horses** 서두르지 않다, 침착하다 **hold**(꽉 잡다) + **one's horses**(자신의 말) = 달리려는 말의 고삐를 꽉 잡아 서두르지 않다
② **억압** (억누르다, 억제하다, 누르다, 막다)	• **hold down** ~을 억제하다, ~을 억압하다 **hold**(억제하다) + **down**(아래로) = 위로 올라오려는 ~을 아래로 눌러 억제하다 • **hold back** ~을 막다, ~을 억제하다, ~을 참다 **hold**(억누르다) + **back**(억눌러) = ~이 발생하려는 것을 억눌러 막다
③ **유지** (지키다, 고수하다, 견디다, 버티다)	• **hold out** 버티다, 저항하다 **hold**(버티다) + **out**(끝까지) = 끝까지 버티다 • **hold on to** ~을 고수하다, ~을 지키다 **hold**(고수하다) + **on**(계속) + **to**(~에 집착하여) = ~에 집착하여 그것을 계속 고수하다

해커스북 중·고등
HackersBook.com

수능 출제 필수 속담 119

수능 기출 속담 및 출제 예상 속담 119개로
수능 속담 완벽대비!

1	**A bad workman (always) blames his tools.**	서투른 일꾼이 연장 탓한다. (서투른 무당이 장구만 나무란다.)
2	**A bird in the hand is worth two in the bush.**	손 안의 새 한 마리는 덤불 속 두 마리의 가치가 있다. (남의 돈 천 냥이 내 돈 한 푼만 못하다.)
3	**A burnt child dreads the fire.**	불에 덴 아이는 불을 두려워한다. (자라 보고 놀란 가슴 솥뚜껑 보고 놀란다.)
4	**A drowning man will catch at a straw.**	물에 빠진 사람은 지푸라기라도 붙잡는다.
5	**A fool and his money are soon parted.**	바보와 그의 돈은 곧 갈라진다. (어리석은 자는 금방 돈을 잃는다.)
6	**A friend in need is a friend indeed.**	어려울 때 친구가 진정한 친구이다.
7	**A liar should have good memory.**	거짓말쟁이는 기억력이 좋아야 한다. (거짓말도 머리가 좋아야 한다.)
8	**A little knowledge is a dangerous thing.**	불충분한 지식은 위험한 것이다. (선무당이 사람 잡는다.)
9	**A man is known by the company he keeps.**	사귀는 친구를 보면 그 사람을 알 수 있다.
10	**A penny saved is a penny earned.**	한 푼을 아낀 것은 한 푼을 번 것이다. (티끌 모아 태산)
11	**A rolling stone gathers no moss.**	구르는 돌에는 이끼가 끼지 않는다. (사람이 쉬지 않고 활동해야만 발전이 있다.)
12	**A sound mind in a sound body.**	건강한 신체에 건전한 정신이 깃든다.
13	**A squeaky wheel gets the grease.**	삐걱거리는 바퀴가 기름을 얻는다. (우는 아이 젖 준다.)
14	**A stitch in time saves nine.**	제때의 바늘 한 땀이 아홉 바느질을 던다. (호미로 막을 것을 가래로 막는다.)
15	**A tree is known by its fruit.**	열매를 보면 나무를 안다. (사람은 그 행동으로 판단된다.)
16	**A watched pot never boils.**	지켜보는 냄비는 결코 끓지 않는다. (조바심을 낸다고 일이 되는 것은 아니다.)
17	**Actions speak louder than words.**	행동은 말보다 더 큰 소리로 말한다. (말보다는 행동이 중요하다.)
18	**Add insult to injury.**	상처에 모욕까지 덧입힌다. (엎친 데 덮친 격이다.)
19	**Adversity makes a man wise.**	역경은 사람을 현명하게 만든다. (고생을 해봐야 사람이 된다.)

20	**After a storm comes a calm.**	폭풍 뒤에 고요함이 온다. (비 온 뒤에 땅이 굳어진다.)
21	**All that glitters is not gold.**	반짝이는 것이 모두 금은 아니다. (겉만 보고 판단하지 마라.)
22	**All work and no play makes Jack a dull boy.**	일만 하고 놀지 않는 것은 Jack을 바보로 만든다. (일에도 휴식이 필요하다.)

B

23	**Bad news travels fast.**	나쁜 소식은 빨리 퍼진다.
24	**Barking dogs seldom bite.**	짖는 개는 잘 물지 않는다. (빈 수레가 요란하다.)
25	**Better late than never.**	안 하는 것보다는 늦게라도 하는 것이 낫다.
26	**Birds of a feather flock together.**	같은 깃털의 새들끼리 무리를 짓는다. (유유상종)
27	**Bitters do good to the stomach.**	쓴 것은 위에 좋다. (좋은 약은 입에 쓰다.)
28	**Blood is thicker than water.**	피는 물보다 진하다.

C

29	**Call a spade a spade.**	삽을 삽이라고 말하다. (있는 사실 그대로 말하다.)
30	**Charity begins at home.**	자선은 집에서부터 시작된다. (다른 사람을 돕기에 앞서 가족부터 보살펴라.)
31	**Curiosity kills the cat.**	호기심이 고양이를 죽게 한다. (호기심이 지나치면 위험하다.)

D

32	**Do to others as you would be done by.**	대우받고 싶은 대로 다른 사람을 대우하라.
33	**Don't bite off more than you can chew.**	씹을 수 있는 것보다 더 많이 베어 물지 마라. (과욕을 부리지 마라.)
34	**Don't bite the hand that feeds you.**	당신을 먹여주는 손을 물지 마라. (은혜를 원수로 갚지 마라.)
35	**Don't count your chickens before they are hatched.**	알을 까기도 전에 병아리를 세지 마라. (김칫국부터 마시지 마라.)
36	**Don't judge a book by its cover.**	표지로 책을 판단하지 마라. (겉모습으로 속을 판단하지 마라.)

37	**Don't put all your eggs in one basket.**	모든 계란을 한 바구니에 담지 마라. (한 가지 일에 모든 것을 걸지 마라.)

E

38	**Easier said than done.**	행동보다는 말이 쉽다. (말은 쉽지만, 행동하기는 어렵다.)
39	**Easy come, easy go.**	쉽게 얻은 것은 쉽게 잃는다.
40	**Easy to say, hard to do.**	말하기는 쉽지만, 실천하기는 어렵다.
41	**Every cloud has a silver lining.**	모든 구름은 은빛 햇살을 가지고 있다. (고생 끝에 낙이 온다.)
42	**Every dog has his day.**	모든 개는 자신의 전성기를 갖는다. (쥐구멍에도 볕들 날 있다.)
43	**Everybody's business is nobody's business.**	모두가 해야 하는 일은 결국 누구의 일도 아니다. (공동 책임인 일은 무책임하게 되기 쉽다.)
44	**Everything comes to those who wait.**	모든 것은 기다리는 자에게 온다. (기다리는 자에게 복이 있다.)

F

45	**Face the music.**	큰 소동을 직면하라. (부정적인 상황을 당당히 마주하라.)
46	**First come, first served.**	먼저 온 사람이 먼저 대접받는다. (선착순이다.)

G

47	**Gain time, gain life.**	시간을 아끼면, 인생을 얻는다. (시간을 낭비하지 마라.)

H

48	**He who laughs last laughs best.**	마지막에 웃는 자가 가장 잘 웃는 것이다. (최후에 웃는 자가 진정한 승자다.)
49	**Heaven helps those who help themselves.**	하늘은 스스로 돕는 자를 돕는다. (하늘도 노력하는 자를 돕는다.)
50	**Honesty is the best policy.**	정직이 최선의 방책이다.
51	**Hunger is the best sauce.**	배고픔이 최고의 양념이다. (시장이 반찬이다.)

I

52	**icing on the cake**	케이크 위의 설탕 장식 (금상첨화)
53	**Ignorance is bliss.**	모르는 것이 축복이다. (모르는 게 약이다.)
54	**Ill news runs apace.**	나쁜 소식은 빨리 퍼진다.
55	**It is a piece of cake.**	그것은 누워서 떡 먹기이다. (그것은 누워서 떡 먹기처럼 매우 쉬운 일이다.)
56	**It is no use crying over spilt milk.**	엎질러진 우유를 두고 울어봐야 소용없다. (엎질러진 물은 주워담을 수 없다.)
57	**It never rains but it pours.**	비가 오진 않지만, 왔다 하면 억수로 쏟아진다. (불운은 한꺼번에 닥친다.)
58	**It takes two to tango.**	두 명이 있어야 탱고를 출 수 있다. (손바닥도 마주쳐야 소리가 난다.)

K

59	**Knowledge is power.**	아는 것이 힘이다.

L

60	**Lend your money and lose your friend.**	돈을 빌려주면 친구를 잃는다. (돈거래는 신중해야 한다.)
61	**Like father, like son.**	그 아버지에 그 아들이다. (부전자전)
62	**Look before you leap.**	뛰기 전에 뛸 곳을 먼저 보아라. (돌다리도 두드려 보고 건너라.)

M

63	**Make hay while the sun shines.**	해가 비치는 동안에 건초를 만들어라. (좋은 기회를 놓치지 마라.)
64	**Many drops make a shower.**	여러 물방울이 모여 소나기를 만든다. (티끌 모아 태산)
65	**Many hands make light work.**	일손이 많으면 일이 가벼워진다. (백지장도 맞들면 낫다.)
66	**match made in heaven**	하늘에서 맺어준 인연 (천생연분)
67	**Misfortune never comes single.**	불행은 절대로 하나만 오지 않는다. (불행은 겹쳐 오기 마련이다.)

68	**More haste, less speed.**	더 서두를수록, 속도는 더 줄어든다. (급할수록 돌아가라.)

N

69	**Necessity is the mother of invention.**	필요는 발명의 어머니이다. (필요가 발명을 낳는다.)
70	**No news is good news.**	무소식이 희소식이다.
71	**No pain, no gain.**	고통 없이는, 얻는 것도 없다. (고진감래)
72	**Nothing ventured, nothing gained.**	모험 없이는, 얻는 것도 없다. (범의 굴에 들어가야 범을 잡는다.)

O

73	**Old habits die hard.**	오래된 습관은 쉽게 없어지지 않는다. (세 살 버릇 여든까지 간다.)
74	**One good turn deserves another.**	한 번은 선행은 다른 선행을 받을만한 가치가 있다. (가는 정이 있으면 오는 정이 있다.)
75	**One man's meat is another man's poison.**	한 사람의 고기가 다른 사람에게는 독이 된다. (사람마다 취향이 다르다.)
76	**One swallow does not make a summer.**	한 마리의 제비가 여름이 되게 하는 것은 아니다. (작은 조짐 하나를 보고 확대 해석하지 마라.)
77	**Out of sight, out of mind.**	눈에서 멀어지면, 마음에서도 멀어진다.

P

78	**pie in the sky**	하늘에 떠 있는 파이 (그림의 떡)
79	**Practice makes perfect.**	연습이 완벽을 만든다.
80	**Prevention is better than cure.**	예방이 치료보다 낫다. (호미로 막을 것을 가래로 막는다.)
81	**Pride will have a fall.**	자만은 추락을 하게 될 것이다. (교만한 자는 오래가지 못한다.)

R

82	**Rome was not built in a day.**	로마는 하루아침에 지어진 것이 아니다. (첫술에 배부르랴.)

S

83	**Seeing is believing.**	보는 것이 믿는 것이다. (백문이 불여일견)
84	**Slow and steady wins the race.**	느려도 꾸준한 것이 경주에서 이긴다. (일을 급히 서두르면 망친다.)
85	**So many men, so many minds.**	사람이 많으면, 그만큼 마음도 많다. (각양각색)
86	**Spare the rod, and spoil the child.**	매를 아끼면, 아이를 망친다. (귀한 자식 매 한 대 더 때린다.)
87	**Speak of the devil.**	악마에 대해 말하니 악마가 온다. (호랑이도 제 말 하면 온다.)
88	**Speech is silver, but silence is gold.**	웅변은 은이지만, 침묵은 금이다. (말하는 것보다 침묵하는 것의 가치가 더 높다.)
89	**Still waters run deep.**	잔잔한 물이 깊게 흐른다. (조용한 사람은 생각이 깊다.)
90	**Strike while the iron is hot.**	쇠가 달구어졌을 때 두들겨라. (물 들어올 때 노를 저어라.)

T

91	**The child is the father of the man.**	어린이는 어른의 아버지이다.
92	**The darkest place is under the candle stick.**	등잔 밑이 어둡다. (가까이 있는 대상이 오히려 잘 알기 어렵다.)
93	**The early bird catches the worm.**	일찍 일어나는 새가 벌레를 잡는다.
94	**The end justifies the means.**	목적이 수단을 정당화한다. (모로 가도 서울만 가면 된다.)
95	**The grass is greener on the other side of the fence.**	울타리 저편의 잔디가 더 푸르다. (남의 떡이 더 커 보인다.)
96	**The pen is mightier than the sword.**	펜은 칼보다 강하다. (글의 힘은 무력보다 강하다.)
97	**The pot calls the kettle black.**	냄비가 주전자더러 까맣다고 한다. (똥 묻은 개가 겨 묻은 개 나무란다.)
98	**There is no place like home.**	제집보다 좋은 곳은 없다.
99	**thorn in the side[flesh].**	살에 박힌 가시 (눈에 가시)
100	**Time and tide wait for no man.**	세월은 사람을 기다려 주지 않는다.

101	**Time flies like an arrow.**	시간이 화살처럼 날아간다. (시간은 빠르게 흘러간다.)
102	**Time is the healer of all.**	시간은 모든 것의 약이다.
103	**Too many cooks spoil the broth.**	요리사가 너무 많으면 수프를 망친다. (사공이 많으면 배가 산으로 간다.)
104	**Truth will out in the end.**	진실을 결국 드러날 것이다.
105	**Turning green with envy.**	부러워서 얼굴이 초록빛이 되다. (사촌이 땅을 사면 배가 아프다.)
106	**Two heads are better than one.**	두 명의 머리가 한 명의 머리보다 낫다. (백지장도 맞들면 낫다.)

W

107	**Walls have ears.**	벽에도 귀가 있다. (낮말은 새가 듣고 밤말은 쥐가 듣는다.)
108	**Water will wear away a stone.**	낙숫물이 바위를 뚫는다. (사소한 것이라도 꾸준히 하면 큰 일을 이룬다.)
109	**We never know the worth of water till the well is dry.**	우물이 마르기 전까지는 물의 가치를 모른다. (익숙한 것이 곁에 있을 때는 소중함을 알지 못한다.)
110	**Well begun is half done.**	시작이 좋으면 반은 된 것이다. (시작이 반이다.)
111	**What is done cannot be undone.**	이미 저지른 일은 되돌릴 수 없다. (이미 엎질러진 물이다.)
112	**What is learned in the cradle is carried to the grave.**	요람에서 배운 것이 무덤까지 간다. (세 살 버릇 여든까지 간다.)
113	**When in Rome, do as the Romans do.**	로마에 가면, 로마인들이 하는 대로 하라.
114	**Where there is a will, there is a way.**	뜻이 있는 곳에, 길이 있다.

Y

115	**You can lead a horse to water, but you cannot make him drink.**	말을 물가로 데려갈 수는 있어도, 물을 마시게 만들 수는 없다. (하기 싫은 것을 억지로 시킬 수는 없다.)
116	**You can't eat your cake and have it too.**	케이크를 먹으면서 동시에 그 케이크를 가질 수는 없다. (두 마리 토끼를 다 잡을 수는 없다.)
117	**You cannot teach an old dog new tricks.**	늙은 개에게 새로운 재주를 가르칠 수는 없다. (나이를 먹으면 변화를 기대하기 힘들다.)

118	**You reap what you sow.**	뿌린 대로 거두리라.
119	**You're never too old to learn.**	무언가를 배우기에 결코 나이가 많을 수는 없다. (배우는 데는 나이가 없다.)

해커스북 중·고등
HackersBook.com

INDEX

뜻이 생각나지 않는 숙어에 체크해보세요. 나만의 단어장 양식(온라인 제공)에 체크된 숙어들만 따로 모아서 복습하면 완벽하게 암기할 수 있어요.

A

	숙어	뜻	페이지
□	a couple of	두서너 개의, 몇 개의	211
□	a great deal of	다량의, 많은	210
□	a host of	다수의, 많은	211
□	a multitude of	다수의, 수많은	211
□	a number of	다수의, 많은	210
□	a pair of	한 쌍의, 한 짝의, 한 켤레의	210
□	a set of	한 세트의, 일련의	211
□	a variety of	여러 가지의, 다양한	210
□	a (wide) range of	광범위한, 다양한	211
□	according to	~에 따르면, ~에 의하면	163
□	account for	~을 차지하다, ~을 설명하다	190
□	act on	~에 따라 행동하다, ~을 따르다, ~에 작용하다	70
□	adapt to	~에 적응하다, ~에 적응시키다	164
□	add up to	결국 ~이 되다	117
□	adhere to	~을 고수하다, ~을 충실히 지키다	162
□	adjust to	~에 적응하다	163
□	afford to+동사원형	~할 형편이 되다	260
□	after a while	잠시 후에, 얼마 후에	218
□	agree with	~에 동의하다, ~에게 적합하다, ~에게 맞다	173
□	ahead of	~의 앞에, ~보다 앞서서	199
□	aim to+동사원형	~하는 것을 목표로 하다	240
□	all of a sudden	갑자기, 불시에, 문득	217
□	all over the world	전 세계에(서)	105
□	all the time	항상, 늘, 내내	219
□	along with	~과 함께, ~에 더하여	166
□	amount to	(합계가) ~에 달하다, ~에 이르다, ~에 해당하다	161
□	an array of	다양한, 다수의, 일련의	211
□	apart from	~을 제외하고, ~을 벗어나, ~ 외에도, ~뿐만 아니라	152
□	apologize for	~에 대해 사과하다	192
□	appeal to	~의 마음을 끌다, ~에(게) 호소하다	155
□	apply for	(목표를 위해) ~에 지원하다	184
□	apply to	~에 적용되다, ~에 해당되다	154
□	approve of	~을 인정하다, ~을 찬성하다	197
□	argue over	~을 두고 언쟁을 벌이다, ~에 대해 논의하다	105
□	around the corner	(거리·시간적으로) 아주 가까운, 임박한	219
□	as a whole	전체적으로, 대체로	213
□	as for	~에 대해 말하자면	190
□	as if	마치 ~처럼	226
□	as much (as)	~만큼 (많이), ~ 못지 않게 (많이)	213
□	as opposed to	~과 반대로, ~과 대조적으로	156
□	aside from	~뿐만 아니라, ~ 외에도, ~을 제외하고, ~ 외에는	152
□	ask for	~을 요청하다, ~을 해달라고 부탁하다	190
□	associate A with B	A를 B와 연관시켜 생각하다	168

□ at a distance	(시간·공간상으로) 멀리서, 멀리 떨어져	96
□ at a glance	한눈에, 즉시	97
□ at a loss	당황한, 어쩔 줄을 모르는	99
□ at a time	한 번에, 동시에	216
□ at all cost(s)	무슨 수를 써서라도, 반드시	98
□ at all times	언제든(지), 항상	220
□ at an angle	기울어져, 비스듬히	98
□ at best	기껏해야, 잘해야	97
□ at first	처음에는, 애초에	266
□ at hand	(시간·거리상으로) 가까이(에 있는)	96
□ at last	마침내, 드디어	265
□ at least	최소한, 적어도	212
□ at length	마침내, 드디어, 상세히, 길게	98
□ at once	한 번에, 동시에, 즉시, 지체 없이	216
□ at one's disposal	~의 마음대로 사용할 수 있는	99
□ at (one's) ease	편안하게, 안심하고	98
□ at random	임의로, 무작위로, 마구잡이로	98
□ at risk	위험한 상태에 있는, 위험에 처한	97
□ at stake	위험에 처한, 성패가 달린	99
□ at the age of	~의 나이에	96
□ at the bottom of	~의 밑바닥에, ~의 하단에	96
□ at the end of	~의 끝에, ~의 말에	96
□ at the expense of	~을 희생해가며, ~의 대가로	97
□ at the moment	지금(은)	216
□ at (the) most	기껏해야, 많아 봐야	212
□ at the same time	동시에	216
□ at (the) sight of	~을 보고	97
□ at times	가끔, 때로는	219
□ at variance with	~과 일치하지 않는, ~과 상충하는	98
□ attend to	~을 처리하다, ~의 시중을 들다, ~에 주의를 기울이다	157
□ attribute A to B	A를 B 때문으로 여기다, A를 B의 탓으로 돌리다	161
□ avail oneself of	~을 이용하다, ~을 틈타다	199

B

□ back and forth	앞뒤로, 왔다 갔다 하며	136
□ back up	(주장이나 의견 등을) 뒷받침하다, (파일 등을) 백업하다, 뒤로 물러서다, 후진하다	124
□ based on	~에 기반하여, ~에 근거하여	70
□ be able to+동사원형	~할 수 있다	252
□ be about to+동사원형	막 ~하려는 참이다	240
□ be absorbed in	~에 몰두하다, ~에 열중하다	17
□ be accompanied by	~를 동반하다	179
□ be accused of	~으로 기소되다, ~라는 비난을 받다	204
□ be accustomed to	~에 익숙해지다, ~에 익숙하다	164
□ be afraid of	~을 무서워하다	222
□ be aimed at	~을 목표로 하다, ~을 대상으로 하다	100
□ be apt to+동사원형	~하기 쉽다	252

□ be ashamed of	~을 부끄러워하다	198
□ be attached to	~에 애착을 느끼다, ~에 소속감을 느끼다, ~에 붙어 있다	158
□ be aware of	~을 인식하다, ~을 알고 있다	197
□ be badly off	넉넉지 못하다, 가난하다, (상황·상태가) 나쁘다, 난처하다	94
□ be bound to + 동사원형	~할 의무가 있다	253
□ be brought into being	~이 생기다	40
□ be busy -ing	~을 하느라 바쁘다	260
□ be capable of	~을 할 수 있다	196
□ be committed to	~에 전념하다, ~에 헌신하다	162
□ be composed of	~으로 구성되다	202
□ be comprised of	~으로 구성되다	202
□ be concerned about	~에 대해 걱정하다	222
□ be concerned with	~에 관심이 있다, ~에 신경 쓰다, ~과 관련이 있다	174
□ be confined to	~에 갇혀 있다, ~에 틀어박혀 있다	155
□ be conscious of	~을 의식하다, ~을 알고 있다	198
□ be consistent with	~과 일치하다, ~과 모순되지 않다	167
□ be content with	~에 만족하다	174
□ be covered with	~으로 덮여 있다, ~으로 싸여 있다	169
□ be credited with	~으로 공로를 인정받다	169
□ be crowded with	~으로 붐비다, ~으로 복잡하다	169
□ be dedicated to	~에 전념하다, ~에 헌신하다	158
□ be derived from	~에서 유래하다, ~에서 나오다, ~에서 파생되다	148
□ be descended from	~의 후손이다, ~의 자손이다	149
□ be determined to + 동사원형	~하기로 결심하다	224
□ be devoid of	~이 없다	205
□ be done with	~을 끝내다, ~을 마치다, ~와 절교하다	174
□ be eager to + 동사원형	~하기를 열망하다	224
□ be equipped with	(장비 등을) 갖추다, (시설 등이) 구비되다	169
□ be faced with	~에 직면하다, ~에 처하다	174
□ be familiar with	~에 익숙하다, ~을 아주 잘 알다	175
□ be famous for	~으로 유명하다	188
□ be fed up with	~에 질리다	175
□ be filled with	~으로 가득 차다	168
□ be followed by	~이 뒤따르다	179
□ be fond of	~을 좋아하다, (좋아서) ~을 따르다	198
□ be full of	~으로 가득 차 있다	202
□ be good at	~을 잘하다, ~에 능숙하다	99
□ be hard on	~에게 엄격하다, ~를 심하게 대하다, ~에게 좋지 않다, ~에게 부당하다	79
□ be ignorant of	~에 무지하다, ~을 모르다	198
□ be impressed with	~에 감명 받다, ~에 감동 받다	174
□ be inclined to + 동사원형	~하는 경향이 있다	252
□ be interested in	~에 대해 관심이 있다	19
□ be into	~에 푹 빠져 있다, ~에 관심이 많다	34
□ be knocked out	기절하다, 녹초가 되다	52
□ be known for	~으로 유명하다	188
□ be likely to + 동사원형	~하기 쉽다, ~할 가능성이 있다	252
□ be loaded with	~으로 가득 차다, ~이 충분히 있다	169

□ be lost on ~에게 효과가 없다, ~에게 전혀 영향을 끼치지 못하다 78
□ be made from ~으로 만들어지다 150
□ be made (up) of ~으로 구성되다 202
□ be named after ~의 이름을 따서 지어지다 254
□ be noted for ~으로 유명하다 188
□ be obliged to + 동사원형 ~할 의무가 있다 253
□ be obsessed with ~에 집착하다 175
□ be occupied with ~으로 바쁘다 169
□ be over 끝나다 104
□ be packed with ~으로 꽉 차다, ~으로 미어터지다 169
□ be proud of ~을 자랑스러워하다 223
□ be reluctant to + 동사원형 ~하기를 꺼리다, ~하기를 주저하다 224
□ be scheduled to + 동사원형 ~할 예정이다 240
□ be short of ~이 부족하다, ~에 못 미치다 205
□ be sold out 다 팔리다, 매진되다 61
□ be stressed out 스트레스를 받다 222
□ be subject to ~의 대상이다, ~을 받다 155
□ be suited for ~에 적합하다 192
□ be supposed to + 동사원형 ~하기로 되어 있다 240
□ be sure to + 동사원형 반드시 ~하도록 하다 265
□ be suspicious of ~을 의심하다, ~에 의구심이 들다 198
□ be through with ~을 끝내다, ~와 관계를 끊다 175
□ be tired of ~에 싫증이 나다 222
□ be true of ~에(게) 적용되다, ~에(게) 해당되다 198
□ be well off 잘 살다, 부유하게 살다 94
□ be willing to + 동사원형 기꺼이 ~하려 하다 223
□ be worth -ing ~할 가치가 있다 254
□ be worthy of ~의 가치가 있다, ~을 받을 만하다 203
□ before long 머지않아, 곧 218
□ behind the times 시대에 뒤떨어진, 구식의 253
□ believe in (~의 존재를) 믿다 19
□ belong to ~에 속하다, ~의 소유이다 155
□ benefit from ~의 혜택을 받다, ~의 덕을 보다 149
□ block off (시간을) 따로 떼어두다, (길·통로 등을) 막다, 차단하다 86
□ blow away ~을 날려 버리다, ~을 압도하다 143
□ blow up ~을 폭발시키다, 폭발하다, 터지다, (풍선 등에) 공기를 주입하다 120
□ boil down to 핵심이 ~이다, 결국 ~이 되다, ~으로 요약하다 134
□ bounce back 회복하다, 되살아나다 137
□ break a bill 지폐를 잔돈으로 바꾸다 250
□ break apart 산산이 부서지다, 분리되다 234
□ break down (기계가) 고장 나다, (체계가) 실패하다, ~이 부서지다, ~이 분해되다 133
□ break free from ~에서 벗어나다, ~을 탈피하다 150
□ break in (무단으로) 침입하다, 끼어들다, 방해하다 18
□ break into ~에 침입하다, (웃음·울음 등을) 터뜨리다, 갑자기 ~하기 시작하다 35
□ break new ground 새 분야를 개척하다 229
□ break off 분리되다, 갈라지다, 떨어져 나오다, (하던 것을) 갑자기 중단하다 87
□ break out (일·사고·재해가) 발생하다, (전쟁이) 발발하다, 벗어나다 55

□ break the habit of ~의 습관을 버리다 238
□ break the ice 서먹서먹한 분위기를 깨다 258
□ break the news 소식을 전하다 258
□ break the record 기록을 깨다 229
□ break up 헤어지다, 흩어지다 125
□ bring ~ back to life ~를 다시 살려내다, ~가 의식을 되찾게 하다 139
□ bring about ~을 일으키다, ~을 초래하다 230
□ bring back ~을 상기시키다, ~을 다시 가져다 주다, ~을 돌려 주다 137
□ bring down ~을 내리다, ~을 떨어뜨리다, ~을 파멸시키다, ~을 붕괴시키다 132
□ bring out ~을 끌어내다, ~을 발휘시키다, ~을 꺼내다 48
□ bring together ~을 (긁어)모으다, ~을 합치다, ~를 화합시키다, ~를 화해시키다 242
□ bring up (화제를) 꺼내다, (의견을) 내놓다, (아이를) 기르다, 양육하다 109
□ build up ~을 더 높이다, ~을 증진시키다, ~이 쌓이다, ~을 쌓다 109
□ bump into ~과 부딪치다, ~와 마주치다 36
□ burn up ~을 태우다, ~을 연소시키다, 몹시 열이 나다, ~을 소모하다 122
□ burst into (웃음·울음 등을) 터뜨리다, 갑자기 ~하기 시작하다 37
□ burst out (웃음·울음 등을) 터뜨리다 55
□ by accident 우연히, 사고로 181
□ by and large 대체로, 전반적으로 180
□ by chance 우연히, 혹시 180
□ by comparison 그에 비해 181
□ by contrast 대조적으로 180
□ by far 훨씬, 단연코 214
□ by leaps and bounds 급속히, 대폭 181
□ by means of ~을 사용해서, ~의 도움으로, ~에 의하여 182
□ by nature 천성적으로, 본래 181
□ by no means 결코 ~이 아닌 181
□ by oneself 혼자서 180
□ by the same token 같은 이유로, 마찬가지로 181
□ by the way 그런데, 그건 그렇고, 어쨌든 180

C

□ call back ~에게 다시 전화하다 138
□ call down ~를 꾸짖다, ~를 혼내다 132
□ call for ~을 요구하다, ~을 요청하다 191
□ call forth ~을 불러일으키다, ~을 끌어내다 231
□ call in sick 전화로 병가를 내다 28
□ call into question ~에 이의를 제기하다, ~을 의심하다 38
□ call off ~을 취소하다, ~을 철회하다, ~을 중지하다 92
□ call on ~에게 요청하다, ~에게 부탁하다 79
□ call out ~를 불러내다, ~를 소집하다, (큰 소리로) ~을 외치다, ~을 부르다 45
□ call over (이름·명단을) 부르다 103
□ calm down ~을 진정시키다, ~이 잠잠해지다 130
□ cannot help -ing ~할 수밖에 없다 260
□ care about ~에 신경 쓰다, ~에 관심을 가지다 236
□ care for ~를 돌보다, ~를 보살피다, ~를 (대단히) 좋아하다 191

□	carry away	~을 가져가 버리다, ~을 운반해 가다, ~를 흥분시키다, ~가 넋을 잃게 만들다	143
□	carry off	~을 잘 해내다, ~을 실어 나르다	93
□	carry on	~을 계속하다	73
□	carry out	(약속·의무 등을) 이행하다, (실험·시험 등을) 수행하다	54
□	catch on	유행하다, 인기를 얻다, 알다, 이해하다	79
□	catch up with	(수준을) 따라잡다, (~의 근황을) 따라잡다	125
□	center on	~에 초점을 두다, ~에 집중하다	78
□	check out	(도서관에서 책을) 대출하다, ~을 살펴보다, (호텔에서) 체크아웃하다	42
□	cheer up	기운을 내다, ~의 기운을 북돋아 주다	110
□	clean up	~을 치우다, ~을 청소하다	124
□	clear up	사라지다, 맑아지다, (~을) 깨끗이 치우다, ~을 해결하다	123
□	cling to	~을 고수하다	162
□	close off	~을 폐쇄하다, ~을 차단하다	93
□	combine A with B	A를 B와 결합하다	168
□	come about	생기다, 나타나다	231
□	come across	~를 우연히 만나다, ~을 우연히 발견하다, (특정한) 인상을 주다	248
□	come along	함께 가다, 나타나다, 생기다, (순조롭게) 진행되다, 진보하다	248
□	come back	돌아오다	137
□	come by	(~에) 잠깐 들르다, ~을 얻다, ~을 구하다	179
□	come down	(처음보다) 가격을 내리다, 내려오다, 오다	132
□	come down with	(병에) 걸리다	133
□	come from	~에서 비롯되다, ~에서 나오다	148
□	come in	(~ 안으로) 들어오다	17
□	come into being	탄생하다, 생기다, 출현하다	38
□	come into effect	효력이 발생하다, 시행되다	38
□	come into play	작동하기 시작하다, 활동하게 되다	38
□	come off	(붙어 있던 것이) 떨어지다	86
□	come out	나오다, 벗어나다, (성질이) 드러나다, 나오다	43
□	come over (to)	(~로) 오다	103
□	come through	~을 통과하다, ~을 통해 들어오다, 겉으로 나타나다	231
□	come to an end	끝나다, 막이 내리다	231
□	come to light	밝혀지다, 알려지다	161
□	come to mind	생각이 떠오르다, 생각나다	256
□	come true	이루어지다, 실현되다	229
□	come up	발생하다, 생기다	115
□	come up to	~에게 다가오다	117
□	come up with	~을 생각해내다, ~을 내놓다, ~을 제안하다	116
□	compare A with B	A를 B와 비교하다, A를 B와 대조하다	168
□	compensate for	~을 보충하다, ~을 보상하다	190
□	compete with	~와 경쟁하다, ~와 겨루다	176
□	comply with	~을 따르다, ~을 준수하다	175
□	conceive of	~을 상상하다, ~을 생각해 내다	197
□	concentrate on	~에 집중하다	78
□	conform to	~에 맞추다, ~에 따르다, ~에 부합하다	164
□	confuse A with B	A를 B와 혼동하다	168
□	consist of	~으로 이루어지다, ~으로 구성되다	202
□	contrary to	~과 반대로, ~에 어긋나서	156

□ contribute to	~에 기여하다, ~에 기부하다	154
□ convert A into B	A를 B로 전환하다, A를 B로 바꾸다	39
□ cool off	(더위·열기 등을) 식히다, 진정하다, ~를 진정하게 하다	90
□ cope with	~에 대처하다, ~을 처리하다	172
□ correspond to	~과 일치하다, ~에 해당하다	164
□ correspond with	~과 일치하다, ~에 부합하다, ~와 소식을 주고받다	167
□ count on	~를 믿다, ~에 의지하다	78
□ cover up	~을 숨기다, ~을 은폐하다, ~을 완전히 가리다	121
□ crash into	~에 충돌하다	36
□ creep over	~을 엄습하다, ~에 살금살금 다가가다	105
□ cross off	(선을 그어) ~을 지우다	90
□ cross out	(위에) 줄을 그어 지우다	60
□ cry out for	~을 간절히 바라다	48
□ cut back (on)	(~을) 줄이다, (~을) 감축하다	140
□ cut down (on)	(~을) 줄이다, (~을) 절감하다	132
□ cut in line	(줄에) 새치기하다	18
□ cut off	~을 잘라내다, ~을 베다, ~을 중단시키다, ~을 가로막다	86
□ cut out	~을 잘라 내다, ~을 오려내다, ~을 빼다, ~을 삭제하다	61

D

□ date back to	~로 거슬러 올라가다	139
□ day after day	하루하루, 날마다	217
□ deal in	(특정 상품을) 거래하다, 취급하다	20
□ deal with	~에 대처하다, ~을 다루다	172
□ decide on	~을 결정하다, ~으로 정하다	79
□ depend on	~에 의존하다, ~에 의지하다, ~에 달려 있다, ~에 의해 좌우되다	76
□ deprive A of B	A에게서 B를 빼앗다	206
□ devote oneself to	~에 헌신하다, ~에 몸을 바치다	162
□ die down	사그라들다, 약해지다	132
□ die from	~으로 죽다	151
□ die of	~으로 죽다, ~으로 사망하다	204
□ die out	자취를 감추다, 멸종되다	60
□ differ from	~과 다르다	152
□ dig up	~을 땅에서 파내다, ~을 발굴하다, ~에 대해 알아내다, ~을 입수하다	111
□ discourage ~ from -ing	~가 -하는 것을 막다	244
□ dispense with	~을 없애다, ~을 생략하다	176
□ dispose of	~을 처리하다, ~을 버리다	205
□ distinguish A from B	A를 B와 구별하다, ~이 A와 B의 차이를 나타내다	152
□ divide A into B	A를 B로 나누다, A를 B로 분류하다	39
□ do away with	~을 없애다, ~을 폐지하다, ~을 끝내다	146
□ do harm (to)	(~에게) 해를 입히다	235
□ do one's best	최선을 다하다	237
□ do without	~ 없이 지내다, ~ 없이 견디다	260
□ doze off	졸다, 깜빡 잠이 들다	91
□ draw on	~을 끌어내다, ~을 이용하다, 가까워지다	77
□ draw out	~을 이끌어내다, ~을 제거하다, (기운을 북돋워) ~가 말하게 만들다	45

□ dress up (옷을) 차려입다, (보기 좋게) ~을 꾸미다 124
□ drive away ~을 쫓아내다, (차를 타고) 떠나다 142
□ drop by (~에) 잠깐 들르다, (~에) 불시에 찾아가다 178
□ drop off (다른 곳에) ~을 갖다주다, (차에서) ~를 내려주다, 잠깐 잠들다, 줄어들다 82
□ drop out (of) (참여하던 것에서) 빠지다, 중퇴하다 235
□ dry out ~을 건조하게 하다, ~이 메말라지다 61
□ dry up 바싹 마르다, 줄어들다, 고갈되다, 바닥나다 121
□ due to 때문에, ~으로 인해 261
□ dwell on ~을 곱씹다, ~을 깊이 생각하다, ~에 얽매이다 65

E

□ eat out 외식하다 51
□ emerge from ~에서 나오다, ~에서 나타나다 149
□ end up -ing 결국 ~하게 되다 118
□ end up with 결국 ~을 갖게 되다, 결국 ~와 함께 하게 되다 232
□ engage in ~에 참여하다, ~에 관여하다 22
□ enter into (논의·처리·일 등을) 시작하다, ~에 들어가다, (관계·계약 등을) 맺다, (생각·감정 등에) 공감하다, 이해하다 37
□ escape from ~에서 벗어나다, ~에서 도피하다 150
□ (every) once in a while 가끔, 이따금 220
□ exchange A for B A를 B로 교환하다 186

F

□ face-to-face 서로 얼굴을 맞대고, 면대면으로 249
□ fade away (서서히) 사라지다, 없어지다 145
□ fall apart 부서지다, 허물어지다 235
□ fall back 물러나다, 뒤처지다 136
□ fall behind 뒤떨어지다, 뒤처지다 235
□ fall down 넘어지다, 쓰러지다 129
□ fall in love with ~와 사랑에 빠지다, ~에게 반하다 19
□ fall into place 앞뒤가 맞다, 딱 맞아 떨어지다 35
□ fall off (~에서) 떨어지다, 줄어들다, 쇠퇴하다 82
□ fall on (날짜가) ~에 해당되다, (어떤 날이) ~에 있다 65
□ fall on deaf ears (요구 등이) 묵살되다, 무시되다 66
□ fall on hard times 힘든 시기를 보내다 66
□ fall out 떨어져 나오다, 빠지다 52
□ fall out of touch 연락이 끊기다 258
□ fall over (~에 걸려) 넘어지다 103
□ fall through (the cracks) (부주의로) 빠지다, 간과되다 235
□ fall victim to ~에 희생되다, ~의 피해자가 되다 236
□ feel free to+동사원형 거리낌 없이 ~하다, 마음대로 ~하다 223
□ feel like -ing ~하고 싶다, ~할 마음이 나다 223
□ fight for ~을 (얻기) 위해 싸우다 185
□ fight off ~을 퇴치하다, ~를 물리치다 93
□ figure out ~을 이해하다, ~을 알아내다 59

□ fill in	(서류 등을) 작성하다, (~의 자리를) 대신하다	18
□ fill out	(문서·서류를) 작성하다, 기입하다	59
□ fill up	~을 가득 채우다, 가득 차다	111
□ find out	~을 알아내다, ~을 찾아내다	59
□ finish off	~을 다 마치다	232
□ first of all	우선, 다른 무엇보다도	203
□ fit in	~ 안으로 꼭 맞게 들어가다, 어울리다, 어울려 지내다	36
□ flood into	~로 밀려들다	37
□ follow suit	따라 하다, 선례를 따르다	259
□ for a while	잠시 동안, 잠깐	217
□ for ages	오랫동안	218
□ for free	무료로, 공짜로	193
□ for good	영원히, 영구히	194
□ for instance	예를 들어	193
□ for oneself	직접, 스스로	187
□ for sale	판매하는	186
□ for sure	확실히, 틀림없이	193
□ for the benefit of	~의 이익을 위해, ~을 위해	186
□ for the first time	처음으로	194
□ for the moment	지금은, 일단은, 우선	266
□ for the most part	대개, 보통	212
□ for the sake of	~을 (얻기) 위해	186
□ for the time being	당분간은, 우선	194
□ free from	~에서 벗어난, ~이 없는, ~을 면한	150
□ free of charge	무료로, 무상으로	205
□ from hand to mouth	하루살이 생활로, 하루 벌어 하루 먹는 식으로	151
□ from now on	지금부터(는), 앞으로(는)	74
□ from scratch	맨 처음부터, 아무것도 없이	151
□ from time to time	때때로, 가끔, 이따금	220

G

□ gaze at	(가만히) ~을 바라보다, ~을 응시하다	100
□ generally speaking	일반적으로 말하면, 대개	267
□ get ahead	앞서가다, 출세하다, 성공하다	229
□ get along with	~와 잘 지내다	167
□ get around	(~를) 돌아다니다	247
□ get away (from)	(~에서) 벗어나다	145
□ get away with	~에 관해 처벌을 면하다, ~을 그냥 넘어가다	144
□ get back (to)	(~으로) 돌아오다, 돌아가다, (~에게) 다시 연락하다	139
□ get by	그럭저럭 살아나가다	179
□ get dressed	옷을 입다	246
□ get in	~ 안에 들어가다, ~을 타다	16
□ get in the way	방해가 되다	18
□ get in touch with	~에게 연락을 취하다, ~와 연락하다	167
□ get into	~에 들어가다, (~한 상태에) 처하다, (학교에) 입학하다, (집단·모임 등에) 들어가다	34
□ get involved in	~에 연루되다, ~에 관계되다, ~에 몰두하다	16

□ get nowhere	아무 성과도 얻지 못하다, 아무런 진전이 없다	235
□ get off	(교통수단에서) 내리다, 출발하다, 떠나다	84
□ get off to a good start	좋은 출발을 하다, 출발이 순조롭다	85
□ get on	(탈 것에) 타다	65
□ get out of	~에서 나오다, ~에서 벗어나다	48
□ get over	~을 극복하다	102
□ get rid of	~을 없애다, ~을 처리하다, ~을 제거하다	204
□ get the hang of	~에 익숙해지다, ~을 이해하다	196
□ get through	(고비나 위기 등을) 헤쳐 나가다	236
□ get to	~에 도달하다, ~에 도착하다	161
□ get together	모이다, 합쳐지다, ~을 모으다	249
□ get up	일어서다, 일어나다	110
□ get used to	~에 익숙해지다	258
□ give ~ a hand	~에게 도움을 주다, ~를 거들어 주다	241
□ give ~ a ride	~를 태워주다	247
□ give A credit for B	A에게 B에 대한 공로를 인정하다	192
□ give a second thought	다시 생각하다, 재고하다	225
□ give a speech	연설하다	243
□ give away	~을 기부하다, ~을 무료로 주다, ~을 누설하다	143
□ give back	(되)돌려주다	138
□ give birth to	~를 탄생시키다, ~를 낳다, ~을 발생시키다, ~을 일으키다	157
□ give in (to)	(~에) 굴복하다, (~을) 마지못해 받아들이다	18
□ give it a try	한 번 해보다, 시도하다	243
□ give off	(냄새를) 풍기다, (열·빛을) 방출하다	85
□ give oneself over to	~에 몰두하다, ~에 빠지다	103
□ give out	~을 나눠주다, ~을 발표하다, (소리·냄새·빛 등을) 내다, 방출하다	47
□ give rise to	~을 일으키다, ~이 생기게 하다	155
□ give up (on)	(~을) 포기하다, (~을) 단념하다	126
□ give way to	~으로 대체되다, ~으로 바뀌다, ~에 굴복하다, ~에 양보하다	158
□ given that	~을 고려하면, ~을 감안하면	267
□ go after	~을 뒤쫓다, ~을 추구하다	243
□ go along with	~에 따르다, ~에 찬성하다	172
□ go around	(이곳저곳을) 돌아다니다	247
□ go away	(문제·고통 등이) 사라지다, 없어지다, 가 버리다, (떠나) 가다	146
□ go back	(되)돌아가다, 거슬러 올라가다	139
□ go beyond	(범위·권한 등을) 넘어서다, ~을 능가하다	254
□ go by	(시간이) 지나다, (~라는 이름으로) 통하다, 알려지다	179
□ go for	~을 선택하다, ~을 하러 가다	187
□ go -ing	~하러 가다	248
□ go off	떠나다, (알람·경보가) 울리다, (폭탄이) 폭발하다, (일이) 진행되다	83
□ go on	발생하다, 일어나다, 계속되다, 계속하다	68
□ go on to	(다음 항목으로) 넘어가다, (대학에) 진학하다	74
□ go out	(밖으로) 나가다, 외출하다, (불 등이) 꺼지다, 나가다	45
□ go out of business	폐업하다	52
□ go out of one's way	각별히 노력하다, 일부러 ~하다	53
□ go over	~을 복습하다, ~을 검토하다, ~을 점검하다, ~을 조사하다, (건너)가다	104
□ go the extra mile	한층 더 노력하다	237

□ go through	(고생·절차 등을) 겪다, 거치다, 경험하다, ~을 검토하다, ~을 살펴보다, (~을 찾기 위해) 뒤지다	234
□ go up	올라가다, 오르다, 늘다, (가까이) 가다	114
□ go well with	~과 잘 어울리다	167
□ go with	~에 딸려 나오다, ~에 포함되다, ~과 어울리다, ~을 고르다, ~을 선택하다	166
□ go without	~ 없이 견디다, ~ 없이 지내다	237
□ go wrong	(일 등이) 잘못되다, (기계·차 등이) 망가지다	234
□ gobble up	~을 게걸스럽게 먹어 치우다	122
□ graduate from	~을 졸업하다	148
□ grow into	~으로 성장하다	37
□ grow out of	~에서 생기다, (성장하면서) ~에서 벗어나다, ~이 맞지 않을 정도로 너무 커지다	55
□ grow up	자라다, 성장하다	115

H

□ hand down	(후세에) ~을 전하다, ~을 물려주다	128
□ hand in	~을 제출하다	17
□ hand out	~을 나눠주다	43
□ hand over	~을 넘겨주다, ~을 양도하다	102
□ hang around	서성거리다, 배회하다	242
□ hang on	기다리다, 견디다, 버티다	74
□ hang out	어울리다, 시간을 보내다	51
□ hang up	~을 걸다, (전화를) 끊다	109
□ have a hold on	~을 지배하는 힘이 있다	80
□ have an effect on	~에 영향을 미치다	80
□ have control over	~을 통제하다	104
□ have difficulty (in) -ing	~하는 데 어려움을 겪다	236
□ have ~ in mind	~을 생각하다, ~을 염두에 두다	23
□ have no choice but to + 동사원형	~할 수밖에 없다	259
□ have no idea	전혀 모르다	255
□ have nothing to do with	~과(는) 관련이 없다	259
□ have (something) to do with	~과 관련이 있다	173
□ have trouble (in) -ing	~하는 데 어려움을 겪다	236
□ have trouble with	~에 어려움을 겪다	173
□ head for	~로 향하다	187
□ head off	출발하다, 향하다	84
□ hear from	~에게서 소식을 듣다, ~에게서 연락을 받다	149
□ help out	도와주다, 거들다	61
□ here and there	여기저기에, 곳곳에	261
□ hit on	(생각을) 떠올리다	78
□ hold back	~을 막다, ~을 억제하다, ~을 참다, ~의 발전을 방해하다	140
□ hold down	~을 억제하다, ~을 억압하다, ~을 꽉 누르다	129
□ hold off	연기하다, 늦추다, ~을 막다, ~를 물리치다	84
□ hold on	(전화를 끊지 않고) 기다리다, (위험·곤란한 상황을) 참아내다	73
□ hold on to	~을 꼭 잡다, ~에 매달리다, ~을 고수하다, ~을 지키다	244
□ hold one's horses	서두르지 않다, 침착하다	224
□ hold out	(손 등을) 내밀다, 뻗다, 버티다, 저항하다	46

I

□ idle away	(시간을) 헛되이 보내다, 허비하다	146
□ in a row	연이어, 계속해서	25
□ in accordance with	~에 따라, ~과 일치하여	31
□ in advance	미리, 사전에	25
□ in an effort to + 동사원형	~하기 위한 노력으로	238
□ in case of	~의 경우에는, ~의 경우에 대비하여	23
□ in charge (of)	(~을) 책임지는, (~을) 맡은	29
□ in contrast (to)	(~과) 대조적으로, (~에) 반해서	30
□ in detail	상세하게	29
□ in effect	실제로는, 사실상, 시행 중인, 발효 중인	30
□ in essence	본질적으로, 실질적으로	29
□ in favor of	~에 찬성하여, ~을 위해	30
□ in full	전부	32
□ in general	일반적으로, 대체로	30
□ in honor of	~에게 경의를 표하며, ~을 기념하여	26
□ in line with	~과 일치하는, ~에 따라	24
□ in my opinion	내 의견으로는, 내 생각에는	256
□ in need	어려움에 처한, 빈곤한	29
□ in no time	곧, 당장에	217
□ in one's own right	자기 자체로, 자기 능력으로, 남을 의지하지 않고	253
□ in oneself	그 자체로, 본질적으로	24
□ in order to + 동사원형	~하기 위해	240
□ in particular	특히	29
□ in person	직접, 몸소	28
□ in place	제자리에 (있는), 적소에, 실행 중인, 준비가 된	24
□ in place of	~ 대신에	24
□ in practice	실제로, 실행되는	31
□ in progress	(현재) 진행 중인	32
□ in public	사람들 앞에서, 공개적으로	24
□ in question	논의되고 있는, 해당하는, 불확실한, 의심스러운	31
□ in response to	~에 대응하여, ~에 대한 반응으로	29
□ in return (for)	(~에 대한) 보답으로, (~에 대한) 응답으로	25
□ in search of	~을 찾아서, ~을 추구하여	32
□ in short	요약하면	31
□ in stock	재고로, 비축되어	30
□ in sum	요약하자면, 말하자면, 결국	265
□ in terms of	~의 면에서는, ~에 관해서는	23
□ in the absence of	~이 없을 때	30
□ in the course of time	시간이 지남에 따라	218
□ in the distance	저 멀리(에서), 먼 곳에	24
□ in the end	결국, 마침내	265
□ in (the) face of	(문제·어려움에) 직면해서도, ~에도 불구하고	23
□ in (the) light of	~을 고려하면, ~에 비추어 보면	25
□ in the long run	결국에는, 장기적으로 보면	264
□ in the long term	장기적으로 (보면)	217

□ in the meantime (두 가지 시점·사건) 그 사이에, 그동안에 219
□ in the middle of ~의 중앙에, ~의 (도)중에 254
□ in the same way 같은 방법으로, 마찬가지로 261
□ in time 알맞은 때에, 시간 맞춰 217
□ in turn 차례대로, 교대로, 결국 25
□ in vain 소용없는, 헛된 31
□ inform A of B A에게 B를 알리다 200
□ inquire into ~을 조사하다, ~을 탐구하다 35
□ insist on ~을 주장하다, ~을 강요하다 77
□ interfere with ~에 지장을 주다, ~을 방해하다, ~에 개입하다 172
□ irrespective of ~과 상관없이, ~을 불문하고 205
□ it goes without saying that ~은 말할 것도 없다 266

J

□ judge from ~으로 판단하다, ~으로 미루어 보다 149

K

□ keep ~ from -ing ~가 -하는 것을 막다 244
□ keep ~ in mind ~을 꼭 기억하다, ~을 명심하다 23
□ keep a diary 일기를 쓰다 246
□ keep an eye on ~을 계속 지켜보다, ~을 감시하다 77
□ keep away from ~을 가까이하지 않다, ~을 멀리하다 144
□ keep off ~을 피하다, ~을 차단하다, ~을 막다 85
□ keep on ~을 (그대로) 계속하다 79
□ keep on -ing 계속해서 ~하다 244
□ keep out ~을 안에 들이지 않다, ~을 막다 51
□ keep pace with ~에 따라가다, ~과 보조를 맞추다 166
□ keep track of ~에 대해 계속 파악하고 있다, ~을 추적하다 196
□ keep up ~을 유지하다, ~을 계속하다 122
□ keep up with ~에 따라가다, ~에 뒤처지지 않다, ~에 정통하다, ~을 알다 173
□ kick off ~을 시작하다, ~의 막을 열다 85
□ kneel down 무릎을 꿇다, 무릎을 꿇고 앉다 130
□ knock down ~을 쳐서 쓰러뜨리다 130

L

□ last but not least 마지막으로, 마지막으로 덧붙일 중요한 말은 265
□ laugh at ~을 비웃다, ~를 놀리다, ~을 듣고 웃다, ~을 보고 웃다 100
□ laugh off ~을 웃어넘기다 91
□ lay off ~를 해고하다, ~을 그만 먹다, ~을 그만하다 87
□ lay out ~을 제시하다, ~을 펼치다, ~을 배치하다 44
□ lead A to B A를 B로 이끌다 161
□ lead to ~으로 이어지다, ~을 초래하다 160
□ leak out 새어 나오다, 유출되다, 누설되다 46
□ leave behind ~을 뒤로 하다, ~을 영원히 떠나다 244

□ leave for ~로 떠나다, ~로 출발하다 187
□ leave off 중단하다, 멈추다 92
□ leave out ~를 소외시키다, ~을 빼다, ~을 생략하다 52
□ let alone ~은 말할 것도 없이, ~은 물론이고 267
□ let down ~의 기대를 저버리다, ~를 실망시키다 128
□ let out (소리 등을) 내다, 지르다, (밖으로) 내보내다, 유출하다 44
□ lie in ~에 달려 있다, ~에 (놓여) 있다 22
□ lift up ~을 들어 올리다, ~에게 행복감을 주다 110
□ light up ~을 환하게 만들다, ~이 환해지다 114
□ line up ~을 일렬로 세우다, 준비하다, 마련하다 123
□ live on ~을 먹고 살다, ~으로 살아가다, 계속 살아가다 70
□ live up to ~에 맞추다, ~에 부응하다 117
□ lock up (문을) 잠그다, 문단속을 하다, ~를 수감하다, ~를 투옥시키다 123
□ long for ~을 갈망하다 185
□ look after ~를 돌보다, ~을 살피다 249
□ look around (~을) 둘러보다, (~을) 구경하다 247
□ look away (from) (~에서) 눈길을 돌리다 145
□ look back (on) (~을) 되돌아보다 139
□ look down on ~를 무시하다, ~을 경시하다 131
□ look forward to ~을 기대하다, ~을 고대하다 160
□ look into ~을 들여다보다, ~을 조사하다 34
□ look on 구경하다, 지켜보다 73
□ look out for ~을 주의하다, ~를 보살피다 48
□ look over ~을 훑어보다, ~을 살펴보다 105
□ look through ~을 살펴보다, ~을 검토하다 242
□ look to A for B A에게 B를 기대하다 192
□ look up (정보를) 찾아보다, 올려다 보다, 쳐다보다 121
□ look up to ~를 존경하다 112
□ lose sight of ~을 못 보고 놓치다, ~을 망각하다 205
□ lose track of ~을 놓치다, ~을 잊어버리다 204

M

□ major in ~을 전공하다 19
□ make a decision 결정을 내리다 231
□ make a difference 변화를 가져오다, 영향을 미치다 231
□ make a fool of ~를 웃음거리로 만들다, ~를 놀리다 197
□ make a fortune 돈을 많이 벌다, 부자가 되다 228
□ make a mistake 실수하다, 잘못하다 234
□ make a plan 계획을 세우다, 계획하다 241
□ make a point of -ing 반드시 ~하다 225
□ make a reservation 예약하다 248
□ make an appointment (만날) 약속을 하다, 예약하다 249
□ make an effort 노력하다 237
□ make for ~에 도움이 되다, ~에 기여하다, ~로 향하다, ~에 접근하다 192
□ make friends with ~와 친구가 되다, ~와 친해지다 167
□ make fun of ~를 웃음거리로 만들다, ~를 조롱하다 196

□ make it (바라던 일을) 해내다, 성공하다, (시간 맞추어) 가다, 참석하다 228
□ make it a rule to+동사원형 ~하는 것을 규칙으로 삼다 260
□ make money (많은) 돈을 벌다 228
□ make one's way 출세하다, 성공하다, (길을) 가다, 나아가다 230
□ make sense 앞뒤가 맞다, 말이 되다 254
□ make sense of ~을 이해하다 255
□ make sure ~을 확실하게 하다, 반드시 ~하도록 하다 223
□ make the most of ~을 최대한 활용하다 203
□ make up ~을 구성하다, ~을 이루다, (사실이 아닌 것을) 지어내다 120
□ make up for ~을 보충하다, ~을 만회하다, ~을 보상하다 126
□ make up with ~와 화해하다 126
□ make use of ~을 이용하다 197
□ make way for ~에(게) 길을 비켜주다, ~에(게) 자리를 내주다 186
□ manage to+동사원형 간신히 ~하다, 어떻게든 ~하다 228
□ melt away 녹아서 사라지다, 차츰 사라지다 145
□ mess up ~을 엉망으로 만들다, ~을 다 망치다 124
□ miss out on ~을 놓치다 62
□ mistake A for B A를 B로 착각하다 193
□ mix up ~을 섞다, ~을 혼동하다 125
□ more often than not 자주, 대개 219
□ more or less 거의, 대략 212
□ more than ~보다 많은, ~ 이상(의) 210
□ most of all 다른 무엇보다도 203
□ move in 이사 오다 16
□ move on (다음 화제·목적지로) 넘어가다, 옮기다 73
□ move out (살던 집에서) 이사를 나가다 45
□ move over 비키다, 자리를 옮기다 103

N

□ narrow A down to B A를 B로 줄이다 133
□ neither A nor B A도 B도 아닌 268
□ next to nothing 없는 것과 다름 없는, 아주 약간 214
□ no doubt 의심의 여지 없이, 확실히 265
□ no later than 늦어도 ~까지는 218
□ no longer 더 이상 ~이 아닌 268
□ no matter how 아무리 ~해도 261
□ no more than ~ 이하(의), 기껏해야, ~일 뿐 212
□ no sooner A than B A하자마자 B하다 217
□ no wonder 놀랍지도 않은 262
□ not A but B A가 아니라 B인 264
□ not necessarily 반드시 ~은 아닌 268
□ not only A but (also) B A뿐만 아니라 B도 264
□ not so much A as B A라기보다는 B인 264
□ not to mention ~은 말할 것도 없고 267
□ nothing but 오직, 그저 ~만 266

O

□ object to	~에 반대하다, ~에 이의를 제기하다	256
□ occur to	~에게 생각이 떠오르다	157
□ off balance	균형을 잃은	91
□ off duty	근무 중이 아닌, 비번인	85
□ on a daily basis	매일	71
□ on a large scale	대규모로	213
□ on account of	~ 때문에	72
□ on and off	하다가 말다가, 불규칙하게	92
□ on and on	계속해서, 쉬지 않고	74
□ on average	평균적으로, 대체로	71
□ on behalf of	~을 대표하여, ~을 대신하여, ~을 위해서	66
□ on board	승선한, 승차한, 탑승한	67
□ on demand	요구에 따라, 필요에 따라	72
□ on duty	근무 중인, 근무 중에	74
□ on earth	(의문문에서) 도대체, 대체, 이 세상의, 이 세상에서	68
□ on fire	불이 붙은, 불이 난, 잘 나가는, 성공한	67
□ on hand	수중에, (마침) 가지고 있어	67
□ on one's own	혼자서, 자기 스스로	72
□ on one's part	~에 의한, ~로서는	72
□ on purpose	고의로, 의도적으로	72
□ on (the) alert	(방심하지 않고) 경계하는, 대기하는	74
□ on the basis of	~에 근거하여, ~을 기반으로	72
□ on the contrary	(이와) 반대로, 오히려	66
□ on the other hand	반면에, (다른) 한편으로는	66
□ on the spot	현장에서, 즉각, 즉석에서	68
□ on the verge of	~하기 직전에, 막 ~하려고 하는	67
□ on the whole	전반적으로	267
□ on time	제때에, 정각에	67
□ on top of	~ 외에도, ~뿐 아니라	67
□ once upon a time	옛날 옛적에	219
□ one by one	하나하나씩, 차례차례	182
□ one of a kind	독특한, 유일한	253
□ only to + 동사원형	(그 결과는) ~뿐인	232
□ out of breath	숨이 찬, 숨이 가쁜	59
□ out of control	통제할 수 없이	53
□ out of curiosity	호기심에서, 궁금해서	223
□ out of date	시대에 뒤떨어진, 구식인	53
□ out of fashion	유행에 뒤떨어진	53
□ out of nowhere	뜬금없이, 불쑥, 갑자기	56
□ out of order	고장 난, 상태가 나쁜	53
□ out of place	(장소·상황에) 어울리지 않는, 부적절한	53
□ out of sight	눈에 보이지 않는	53
□ out of stock	(일시적으로) 품절된, 매진된	59
□ out of the blue	느닷없이, 갑자기	55
□ out of the question	논외의, 불가능한	54

□ out of tune	조화되지 않는, 일치하지 않는	54
□ over and over	반복해서, 여러 번 되풀이하여	104
□ over time	오랜 시간에 걸쳐, 시간이 흐르면서	105
□ owe A to B	A를 B에게 빚지다	158
□ owing to	~ 덕분에, ~ 때문에	156

P

□ participate in	~에 참가하다, ~에 가담하다	22
□ pass away	돌아가시다, 사망하다	144
□ pass by	(장소) 옆을 지나가다, 지나치다, (시간이) 지나다, 흐르다	178
□ pass for	~으로(서) 통하다, ~으로(서) 받아들여지다	193
□ pass on	~을 전하다, ~을 (물려)주다	73
□ pass out	~을 나눠주다, 의식을 잃다, 기절하다	46
□ pass through	~을 (거쳐) 통과하다	249
□ pay back	(돈을) 갚다, 보상하다, 상환하다	137
□ pay for	~에 돈을 내다	191
□ pay off	(빚을) 갚다, 청산하다, 큰 벌이가 되다, 성과가 나다, 잘 되어가다	93
□ peel off	(껍질 등을) 벗기다, (표면이) 벗겨지다	86
□ phase out	~을 단계적으로 폐지하다, ~을 단계적으로 중단하다	244
□ pick out	~을 고르다, ~을 선택하다	42
□ pick up	~을 집다, ~을 줍다, ~을 들어 올리다, (맡겨두거나 산 것을) 찾다, 찾아오다, (차에) ~를 태우다, (어떤 정보를) 알게 되다, (습관·재주 등을) 익히다	108
□ pile up	~이 쌓이다, ~을 쌓다	110
□ plenty of	풍부한 (양의), 충분한 (양의)	211
□ point at	~을 가리키다, ~을 겨누다	100
□ point of view	의견, 관점	256
□ point out	~을 가리키다, ~을 지적하다, ~을 언급하다	42
□ point to	~을 가리키다, ~을 나타내다, ~을 이유로 들다, ~을 증거로 들다	160
□ point up	~을 강조하다, ~을 눈에 띄게 하다	116
□ prefer A to B	B보다 A를 선호하다	163
□ prepare for	~을 준비하다	184
□ press on	~을 누르다, (단호하게) 밀고 나아가다, 서둘러 나아가다	65
□ prevent A from B	A가 B하는 것을 막다	150
□ prior to	~보다 이전에, ~에 앞서	163
□ proceed with	~을 계속하다	176
□ provide A with B	A에게 B를 제공하다	168
□ pull off	~을 해내다, ~을 성공하다	94
□ pull out	~을 빼내다, ~을 꺼내다, (차량이나 운전자가) 빠져나가다	44
□ pull over	(길 한쪽에) 차를 세우다	102
□ pull up	(차·사람 등을) 세우다, 멈추다	111
□ push back against	~을 밀쳐내다, ~에 대해 반발하다	136
□ put ~ into action	(계획 등을) 실행에 옮기다	39
□ put aside	~을 제쳐두다, ~을 따로 챙겨두다, ~을 저축하다	259
□ put away	~을 치우다	142
□ put back	~을 되돌려 놓다, ~을 다시 제자리에 갖다 놓다	137
□ put down	~을 내려놓다, ~를 깎아내리다, ~를 바보로 만들다, ~을 적다, ~을 적어두다	130

□ put forward | (안건·의견을) 내다, 제기하다 | 255
□ put off | ~을 미루다, ~을 연기하다 | 84
□ put on | ~을 착용하다, ~을 입다, ~을 (피부에) 바르다, ~을 무대에 올리다, ~을 공연하다 | 64
□ put out | (불을) 끄다, (쓰레기 등을 집 밖으로) 내다 놓다, (힘 등을) 발휘하다, 내다 | 58
□ put together | (부품·조각 등을) 조립하다, ~을 만들다, ~을 준비하다, ~을 합치다, ~을 합하다 | 241
□ put up | ~을 내붙이다, ~을 게시하다, ~을 세우다, ~을 짓다 | 109
□ put up with | ~을 견디다, ~을 참다 | 112

Q

□ quite a few | 상당히 많은 | 212

R

□ range from A to B | (범위가) A에서 B까지 이르다 | 150
□ reach out | 연락을 취하다, 접근하다, 손을 뻗다 | 43
□ reach (out) for | ~을 잡으려고 손을 뻗다, ~에 도달하려고 애쓰다 | 188
□ reason with | ~를 설득하다 | 175
□ refer to | ~을 언급하다, ~과 관련 있다, ~을 나타내다, ~을 참조하다, ~을 참고하다 | 154
□ reflect on | ~을 숙고하다, ~을 반성하다 | 77
□ refrain from -ing | ~하는 것을 삼가다 | 225
□ regardless of | ~에 상관없이, ~을 막론하고 | 204
□ relevant to | ~에 관련된 | 156
□ rely on | ~에 의지하다, ~에 의존하다 | 76
□ remind A of B | A에게 B를 상기시키다 | 199
□ replace A with B | A를 B로 바꾸다, A를 B로 대체하다 | 170
□ resort to | (다른 대안이 없어서) ~에 의지하다 | 160
□ respond to | ~에 대응하다, ~에 응답하다 | 157
□ responsible for | ~에 책임이 있는, ~에 대해 원인이 되는 | 191
□ rest on | (시선 등이) ~에 머물다, ~에 놓여 있다, ~에 달려 있다, ~에 의지하다 | 64
□ result from | ~의 결과로 생기다, ~에 기안하다 | 151
□ result in | ~을 초래하다 | 28
□ right away | 곧바로, 즉시 | 144
□ rob A of B | A에게서 B를 빼앗다 | 206
□ root for | ~를 응원하다 | 191
□ root out | ~을 뿌리째 뽑다, ~을 근절하다 | 237
□ rule out | ~을 제외시키다, ~을 배제하다 | 51
□ run away (from) | (~에서) 도망치다 | 144
□ run for | ~에 출마하다, ~에 입후보하다 | 184
□ run in one's family | ~의 집안 내력이다, 유전되다 | 23
□ run into | ~와 마주치다 | 36
□ run late | (예정보다) 늦어지다, 지연되다 | 236
□ run off | 달아나다, 도망치다 | 84
□ run on | ~으로 작동하다, 계속되다 | 71
□ run out (of) | (~이) 다 떨어지다, (~을) 다 써 버리다 | 59
□ run over | (차가) ~를 치다, (시간·비용 등이 예상을) 초과하다 | 103

S

□ search for	~을 찾다	184
□ see A as B	A를 B로(서) 여기다	225
□ see off	~를 배웅하다	85
□ see red	화가 나다	222
□ seem to+동사원형	~처럼 보이다, ~인 것 같다	224
□ sell off	~을 (싸게) 팔아 치우다	91
□ separate A from B	A를 B에서 분리하다	151
□ set ~ apart	~을 구별되게 하다, ~을 눈에 띄게 하다	255
□ set ~ free	~를 자유롭게 하다, ~를 풀어주다	243
□ set a goal	목표를 세우다	241
□ set a record	기록을 세우다	229
□ set aside	~을 따로 떼어두다, ~을 확보하다, (하던 일을) 제쳐놓다	243
□ set in	시작되다	28
□ set off	(알람·경보가) 울리다, (폭죽을) 터뜨리다, ~을 유발하다, 출발하다	83
□ set out	~하려고 나서다, ~하려고 의도하다, 시작하다, 출발하다	54
□ set the stage for	~을 위한 무대를 마련하다, ~을 위한 환경을 조성하다	186
□ set the table	식탁을 차리다, 밥상을 차리다	246
□ set up	~을 설치하다, ~을 설립하다, ~을 수립하다	108
□ settle down	정착하다, 마음을 가라앉히다, 진정되다	128
□ shake off	(먼지 등을) 털어내다, (생각·느낌을) 떨쳐내다, (뒤쫓는 사람을) 따돌리다	87
□ show A around B	A에게 B를 구경시켜 주다	249
□ show off	~을 뽐내다, ~을 자랑하다	82
□ show up	나타나다	115
□ shut down	(공장·사업체 등을) 폐쇄하다, (기계 등을) 멈추다, 끄다	230
□ shut off	~을 멈추다, ~을 차단하다, ~을 끄다	92
□ shy away from	~을 피하다	144
□ side by side	나란히, 함께	180
□ sign up (for)	(~을) 신청하다, (~에) 가입하다	126
□ single out	~을 선발하다, ~을 선정하다	47
□ sit back	편안히 앉다, 가만히 있다	136
□ sit down	앉다	131
□ sit out	밖에 놓여 있다, (연극·강연 등을) 끝까지 앉아 듣다	51
□ slow down	(속도를) 늦추다, 느긋해지다	131
□ smooth out	주름을 펴다, 매끄럽게 하다, (문제·장애 등을) 없애다, 해결하다	60
□ sneak up	살금살금 다가가다, 몰래 다가가다	117
□ so to speak	말하자면, 이를테면	266
□ soak up	~을 빨아들이다, ~을 흡수하다	121
□ sooner or later	조만간, 곧, 언젠가는	218
□ sort out	~을 정리하다, ~을 분류하다, (문제 등을) 해결하다, 처리하다	62
□ speak highly of	~을 높이 평가하다, ~을 칭찬하다	199
□ speak of	~에 대해 말하다, ~에 대해 평하다	197
□ speak of the devil	호랑이도 제 말 하면 온다더니	261
□ speak out	(뜻을) 공개적으로 밝히다, (의견을) 분명하게 말하다	44
□ speak up	큰 소리로 말하다, 거리낌없이 이야기하다	115
□ specialize in	~을 전문으로 하다, ~을 전공하다	19

□ speed up	속도를 높이다	115
□ spell out	~을 생략하지 않고 전부 쓰다, ~을 자세히 설명하다	61
□ spend ~ (on) -ing	(시간이나 돈을) ~하는 데에 쓰다	250
□ spread out	(널리) 퍼지다, 펼치다	60
□ spread over	~에 퍼지다, ~을 뒤덮다	105
□ spring from	~에서 비롯되다, ~에서 야기되다	148
□ spring up	갑자기 생겨나다, 휙 나타나다	116
□ stand by	~의 옆에 서 있다, ~의 곁을 지키다, ~를 지지하다	178
□ stand for	~을 상징하다, ~을 의미하다	187
□ stand in line	줄을 서다	23
□ stand little chance	가능성이 거의 없다	261
□ stand on one's own (two) feet	자립하다	71
□ stand out	눈에 띄다, 두드러지다, 뛰어나다	52
□ stand up	일어서다	111
□ stand up for	~을 지지하다, ~을 옹호하다	112
□ stand up to	~에 맞서다	112
□ stare at	(가만히) ~을 바라보다, ~을 응시하다	99
□ start off	~을 시작하다, ~을 출발하다	85
□ start out	(특히 사업·일을) 시작하다	62
□ stay clear of	~을 멀리하다, ~을 피하다	205
□ stay in	(밖으로 나가지 않고) 집에 있다	22
□ stay in shape	몸매를 유지하다, 건강을 유지하다	28
□ stay tuned	채널을 고정하다	246
□ stay up late	늦게까지 깨어 있다	112
□ stem from	~에서 기인하다, ~에서 유래하다	148
□ step back from	~에서 물러나다	136
□ step by step	차근차근, 조금씩	182
□ step in	개입하다, 끼어들다	16
□ step on	~을 (짓)밟다	64
□ step out	나가다, 나오다	47
□ step up	다가가다, 나서다, ~을 올리다, ~이 올라가다	117
□ stick out	~을 내밀다, ~을 튀어나오게 하다, 툭 튀어나오다, 눈에 띄다	43
□ stick to	~을 고수하다, ~을 지키다	162
□ stop by	(~에) 잠시 들르다	178
□ straighten up	~을 똑바로 하다, ~을 바로잡다, ~을 정돈하다	125
□ strictly speaking	엄밀히 말하면	264
□ strive for	~을 얻으려고 노력하다	185
□ struggle with	~에 대해 고심하다, ~과 싸우다	172
□ stumble on	~을 우연히 발견하다, ~를 우연히 만나다	78
□ suffer from	~으로 고통 받다, ~으로 시달리다	151
□ sum up	요약하다	125
□ superior to	~보다 우수한, ~보다 우월한	163
□ switch off	(스위치·전원 등을) 끄다, ~에 흥미를 잃다, ~에 기운이 없어지다	91
□ switch over (to)	(~으로) 바꾸다, (~으로) 전환하다	106

T

□ take ~ for granted	~을 당연하게 여기다	193

□ take ~ into account	~을 고려하다, ~을 감안하다	35
□ take a break	휴식을 취하다, 쉬다	246
□ take a course	강의를 듣다	247
□ take a deep breath	숨을 깊게 들이마시다	250
□ take a look at	~을 (한 번) 보다	99
□ take action	조치를 취하다	237
□ take advantage of	~을 이용하다, ~을 활용하다	203
□ take apart	~을 분해하다	242
□ take away	~을 없애다, ~을 빼앗다	142
□ take back	(샀던 상품을) 반품하다, (했던 말을) 취소하다	138
□ take care of	~를 돌보다, ~을 신경 쓰다, ~을 처리하다	196
□ take charge of	~의 책임을 지다, ~을 담당하다	199
□ take control of	~을 통제하다, ~을 지배하다	199
□ take down	~을 치우다, ~을 철거하다, ~을 적다, ~을 기록하다	131
□ take hold of	~을 잡다	197
□ take in	~을 이해하다, ~을 받아들이다, ~을 섭취하다	17
□ take it easy	마음 편하게 생각하다, (일을) 쉬엄쉬엄 하다, 진정하다	225
□ take notes	필기하다	247
□ take notice of	~에 주목하다	199
□ take off	(항공기 등이) 이륙하다, (옷·모자 등을) 벗다	83
□ take on	(책임·일을) (떠)맡다, (특정한 특질·모습을) 띠다	77
□ take one's eyes off	~에서 눈을 떼다	88
□ take out	~을 밖으로 내다, ~을 없애다, ~를 데리고 나가다, ~을 가지고 나가다	46
□ take over	(기업·책임을) 이어받다, 인수하다, ~을 차지하다, ~을 장악하다	102
□ take part in	~에 참여하다, ~에 가담하다	22
□ take place	개최되다, 일어나다	230
□ take pride in	~에 자부심을 갖다, ~을 자랑하다	19
□ take steps	조치를 취하다	237
□ take the lead	선두에 서다, 앞장서다	229
□ take the place of	~를 대체하다, ~을 대신하다	203
□ take time off	휴식을 취하다, 휴가를 내다	92
□ take turns	돌아가면서 ~을 하다, 교대로 ~을 하다	250
□ take up	(시간·공간을) 차지하다, (취미·일·이야기를) 시작하다, 배우다	120
□ talk A into B	B하도록 A를 설득하다	39
□ talk back	말대답하다, 말대꾸하다	138
□ tap into	~을 활용하다, ~을 이용하다	35
□ tear down	(건물·담 등을) 허물다, 해체하다	133
□ tear off	~을 떼어내다, 옷을 벗어 던지다	87
□ tell ~ apart	~을 구별하다, ~을 분간하다	255
□ tell from	~을 통해 알다	255
□ tell on	~를 일러바치다, ~를 나쁘게 말하다, ~에게 (안 좋은) 영향을 미치다	80
□ tend to+동사원형	~하는 경향이 있다	252
□ thanks to	~ 덕분에, ~ 때문에	156
□ there is no room for	~을 위한 자리가 없다, ~을 위한 여지가 없다	260
□ think back to	~을 돌이켜 생각해 보다, ~을 회상하다	140
□ think nothing of	~을 아무렇지 않게 생각하다, ~을 경시하다	225
□ think of	~을 생각하다, ~을 고려하다	198

□ think over	~을 곰곰이 생각하다	105
□ think up	~을 생각해내다, ~을 고안하다	116
□ throw away	~을 버리다	142
□ throw out	~을 버리다	43
□ throw up	토하다	110
□ to a large extent	크게, 대부분, 대단히	213
□ to be frank (with you)	(당신에게) 솔직히 말하자면	267
□ to make matters worse	설상가상으로	265
□ to one's advantage	자신에게 유리하게	164
□ to say nothing of	~은 말할 것도 없고	266
□ to some degree	어느 정도는	213
□ to the core	뼛속까지, 철저하게	161
□ to the point (of)	~할 정도로	213
□ track down	~를 바짝 쫓다, ~를 따라잡다, ~를 추적하다	133
□ transform A into B	A를 B로 탈바꿈시키다, A를 B로 바꾸다	39
□ translate A into B	A를 B로 번역하다	38
□ translate into	~이라는 결과를 낳다	38
□ try on	~을 입어보다, ~을 신어보다	65
□ try out	~을 시험적으로 사용해 보다, ~을 테스트해 보다, (선발 등을 위한 경쟁에) 지원하다	60
□ turn ~ inside out	(옷·호주머니 등을) 뒤집다	47
□ turn ~ over in one's mind	~을 곰곰이 생각하다	106
□ turn ~ upside down	~을 거꾸로 뒤집어 놓다, ~을 엉망으로 만들다	129
□ turn A into B	A를 B로 바꾸다	39
□ turn against	~에게 등을 돌리다, ~를 배반하다	235
□ turn around	돌(리)다, (~을) 뒤돌아보다, 호전되다, (~을) 호전시키다	242
□ turn away	외면하다, 거부하다, ~를 돌려보내다, ~를 쫓아 보내다	143
□ turn back	(원래 상태로) 되돌리다, (원래 있던 곳으로) 되돌아가다	138
□ turn down	~을 거절하다, ~을 거부하다, ~을 약하게 하다, ~을 낮추다	129
□ turn in	~을 제출하다, ~을 건네다	16
□ turn into	~으로 변하다, ~이 되다	37
□ turn off	(TV·전기·가스·수도 등을) 끄다, 잠그다	92
□ turn on	(TV·전기·가스·수도 등을) 켜다	68
□ turn on one's heels	휙 돌아서다, 발길을 돌리다	71
□ turn out	~으로 드러나다, 결국은 ~이 되다, ~을 만들어 내다	50
□ turn over	~을 뒤집다, (통제권 등을) 넘기다	106
□ turn over a new leaf	개과천선하다, 새 사람이 되다	106
□ turn to	~에(게) 의지하다, ~에 의존하다, ~으로 변하다, ~이 되다	156
□ turn up	(뜻밖에) 나타나다, (소리·온도 등을) 올리다, 상승하다	116

U

□ up and down	위아래로, 이리저리	112
□ up to	(특정한 수·정도)까지, (특정한 위치·시점)까지, ~에(게) 달려 있는	118
□ up-to-date	(정보가) 최근의, 최신의, 첨단적인	118
□ use up	~을 다 써 버리다, ~을 소모하다	121
□ used to+동사원형	~하곤 했다	259

V

□ venture into	~에 과감히 발을 들이다	36
□ vote for	~에 (찬성) 투표하다	191

W

□ wait for	~을 기다리다	184
□ wake up	깨다, 깨우다	111
□ warm up	준비 운동을 하다, 몸을 풀다, ~을 따뜻하게 하다, ~을 데우다, ~을 따뜻하게 대하다	114
□ wash away	~을 (씻어) 없애다, ~을 쓸어버리다	145
□ wear off	닳아서 없어지다, 차츰 없어지다	90
□ wear out	닳다, 못 쓰게 되다	58
□ weed out	(불필요한 것을) 제거하다, 뽑아 버리다	58
□ weigh down	(마음·기분을) 압박하다, 괴롭히다	130
□ well up	샘솟다, 복받치다	111
□ when it comes to	~에 관해서라면	268
□ wipe away	~을 닦다, ~을 없애다	145
□ wipe off	~을 닦아내다	90
□ wipe out	~을 없애다, ~을 완전히 파괴하다, ~을 닦아 내다	62
□ wish for	~을 원하다	185
□ with ease	쉽게, 간단히	170
□ with respect to	~에 관해(서는)	170
□ with the exception of	~을 제외하고	262
□ withdraw from	~에서 손을 떼다, ~을 중단하다, ~을 취소하다	149
□ work for	~을 위해 일하다, ~에서 일하다, ~에(게) 효과가 있다	185
□ work off	~을 해결하다, ~을 해소하다	94
□ work on	~을 작업하다, (~을 해결하기 위해) 노력하다, ~에(게) 작용하다, ~를 설득하다	76
□ work one's way up	출세하다, 승진하다	115
□ work out	운동하다, (일 등이) 잘 풀리다, (문제 등을) 해결하다, (계획 등을) 생각해 내다	50
□ would like to + 동사원형	~하고 싶다	224
□ wrap up	~을 마무리하다, ~을 포장하다, ~을 싸다	122
□ write back	답장을 써서 보내다	138
□ write down	~을 적어두다, ~을 기록하다	128

Y

□ yearn for	~을 동경하다, ~을 갈망하다	185
□ yield to	~에게 양보하다, ~에 굴복하다	155

MEMO

MEMO

MEMO

수능·내신 한 번에 잡는 고교 필수 영숙어

초판 1쇄 발행 2023년 1월 2일

지은이	해커스 어학연구소
펴낸곳	(주)해커스 어학연구소
펴낸이	해커스 어학연구소 출판팀
주소	서울특별시 서초구 강남대로61길 23 (주)해커스 어학연구소
고객센터	02-566-0001
교재 관련 문의	publishing@hackers.com 해커스북 사이트(HackersBook.com) 고객센터 Q&A 게시판
동영상강의	star.Hackers.com
ISBN	978-89-6542-535-9 (53740)
Serial Number	01-01-01

해커스 보카

수능 숙어

점선을 오려 단어가리개로 활용하세요

해커스북 중·고등

HackersBook.com

찬란하게 빛날
너의 미래를 응원해

점선을 오려 단어가리개로 활용하세요

| 해커스 중고등 교재 MAP |

나에게 맞는 교재 선택!

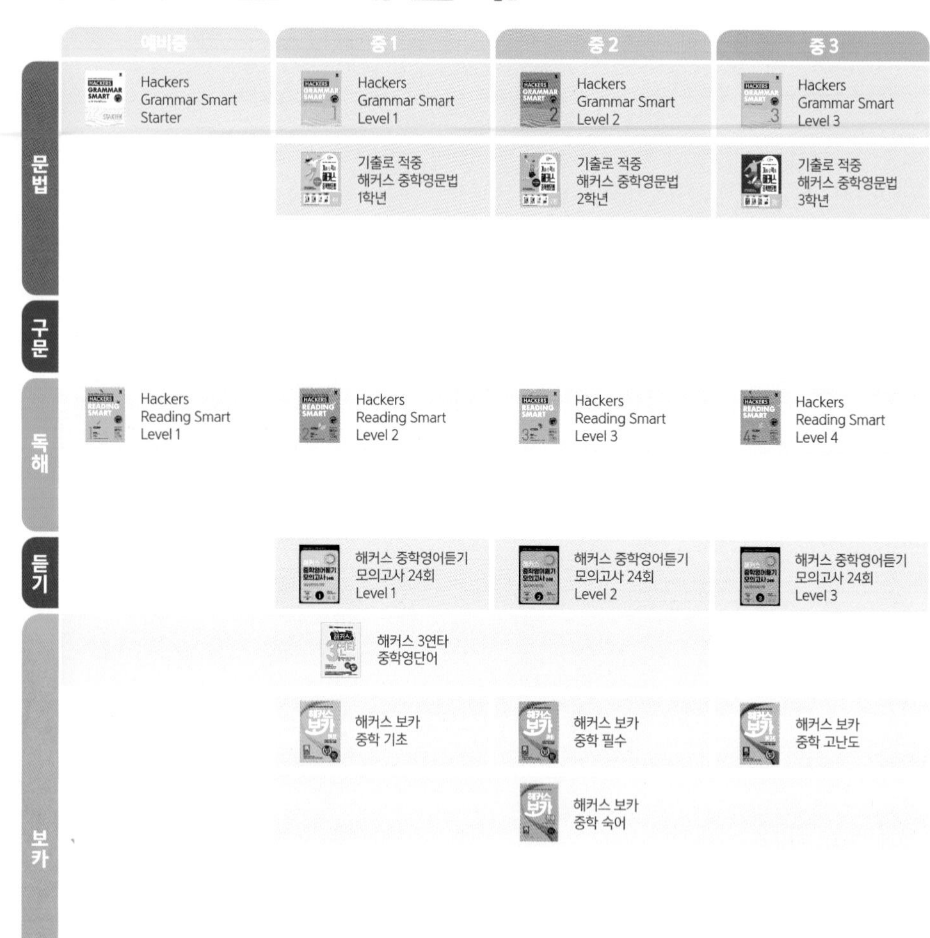

토플

READING	LISTENING	VOCA
HACKERS APEX READING for the TOEFL iBT Basic/Intermediate/Advanced/Expert	HACKERS APEX LISTENING for the TOEFL iBT Basic/Intermediate/Advanced*/Expert* (*출간 예정)	해커스 보카

해커스 보카

고등 기본

미니 암기장

해커스 어학연구소

DAY 01 의식주생활

음성 바로 듣기 ▶ 

①		
01	chore	명 (집안)일, 잡일
02	laundry	명 세탁물, 세탁일
03	flavor	명 맛, 풍미 동 ~에 맛을 내다
04	recipe	명 요리법, 레시피
05	beverage	명 음료, 마실 것
06	operate	동 작동하다, 운영하다, 수술하다
07	edible	형 식용의, 먹을 수 있는
08	shelf	명 선반
09	quite	부 꽤, 상당히
10	quiet	형 조용한, 고요한

②		
01	sweep	동 쓸다, 청소하다 명 쓸기, 청소
02	glance	동 흘끗 보다, 대충 훑어보다 명 흘끗 봄
03	match	동 어울리다, 맞다 명 경기, 시합
04	furniture	명 가구, 비품
05	manual	형 수동의, 손으로 하는 명 설명서, 소책자
06	value	명 가치, 중요성 동 가치 있게 여기다
07	pot	명 냄비, 솥
08	grocery	명 식료품, 잡화
09	striped	형 줄무늬의, 줄무늬가 있는
10	mind	명 마음, 정신 동 유의하다, 주의하다 동 신경 쓰다, 걱정하다

③		
01	receipt	명 영수증, 수령
02	bitter	형 쓴, 쓰라린, 지독한
03	appearance	명 외모, 모습, 출현
04	iron	명 다리미, 철 동 다리미질을 하다
05	palm	명 손바닥, 야자나무
06	fancy	형 화려한, 값비싼
07	soak	동 (액체에) 적시다, 담그다
08	appeal	명 매력, 호소 동 관심을 끌다, 호소하다, 항소하다
09	compare	동 비교하다, 비유하다
10	compel	동 강요하다, ~하게 만들다

④		
01	browse	동 둘러보다, 훑어보다
02	appetite	명 식욕, 욕구
03	attach	동 붙이다, 첨부하다
04	shut	동 (문을) 닫다, (눈을) 감다 형 닫힌, 감긴, 잠긴
05	tender	형 부드러운, 상냥한
06	pour	동 붓다, 따르다, 마구 쏟아지다
07	lean	동 기대다, 의지하다, 기울이다
08	temporary	형 임시의, 일시적인
09	cottage	명 오두막집, 작은 집
10	minute	명 (시간의) 분 명 순간, 잠깐 형 미세한, 세심한

DAY 02 학교생활

①

01	active	형 적극적인, 활동적인
02	excellent	형 훌륭한, 우수한
03	lecture	명 강의, 강연 동 강의를 하다
04	academic	형 학문적인, 학업의
05	encourage	동 북돋아 주다, 장려하다
06	debate	명 토론, 논쟁 동 토론하다, 논의하다
07	president	명 회장, 대통령
08	assignment	명 과제, 임무, 할당
09	principal	명 교장 선생님, 학장 형 주요한, 주된
10	principle	명 원칙, 원리

②

01	graduate	동 졸업하다 명 졸업생
02	sense	명 감, 감각 동 느끼다, 감지하다
03	real	형 진짜인, 실제의
04	annual	형 연례의, 매년의
05	collect	동 모으다, 수집하다
06	deadline	명 마감일, 기한
07	confident	형 자신감이 있는, 확신하는
08	include	동 포함하다, 함유하다
09	shout	동 소리치다, 외치다 명 고함, 큰 소리
10	subject	동 종속시키다, 지배하다 명 주제, (실험) 대상 명 과목

③

01	participate	동 참여하다, 참가하다
02	auditorium	명 강당, 객석
03	inform	동 알려주다, 통지하다
04	duty	명 의무, 임무, 세금
05	evaluate	동 평가하다, 감정하다
06	minimum	명 최소 형 최소의
07	introduction	명 도입, 소개
08	photograph	명 사진 동 사진을 찍다
09	council	명 의회, 협회
10	conceal	동 숨기다, 은폐하다

④

01	session	명 시간, 기간
02	strict	형 엄격한, 엄밀한
03	twist	동 삐다, 비틀리다, 휘다 명 꼬임, 전환
04	spill	동 쏟다, 흘리다 명 유출
05	union	명 연합회, 협회, 결합
06	maximum	형 최대의, 최고의 명 최대, 최고
07	semester	명 학기
08	ceiling	명 천장
09	stationery	명 문방구, 문구류
10	term	명 기간 명 학기 명 조건 명 용어

DAY 03 여가와 취미

①

01	journey	명 여행, 여정, 이동
02	theater	명 극장, 영화관
03	fee	명 요금, 수수료
04	prepare	동 준비하다, 대비하다
05	surprised	형 놀란, 놀라는
06	receive	동 받다, 얻다
07	nervous	형 긴장한, 불안해 하는, 신경의
08	stage	명 무대, 단계, 시기 동 상연하다, 기획하다
09	vacation	명 방학, 휴가
10	vocation	명 직업, 천직, 소명

②

01	pack	동 짐을 싸다, 포장하다
02	host	동 주최하다, 진행하다 명 주인, 주최자
03	private	형 개인의, 사적인, 사립의
04	craft	명 공예(품), 수공예 동 정교하게 만들다
05	post	동 게시하다, 발송하다 명 우편, 우체통
06	relieve	동 풀다, 완화시키다
07	practice	동 연습하다 명 연습, 관행
08	souvenir	명 기념품, 선물
09	decorate	동 꾸미다, 장식하다
10	book	동 예약하다 명 책, 서적, 도서

③

01	reserve	동 예약하다, 남겨두다 명 비축, 예비
02	wrap	동 포장하다, 싸다 명 덮개, 포장지
03	occasion	명 경우, 기회, 행사, 의식
04	allow	동 허락하다, 용납하다
05	ensure	동 반드시 ~하도록 하다, 확실하게 하다
06	agent	명 (대리) 판매 업체, 대리인, 중개상
07	argue	동 주장하다, 말다툼하다
08	confirm	동 확인하다, 확정하다
09	wonder	동 궁금해하다 명 놀라움, 경이
10	wander	동 돌아다니다, 헤매다

④

01	capital	명 수도, 자본금
02	absolute	형 절대적인, 완전한, 확고한
03	anticipate	동 예상하다, 예측하다
04	leisure	명 여가, 레저
05	undergo	동 받다, 겪다, 경험하다
06	spare	형 여가의, 남는, 여분의 동 (시간, 돈 등을) 내어 주다
07	aquarium	명 수족관
08	applaud	동 갈채를 보내다, 박수를 치다
09	insurance	명 보험, 보험금
10	return	동 반납하다, 되돌아오다 명 답례 명 귀환 명 수익

DAY 04 일과 직업

①

01	career	명 경력, 직장 생활, 직업
02	skill	명 기량, 기술
03	task	명 일, 과업
04	tend	동 ~하는 경향이 있다
05	position	명 직책, 자리, 위치
06	hire	동 고용하다, 쓰다
07	quit	동 그만두다
08	proud	형 자부심이 강한, 자랑스러운
09	labor	명 노동, 업무, 분만
10	label	동 (표시, 라벨 등을) 붙이다 명 상표, 표시

②

01	familiar	형 익숙한, 친숙한
02	spread	동 퍼뜨리다, 펼치다 명 확산, 전파
03	divide	동 나누다, 분할하다, 분류하다
04	retire	동 은퇴하다, 퇴직하다
05	vision	명 시력, 시야, 환상
06	obstacle	명 장애물, 장애, 방해물
07	contrary	형 반대인, 다른
08	arrange	동 준비하다, 정렬하다, 조정하다
09	attempt	동 시도하다 명 시도, 기도
10	board	명 판, 판자 동 타다, 승선하다 명 게시판 명 (관청의) 국, 부

③

01	presentation	명 발표, 제출
02	accomplish	동 해내다, 성취하다
03	convince	동 설득하다, 확신시키다, 납득시키다
04	audience	명 청중, 시청자
05	wage	명 임금, 급료
06	previous	형 이전의, 바로 앞의
07	spend	동 (시간, 돈 등을) 들이다, 쓰다
08	distinguish	동 구분하다, 식별하다
09	former	형 전의, 과거의
10	formal	형 공식적인, 정중한

④

01	envious	형 부러운, 선망하는
02	vice	형 부의, 대리의 명 범죄, 악
03	architect	명 건축가, 설계자
04	relevant	형 관련된, 적절한
05	enthusiasm	명 열정, 열의, 감격
06	desirable	형 바람직한, 매력 있는, 탐나는
07	dismiss	동 해고하다, 해산시키다
08	competent	형 유능한, 능숙한
09	memorize	동 외우다, 암기하다
10	fix	동 고치다 동 고정시키다 동 (날짜, 시간 등을) 정하다

DAY 05 운동과 건강

①

01	muscle	명 근육, 근력
02	regular	형 정기적인, 규칙적인 명 단골손님
03	stretch	동 스트레칭을 하다, 늘이다, 뻗다
04	reduce	동 줄이다, 낮추다
05	opponent	명 적수, 상대(방), 반대자
06	recommend	동 권하다, 추천하다
07	warn	동 경고하다, 주의를 주다
08	cause	동 일으키다, 초래하다 명 원인, 이유
09	lose	동 지다, 잃어버리다, 뺏기다
10	loose	형 느슨한, 헐거운 동 느슨하게 풀다

②

01	rather	부 차라리, 오히려
02	straight	부 쭉, 일직선으로, 똑바로 형 곧은, 똑바른
03	meanwhile	부 한편, 그동안에
04	continuous	형 지속적인, 끊임없는
05	ordinary	형 보통의, 일상적인, 평범한
06	relationship	명 관계, 관련성
07	throat	명 목, 목구멍
08	encounter	동 맞닥뜨리다, 부딪히다, 만나다 명 마주침, 만남
09	disturb	동 방해하다, 어지럽히다
10	lead	동 이끌다, 데리고 가다 동 (결과적으로) 이어지다 명 납

③

01	capable	형 ~할 수 있는, 유능한
02	proper	형 올바른, 적절한, 고유의
03	frequent	형 자주 발생하는, 빈번한
04	symptom	명 증상, 징후
05	monitor	동 (추적) 관찰하다, 감시하다 명 화면, 감시 장치
06	consume	동 섭취하다, 소모하다, 먹다
07	struggle	동 고생하다, 고군분투하다, 싸우다 명 투쟁, 분투
08	strengthen	동 강화시키다, 증강하다
09	slide	명 미끄럼틀, 산사태 동 미끄러지다, 내려가다
10	slice	명 (얇게 썬) 조각, 일부분 동 (얇게) 썰다

④

01	sufficient	형 충분한, 흡족한
02	fulfill	동 이루다, 실현하다
03	suggest	동 제안하다, 암시하다
04	fatigue	명 피로, 피곤
05	intake	명 섭취(량), 흡입
06	pace	명 (걸음, 달리기 등의) 속도
07	disorder	명 장애, 무질서, 혼란
08	flexible	형 유연한, 융통성 있는
09	supplement	명 보충(제), 추가 동 보충하다, 추가하다
10	physical	형 신체의, 육체의 형 물리적인, 물리의

DAY 06 성격과 심리

①

01	relax	동 긴장을 풀다, 안정을 취하다
02	grateful	형 감사하는, 고맙게 여기는
03	complain	동 불평하다, 항의하다
04	delighted	형 기쁜, 아주 즐거운
05	express	동 표현하다, 나타내다 형 급행의, 신속한
06	reward	명 보상, 사례금 동 보상하다, 보답하다
07	frustrated	형 좌절한, 실망한
08	recognize	동 인식하다, 인정하다
09	temper	명 성질, 성미
10	temple	명 사찰, 절, 사원

②

01	object	명 물건, 물체, 대상 동 반대하다
02	disappointed	형 실망한, 낙담한
03	anxious	형 불안한, 걱정하는
04	insist	동 고집하다, 주장하다, 우기다
05	sudden	형 갑작스러운, 뜻밖의
06	immediate	형 즉각적인, 직접의
07	appreciate	동 감사하다, 진가를 알아보다, 감상하다
08	pale	형 창백한, 핼쑥한
09	purpose	명 목적, 의도, 용도
10	race	동 경주하다, 경쟁하다 명 경주, 경기 동 급하게 하다, 서두르다 명 인류, 인종

③

01	discouraged	형 낙담한, 낙심한
02	stare	동 응시하다, 빤히 쳐다보다 명 빤히 봄, 응시
03	burst	동 터뜨리다, 터지다 명 파열, 터뜨림
04	miserable	형 비참한, 불쌍한
05	embarrassed	형 당황한, 어색한, 창피한
06	hardly	부 거의 ~하지 않다
07	panic	동 당황하다, 공황 상태에 빠지다 명 공포, 공황
08	correspond	동 일치하다, 부합하다, 서신을 주고받다
09	cruel	형 잔인한, 잔혹한
10	crucial	형 매우 중요한, 결정적인

④

01	isolated	형 고립된, 외딴
02	awkward	형 어색한, 곤란한, 불편한
03	sympathy	명 동정(심), 연민
04	terrifying	형 무시무시한, 놀라게 하는
05	optimistic	형 낙관적인, 낙천적인
06	sincere	형 성실한, 진실된, 진정한
07	likely	형 가능성이 있는, 그럴듯한 부 아마, 어쩌면
08	endure	동 견디다, 참다, 인내하다
09	cognitive	형 인지의, 인식의
10	reflect	동 반사하다, 비추다 동 반성하다 동 반영하다, 나타내다

DAY 07 인간관계

①

01	similar	형 비슷한, 닮은
02	situation	명 상황, 위치
03	related	형 관련이 있는, 친족의
04	suppose	동 생각하다, 가정하다
05	social	형 사회적인, 사회의
06	unique	형 특별한, 독특한, 유일무이한
07	prefer	동 선호하다, 더 좋아하다
08	remain	동 유지하다, 계속 ~하다 명 나머지, 잔액
09	distract	동 흐트러뜨리다, 산만하게 하다
10	district	명 지역, 구역

②

01	apologize	동 사과하다, 변명하다
02	refer	동 나타내다, 가리키다, 참조하다
03	colleague	명 동료
04	rely	동 의지하다, 신뢰하다
05	mistake	명 실수 동 오해하다, 착각하다
06	request	명 요청, 요구사항 동 요청하다, 부탁하다
07	assume	동 생각하다, 가정하다
08	refuse	동 거절하다, 거부하다
09	reply	명 답장, 대답 동 대답하다, 대응하다
10	degree	명 정도, 등급 명 (각도, 온도계 등의) 도 명 학위

③

01	capacity	명 능력, 수용력, 용량
02	passion	명 열정, 격정, 격노
03	surround	동 둘러싸다, 에워싸다, 포위하다
04	indeed	부 정말, 참으로, 실제로
05	imitate	동 모방하다, 흉내 내다
06	bond	명 유대(감), 끈 동 유대를 맺다
07	obtain	동 얻다, 획득하다
08	precious	형 소중한, 값비싼
09	contribute	동 기여하다, ~한 원인이 되다, 기부하다
10	distribute	동 나눠주다, 분배하다

④

01	reject	동 거절하다, 거부하다
02	gaze	명 시선, 응시 동 응시하다, 바라보다
03	cherish	동 소중히 간직하다, 아끼다
04	hospitality	명 환대, 후대, 접대
05	uncover	동 폭로하다, 뚜껑을 열다
06	casual	형 무심한, 가벼운, 격식을 차리지 않은
07	mutual	형 상호 간의, 서로의
08	farewell	명 송별, 작별 (인사)
09	owe	동 신세를 지다, 빚지다
10	treat	동 대우하다, 다루다 동 대접하다 동 치료하다

DAY 08 말과 언어

①

01	comment	명 의견, 논평, 비판, 주석 동 비평하다, 의견을 말하다
02	popular	형 인기가 있는, 대중적인
03	develop	동 개발하다, 발전하다
04	moment	명 잠시, 잠깐
05	public	명 대중, 일반 사람들 형 대중의, 공공의
06	promise	동 약속하다, 공약하다 명 약속, 전망
07	select	동 선택하다, 선발하다 형 선택된, 엄선된
08	pleasure	명 즐거움, 기쁨
09	involve	동 관련 있다, 참여시키다, 포함하다
10	evolve	동 진화하다, 서서히 발전하다

②

01	range	명 범위, 영역
02	stuff	명 물건, 물질
03	journal	명 일기, 잡지, 학술지
04	describe	동 묘사하다, 서술하다
05	otherwise	부 ~하지 않으면, 그 외에는
06	share	동 공유하다, 나누다 명 몫, 할당
07	jealous	형 질투하는, 시기가 많은
08	translate	동 번역하다, 통역하다
09	nod	동 고개를 끄덕이다 명 끄덕임
10	mean	동 의미하다 동 의도하다 명 수단, 도구 형 못된, 비열한

③

01	conclude	동 마치다, 결론을 내리다
02	intend	동 의도하다, 의미하다
03	worth	형 ~의 가치가 있는 명 가치, 진가
04	outcome	명 결과, 성과
05	honor	명 영광, 명예, 경의 동 ~를 매우 존경하다
06	internal	형 내적인, 내부의, 체내의
07	verbal	형 언어의, 말로 된
08	besides	부 게다가, 뿐만 아니라
09	cure	동 치료하다, 치유하다 명 치유, 치료법
10	core	명 핵심, 중심부 형 핵심의

④

01	strike	동 두드리다, 치다, 때리다 명 파업, 공격
02	channel	명 수단, 방법, 채널, 경로 동 수로를 열다, ~을 통해 보내다
03	gratitude	명 감사, 고마움
04	metaphor	명 은유, 비유
05	interpret	동 해석하다, 이해하다
06	insult	동 모욕하다, 욕보이다 명 모욕, 무례
07	weird	형 이상한, 기이한
08	random	형 무작위의
09	remark	명 말, 발언, 주목 동 언급하다, 발언하다
10	sentence	명 문장, 글 동 (형을) 선고하다, 판결하다

DAY 09 도덕과 윤리

음성 바로 듣기 ▶

①

01	just	형 정의로운, 공정한, 정당한 부 바로, 틀림없이
02	moral	형 도덕적인, 도의상의 명 교훈
03	peer	명 또래, 동년배
04	achieve	동 성취하다, 이루다
05	path	명 길, 오솔길, 통로
06	necessary	형 필수적인, 필요한
07	selfish	형 이기적인, 제멋대로 하는
08	penalty	명 벌칙, 처벌, 불이익
09	adopt	동 취하다, 채택하다, 입양하다
10	adapt	동 적응하다, 맞추다

②

01	pause	동 멈추어 서다, 잠시 멈추다 명 잠깐 멈춤, 중지
02	incentive	명 장려책, 장려금, 동기
03	sacrifice	동 희생하다, 단념하다 명 희생, 희생물
04	generous	형 후한, 넉넉한, 관대한
05	appropriate	형 적절한, 알맞은, 어울리는
06	chase	동 추격하다, 뒤쫓다 명 추격, 추적
07	deserve	동 누릴 자격이 있다, ~할 만하다
08	pretend	동 하는 척하다, 가장하다
09	neglect	동 무시하다, 등한시하다, 방치하다
10	lie	동 눕다 동 ~에 있다, 존재하다 동 거짓말하다 명 거짓말

③

01	devote	동 (시간, 노력 등을) 바치다, 헌신하다
02	admit	동 인정하다, (입학을) 허락하다
03	gender	명 성별, 성
04	permit	동 허용하다, 허락하다 명 허가증
05	spouse	명 배우자, 남편, 아내
06	ultimate	형 궁극적인, 최후의, 최고의
07	cheat	동 부정행위를 하다, 속이다 명 속임수
08	extraordinary	형 특별한, 비범한
09	ethnic	형 민족의, 종족의
10	ethical	형 윤리적인, 도덕적인

④

01	fundamental	형 필수적인, 근본적인
02	modify	동 바꾸다, 수정하다, 변경하다
03	instinct	명 본능, 직감, 직관
04	volunteer	명 자원봉사자 형 자발적인, 자원의 동 자원하다
05	conscious	형 의식하는, 깨닫고 있는, 지각이 있는
06	tempt	동 유혹하다, 부추기다
07	humble	형 겸손한, 소박한
08	ashamed	형 부끄러운, 창피한
09	prejudice	명 편견, 선입관
10	order	동 주문하다 동 명령하다 명 순서 명 질서

DAY 10 문제와 해결책

①

01	welfare	명 복지, 안녕
02	victim	명 피해자, 희생자
03	population	명 인구, 주민
04	neighbor	명 이웃, 이웃 사람
05	ignore	동 무시하다, 묵살하다
06	donate	동 기부하다, 기증하다
07	serious	형 심각한, 중대한, 진지한
08	fund	명 기금, 자금 동 자금을 대다
09	personal	형 개인의, 개인적인
10	personnel	명 인사과, 직원

②

01	half	명 절반, 반
02	concern	명 걱정, 관심, 중요성 동 관계가 있다, 걱정시키다
03	rescue	명 구조, 구출 동 구하다, 구조하다
04	critic	명 비평가, 평론가
05	charity	명 자선, 자선 단체
06	rage	명 분노, 격노, 맹렬 동 분노하다, 격노하다
07	afford	동 여유가 있다, 할 수 있다
08	unite	동 단결하다, 연합하다
09	orphan	명 고아 동 고아로 만들다
10	bear	동 견디다, 참다 동 낳다, 출산하다 동 지탱하다

③

01	abandon	동 버리다, 유기하다
02	crash	명 (충돌) 사고, 추락 동 충돌하다, 추락하다
03	promote	동 홍보하다, 승진시키다
04	decade	명 10년, 10년간
05	establish	동 설립하다, 수립하다, 제정하다
06	burden	명 부담, 짐 동 부담을 지우다
07	assist	동 돕다, 거들다, 원조하다
08	resolve	동 해결하다, 결심하다, 분해하다
09	detect	동 탐지하다, 발견하다
10	defeat	동 패배시키다, 물리치다 명 패배

④

01	capture	동 붙잡다, 포획하다 명 생포, 구금
02	perspective	명 관점, 시각, 원근법
03	desperate	형 필사적인, 절망적인
04	apparent	형 겉으로 보이는, 명백한
05	contradict	동 모순되다, 반박하다
06	aggressive	형 공격적인, 적극적인
07	companion	명 친구, 동반자, 동행
08	compromise	동 타협하다, 화해시키다 명 타협, 양보
09	commitment	명 약속, 헌신, 전념
10	stock	명 재고(품) 명 주식, 증권

DAY 11 예술과 문학

음성 바로 듣기 ▶ 

①

01	publish	동 출판하다, 발행하다
02	literature	명 문학, 문예, 문헌
03	fiction	명 소설, 창작, 허구
04	author	명 작가, 저자 동 쓰다, 저술하다
05	symbol	명 상징(물), 부호, 기호
06	plot	명 줄거리, 구성, 음모 동 몰래 꾸미다, 계획하다
07	collaborate	동 협력하다, 공동으로 작업하다
08	statue	명 조각상
09	state	명 상태, 사정, 지위 동 말하다, 진술하다
10	status	명 지위, 신분, 상태

②

01	fit	동 어울리다, 맞다 형 어울리는, 건강한
02	movement	명 (정치·사회적) 운동, 움직임, 동향
03	brilliant	형 훌륭한, 뛰어난
04	prior	형 이전의, 앞의
05	outline	명 윤곽, 개요 동 ~의 윤곽을 그리다
06	sort	명 종류, 유형 동 분류하다, 해결하다
07	portrait	명 초상화, 인물 사진
08	tale	명 이야기, 설화, 동화
09	add	동 더하다, 추가하다
10	volume	명 양, 용량, 부피 명 음량 명 (전집류 등의) 권, 책

③

01	wisdom	명 지혜, 슬기, 현명함
02	impressed	형 깊은 인상을 받은, 감명을 받은
03	emphasize	동 강조하다, 역설하다
04	bold	형 과감한, 선명한, 굵은
05	admire	동 감탄하다, 존경하다, 칭찬하다
06	vivid	형 선명한, 생생한
07	multiple	형 여러, 다수의
08	profound	형 깊은, 심오한
09	terrible	형 형편없는, 끔찍한
10	terrific	형 아주 멋진, 훌륭한

④

01	calculate	동 계산하다, 추정하다
02	opportunity	명 기회
03	poetry	명 시, 시가, 운문
04	recall	동 회상하다, 기억해 내다 명 기억, 회수
05	inferior	형 열등한, 하위의
06	spirit	명 영혼, 정신, 마음
07	fade	동 시들해지다, 바래다, 희미해지다
08	generation	명 세대, 동시대의 사람들, 발생
09	masterpiece	명 작품, 걸작
10	figure	명 수치, 숫자 명 인물 명 형상, 형태 동 생각하다, 판단하다

DAY 12 미디어와 음악

①

01	perform	동 공연하다, 수행하다
02	feature	동 출연하다, 특징으로 삼다 명 특징, 기능
03	genre	명 장르, 유형, 형식
04	instrument	명 악기, 기구, 기계
05	broadcast	동 방송하다, 방영하다 명 방송
06	artwork	명 예술 작품, 미술품
07	suit	동 어울리다, 맞다 명 정장, 소송
08	inspire	동 영감을 주다, 고무하다
09	belief	명 신념, 믿음, 생각
10	brief	형 간단한, 잠깐의 동 ~에게 알려주다

②

01	upset	형 화가 난, 속상한 동 당황하게 하다, 뒤엎다
02	respond	동 반응하다, 대답하다
03	steady	형 안정된, 꾸준한
04	dislike	동 싫어하다, 좋아하지 않다 명 반감, 혐오
05	define	동 정의하다, 규정하다
06	celebrity	명 유명인, 연예인
07	genius	명 천재, 천재성
08	visual	형 시각의, 눈에 보이는
09	compose	동 작곡하다, 구성하다, 만들다
10	deal	동 다루다, 대처하다 동 취급하다, 거래하다 명 거래

③

01	poll	명 투표, 여론 조사 동 여론 조사를 하다
02	pitch	명 음높이, 음조, 정점
03	eager	형 너무 ~하고 싶은, 열망하는
04	silly	형 우스꽝스러운, 어리석은
05	furious	형 분노하는, 격노한
06	barely	부 거의 ~하지 않게, 간신히
07	thrill	동 황홀하게 만들다, 감격하다 명 황홀감, 전율
08	particular	형 특정한, 특별한
09	constant	형 끊임없는, 불변의
10	consistent	형 일치하는, 한결같은

④

01	employ	동 사용하다, 고용하다
02	illusion	명 환상, 착각
03	funeral	명 장례식 형 장례식의
04	whisper	동 속삭이다 명 속삭임
05	elaborate	형 정교한, 공들인 동 자세히 설명하다
06	bunch	명 많은 수, 묶음, 다발
07	atmosphere	명 분위기, 대기, 공기
08	escape	동 도망가다, 탈출하다 명 탈출, 모면
09	cultivate	동 재배하다, 경작하다, 구축하다
10	cast	동 던지다, 내던지다 명 출연진, 배역

DAY 13 문화와 종교

①

01	represent	동 대표하다, 나타내다, 상징하다
02	exhibit	명 전시회, 전시(품) 동 전시하다, 드러내다
03	minister	명 장관, 성직자
04	vary	동 다르다, 다양하다, 변화하다
05	tribe	명 부족, 종족
06	community	명 공동체, 지역 사회
07	consider	동 고려하다, 숙고하다
08	concept	명 개념, 생각, 사상
09	pray	동 기도하다, 기원하다 명 기도
10	prey	명 먹이, 사냥감, 희생자

②

01	myth	명 신화, 신화적 인물
02	attitude	명 태도, 자세, 사고방식
03	priest	명 성직자, 사제
04	approve	동 인정하다, 찬성하다, 승인하다
05	carve	동 조각하다, 새기다
06	primitive	형 원시의, 초기의
07	invade	동 침략하다, 침해하다
08	arise	동 생기다, 일어나다, 나타나다
09	register	동 등록하다, 신고하다
10	custom	명 관습, 풍습 명 세관, 관세

③

01	punish	동 벌주다, 처벌하다
02	tie	동 매다, 묶다, 비기다 명 넥타이, 유대 관계
03	indicate	동 나타내다, 시사하다
04	humor	명 유머, 해학
05	stack	동 쌓다, 쌓아 올리다 명 더미, 무더기
06	odd	형 이상한, 특이한, 홀수의
07	persist	동 지속되다, 고집하다
08	insight	명 통찰(력), 간파, 식견
09	novel	명 소설
10	noble	명 귀족, 상류층 형 고결한, 숭고한

④

01	outstanding	형 뛰어난, 두드러진
02	resist	동 저항하다, 반대하다, 참다
03	hesitate	동 주저하다, 망설이다
04	protest	동 항의하다, 반대하다 명 항의 운동, 시위
05	restore	동 복원하다, 회복시키다
06	associate	동 연상하다, 결합시키다, 관련짓다 명 동료
07	heritage	명 유산, 전통
08	restriction	명 제한, 규제, 한정
09	perceive	동 인식하다, 지각하다, 이해하다
10	scale	명 저울, 눈금 명 등급, 단계 명 범위, 규모

DAY 14 역사와 전통

①

01	ancient	형 고대의, 먼 옛날의
02	tradition	명 전통, 관례
03	origin	명 기원, 근원, 태생
04	folk	형 민속의, 전통적인 명 사람들
05	device	명 기구, 장치, 고안
06	usual	형 일반적인, 평상시의
07	ritual	명 의식 (절차), 의례 형 의례적인
08	entire	형 온, 전체의, 완전한
09	region	명 지역, 지방, 범위
10	religion	명 종교

②

01	record	명 기록, 음반 동 기록하다
02	settle	동 정착하다, 해결하다
03	occupation	명 점령, 점유, 직업
04	mass	명 다량, 다수 형 대량의, 대규모의
05	tap	동 두드리다, 가볍게 톡톡 치다 명 수도, 수도꼭지
06	grasp	동 파악하다, 꽉 잡다 명 파악, 꽉 쥐기
07	fame	명 명성, 평판
08	comfort	명 위안, 위로, 편안함 동 위로하다
09	hole	명 구멍, 구덩이
10	succeed	동 성공하다 동 계승하다

③

01	routine	명 일과, 일상의 일 형 일상적인
02	numerous	형 수많은, 다수의
03	legend	명 전설, 전설적 인물
04	military	형 군사적인, 무력의 명 군대
05	weapon	명 무기, 병기
06	celebrate	동 기념하다, 축하하다
07	combat	명 전투, 투쟁 동 싸우다, 투쟁하다
08	historical	형 역사적인, 역사상의
09	royal	형 왕의, 국왕의 명 왕족
10	loyal	형 충성스러운, 충실한, 성실한

④

01	harvest	명 수확물, 수확(기) 동 수확하다
02	illustrate	동 설명하다, 보여주다
03	dare	동 감히 ~하다, ~할 엄두를 내다
04	voyage	명 항해, 여행
05	conventional	형 전통적인, 관습적인
06	contemporary	형 현대의, 당대의, 동시대의
07	revolution	명 혁명, 변혁
08	cooperation	명 협조, 협력, 협동
09	conquer	동 정복하다, 이기다, 극복하다
10	stable	형 안정적인, 차분한 명 마구간

DAY 15 교육과 학문

음성 바로 듣기 ▶ 

①

01	university	명 대학
02	education	명 교육
03	focus	동 집중하다, 초점을 맞추다 명 주목, 초점
04	entry	명 참가, 입장, 가입
05	medical	형 의학의, 의료의
06	accept	동 받아들이다, 인정하다
07	pioneer	명 선구자, 개척자 동 개척하다
08	mathematics	명 수학, 계산
09	professor	명 교수, 선생
10	profession	명 직종, 직업, 종사자들

②

01	theory	명 이론, 학설
02	philosophy	명 철학
03	method	명 방식, 방법
04	praise	명 칭찬, 찬사 동 칭찬하다
05	standard	형 표준의, 일반적인 명 표준, 기준
06	character	명 인격, 성격, 특징, 등장인물
07	throw	동 던지다
08	psychology	명 심리학, 심리
09	intention	명 의도, 목적
10	apply	동 적용되다, 해당되다 동 (크림 등을) 바르다 동 신청하다, 지원하다

③

01	tune	동 조율하다, 음을 맞추다 명 곡(조), 선율
02	submit	동 제출하다, 항복하다
03	logical	형 논리적인, 타당한
04	blame	동 비난하다, ~의 책임으로 보다 명 비난, 책임
05	display	동 드러내다, 전시하다, 표시하다 명 전시, 표시
06	likewise	부 똑같이, 마찬가지로
07	discipline	명 훈육, 훈련, 수양 동 훈련하다
08	boost	동 북돋우다, 신장시키다
09	shallow	형 얕은, 피상적인
10	swallow	동 삼키다, 다 없애다

④

01	bias	명 편견, 편향, 선입견
02	string	명 끈, 줄 동 꿰다, 묶다
03	examination	명 검토, 검사, 조사
04	rational	형 합리적인, 이성적인
05	laboratory	명 실험실
06	authority	명 권위, 권한, 당국
07	misunderstanding	명 오해, 착오, 의견 차이
08	pursue	동 추구하다, 종사하다, 쫓다
09	deprived	형 불우한, 궁핍한, 박탈당한
10	spell	동 철자를 맞게 쓰다 명 주문, 마법

DAY 16 물리학과 화학

음성 바로 듣기 ▶ 

①

01	nature	명 자연, 본질
02	experiment	명 실험, 실험 장치 동 실험하다
03	condition	명 환경, 조건, 상황
04	distance	명 거리, 간격
05	evidence	명 증거, 흔적
06	chemical	형 화학의, 화학적인 명 화학 물질
07	fluid	명 액(체), 유동체 형 유동성의
08	extensive	형 광범위한, 대규모의
09	process	명 과정, 절차 동 처리하다
10	progress	명 진보, 진행, 경과 동 진보하다, 나아가다

②

01	planet	명 행성, 유성, 지구(the planet)
02	conduct	동 (특정한 활동을) 하다, 실시하다 명 행위, 지도
03	solid	형 고체인, 단단한 명 고체
04	eternal	형 영원한, 끊임없는
05	gravity	명 중력, 중대성
06	melt	동 녹이다, 녹다, 차차 없어지다
07	astronaut	명 우주 비행사
08	smooth	형 매끄러운, 순조로운 동 매끈하게 하다, 펴다
09	oxygen	명 산소
10	support	동 지탱하다, 떠받치다 동 지지하다, 지원하다 동 부양하다

③

01	acid	명 산, 신 것 형 산성의, 신
02	orbit	명 궤도, 활동 범위 동 궤도를 돌다
03	toxic	형 유독성의, 중독성의
04	atom	명 원자
05	liquid	명 액체, 유동체 형 액체의, 액상의
06	universe	명 우주, 은하계
07	reverse	동 뒤집다, 뒤바꾸다, 반전시키다 형 거꾸로 된, 반대의
08	extend	동 연장하다, 넓히다, 뻗다
09	extent	명 범위, 정도, 규모
10	expand	동 확장하다, 늘리다

④

01	preserve	동 보존하다, 지키다, 저장하다
02	vapor	명 증기 동 증발하다, 기화하다
03	invisible	형 보이지 않는, 무형의
04	substance	명 물질, 본질, 요지
05	particle	명 (작은) 입자, 조각
06	moisture	명 수분, 습기
07	abstract	형 관념적인, 추상적인 명 추상화
08	valid	형 유효한, 타당한, 근거 있는
09	invention	명 발명, 발명품
10	stick	명 막대기 동 붙다, 붙이다 동 지키다, 고수하다

DAY 17 생물학과 유전학

①

01	biology	명 생물학
02	gene	명 유전자
03	factor	명 요인, 인자
04	trace	명 흔적, 자취, 극소량 동 추적하다
05	require	동 필요로 하다, 요구하다
06	structure	명 구조, 구조물, 체계 동 구성하다, 조직화하다
07	research	명 연구, 조사
08	intelligent	형 지능이 있는, 지적인
09	sign	명 흔적, 표시, 징후 동 서명하다, 신호하다
10	sigh	동 한숨을 쉬다

②

01	insect	명 곤충
02	circumstance	명 상황, 환경, 형편
03	normal	형 정상적인, 보통의, 평범한
04	threat	명 위협, 위험, 협박
05	improve	동 향상시키다, 개선하다
06	repeat	동 반복하다, 되풀이하다
07	resemble	동 닮다, 비슷하다
08	protein	명 단백질
09	hatch	동 부화하다
10	direct	형 직접적인 동 (길을) 안내하다, 가리키다 동 지도하다 동 (영화 등을) 감독하다, 연출하다

③

01	individual	명 개인, 각자 형 각각의, 개인의
02	silent	형 소리 없는, 조용한
03	fiber	명 섬유(질)
04	ancestor	명 조상, 선조
05	yawn	동 하품하다 명 하품
06	pregnant	형 임신한
07	stimulate	동 자극하다, 활발하게 하다
08	slightly	부 약간, 조금
09	bleed	동 피가 나다, 피를 흘리다
10	breed	동 번식하다, 사육하다

④

01	crawl	동 기다, 기어가다
02	sensation	명 (감)각, 느낌, 선풍을 일으키는 것
03	sequence	명 순서, 연속, 결과
04	blink	동 눈을 깜박이다 명 깜박임
05	interfere	동 방해하다, 간섭하다
06	identical	형 동일한, 일란성의
07	empathy	명 공감, 감정이입
08	dramatic	형 극적인, 인상적인, 희곡의
09	explicit	형 명시적인, 명확한, 뚜렷한
10	tissue	명 (세포) 조직 명 가제 수건, 휴지

DAY 18 의학과 질병

①

01	stomach	명 배, 위, 복부
02	pill	명 알약, 환약
03	thumb	명 엄지손가락
04	wound	명 상처, 부상 동 상처를 입히다
05	therapy	명 치료, 요법
06	surgery	명 수술
07	physician	명 (내과) 의사
08	positive	형 긍정적인
09	grab	동 잡다, 움켜잡다
10	grip	명 악력, 꽉 붙잡음, 지배 동 꽉 잡다, 쥐다

②

01	prevent	동 예방하다, 막다, 방지하다
02	suffer	동 고통받다, 시달리다
03	ruin	동 망치다, 파멸시키다 명 붕괴, 폐허
04	organ	명 장기(기관)
05	instead	부 대신에
06	ankle	명 발목
07	nutrition	명 영양 (섭취), 영양분
08	decrease	동 낮추다, 줄이다
09	trouble	명 문제, 병, 고장
10	seal	동 밀폐하다, 밀봉하다 명 물개

③

01	track	동 추적하다, 따라 이동하다 명 길, 선로, 경주로
02	perhaps	부 아마도, 어쩌면
03	bump	동 부딪치다, 마주치다
04	alert	형 기민한, 경계하는 명 경계, 경보 동 경고하다
05	slip	동 미끄러지다, 넘어지다 명 실수, 미끄러짐
06	modest	형 적당한, 겸손한
07	disabled	형 장애를 가진, 불구가 된
08	rapid	형 빠른, 신속한
09	spin	명 회전, 회전 운동 동 돌다, 회전하다
10	spine	명 척추, 등뼈

④

01	rare	형 희귀한, 드문, 덜 구워진
02	beat	동 (심장·맥박 등이) 뛰다, 이기다, 치다 명 고동, 맥박, 박자
03	indifferent	형 무관심한, 중요치 않은
04	sew	동 꿰매다, 바느질하다
05	antibiotic	명 항생제, 항생 물질 형 항생 작용의
06	chronic	형 만성의, 장기간에 걸친
07	sight	명 시력, 시야 동 발견하다
08	fatal	형 치명적인, 죽음을 초래하는
09	tremble	동 떨리다, 떨다
10	patient	명 환자, 병자 형 인내심 있는, 참을성 있는

DAY 19 정보와 기술

①

01	modern	형 현대의, 최신의
02	mobile	형 이동식의, 기동성의 명 이동 전화
03	function	명 기능, 작용, 의식 동 기능하다, 역할을 하다
04	machine	명 기계, 기구
05	repair	명 수리, 수선 동 수리하다, 보수하다
06	efficient	형 효율적인, 능률적인, 유능한
07	install	동 설치하다, 설비하다
08	innovation	명 혁신, 획기적인 것
09	trust	동 신뢰하다, 믿다 명 신뢰, 신임
10	truth	명 진실, 사실

②

01	imagine	동 상상하다, 가정하다
02	artificial	형 인공의, 인조의, 부자연스러운
03	adjust	동 맞추다, 조정하다, 적응하다
04	ideal	형 이상적인, 완벽한 명 이상, 이상형
05	gather	동 수집하다, 모으다
06	mechanic	명 정비사, 수리공
07	portable	형 휴대용의, 이동이 쉬운
08	remove	동 치우다, 제거하다
09	master	동 통달하다, 숙달하다 명 주인, 달인
10	screen	명 화면, 스크린 동 상영하다, 방영하다 명 가림막, 칸막이 동 거르다, 선별하다

③

01	widespread	형 광범위한, 널리 보급된
02	edge	명 가장자리, 모서리
03	remind	동 상기시키다, 일깨우다
04	acquire	동 습득하다, 얻다
05	interact	동 상호작용하다, 소통하다
06	scatter	동 쫓아 버리다, 흩뿌리다
07	virtual	형 가상의
08	convert	동 바꾸다, 전환하다
09	ease	명 쉬움, 용이함 동 완화하다, 덜어주다
10	erase	동 지우다, 없애다

④

01	navigate	동 길을 찾다, 항해하다
02	reproduce	동 복제하다, 번식하다
03	differ	동 다르다, 의견을 달리하다
04	instruction	명 사용 설명서, 지시, 명령, 교육
05	significant	형 중요한, 의미 있는, 상당한, 현저한
06	satellite	명 위성, 인공위성
07	demonstrate	동 보여주다, 입증하다, 시위에 참여하다
08	emerge	동 등장하다, 드러나다, 나타나다
09	trigger	동 촉발시키다, 작동시키다, 발사하다 명 (총의) 방아쇠
10	current	형 현재의, 지금의 명 물살, 해류, 흐름

DAY 20

교통과 통신

음성 바로 듣기 ▶ 

①

01	traffic	명 교통, 통행, 수송량
02	major	형 주요한, 중대한 명 전공
03	route	명 경로, 길, 방법
04	rush	동 돌진하다, 서두르다 명 돌진, 분주, 혼잡
05	vehicle	명 자동차, 탈 것, 매개체
06	transport	동 수송하다, 이동시키다 명 수송, 이동
07	utilize	동 이용하다, 활용하다
08	remote	형 외진, 멀리 떨어진
09	leap	동 건너뛰다, 도약하다 명 뜀, 도약
10	leak	동 (물이) 새다, 유출하다 명 새는 곳, 누출, 누설

②

01	guess	동 ~일 것 같다, 추측하다
02	temperature	명 온도, 기온
03	passage	명 통과, 통행, 통로
04	flat	형 평평한, 바람이 빠진, 납작한
05	enormous	형 거대한, 엄청난, 막대한
06	accurate	형 정확한, 정밀한
07	freeze	동 얼어붙다, 얼다 명 동결, 한파
08	gear	명 장비, 복장, 기구
09	fuel	명 연료, 에너지원 동 연료를 공급하다
10	miss	동 놓치다, 지나치다 동 그리워하다, 아쉬워하다

③

01	license	명 면허증, 면허, 승낙 동 허가하다
02	construction	명 공사, 건설, 건축물
03	wireless	명 무선 (시스템) 형 무선의
04	nevertheless	부 그럼에도 불구하고, 그렇기는 하지만
05	barrier	명 장벽, 장애물
06	lift	동 들어 올리다, 기분이 좋아지다 명 승강기
07	curved	형 꺾인, 곡선인, 굽은
08	eliminate	동 없애다, 제거하다
09	commit	동 (범죄를) 저지르다, (활동 등에) 전념하다
10	commute	동 통근하다 명 통근 (거리), 통학

④

01	drag	동 끌다, 끌고 가다
02	fasten	동 매다, 채우다, 잠그다
03	precise	형 정확한, 정밀한
04	vital	형 필수적인, 중요한, 생명에 관한
05	component	명 부품, 구성 요소
06	seldom	부 거의 ~이 아닌, 드물게
07	enhance	동 향상시키다, 높이다
08	sink	동 가라앉다, 침몰시키다 명 싱크대, 개수대
09	destination	명 목적지, 행선지
10	station	명 역, 정거장, 위치 동 배치하다

DAY 21 동물과 식물

①

01	wild	형 야생의, 자연 그대로의 명 황무지, 야생
02	species	명 종, 종류
03	bark	동 (개가) 짖다
04	nest	명 둥지, 보금자리 동 둥지를 틀다
05	certain	형 특정한, 확실한
06	greet	동 인사하다, 환영하다
07	seed	명 씨(앗), 종자
08	predator	명 포식자, 포식 동물, 약탈자
09	scene	명 현장, 장면, 경치
10	scent	명 향기, 냄새 동 향기가 나다

②

01	shape	명 모양, 형태 동 형성하다, 모양으로 만들다
02	fierce	형 사나운, 치열한
03	ripe	형 익은, 숙성한
04	lay	동 (알을) 낳다
05	male	형 수컷의, 남자의 명 수컷, 남자
06	foster	동 기르다, 조성하다
07	surface	명 표면, 겉, 외관
08	engage	동 참여하다, 관여하다, 종사하다
09	location	명 위치, 소재, 장소
10	store	명 상점, 가게 동 저장하다, 비축하다

③

01	attract	동 유혹하다, 끌어들이다
02	poison	명 독, 독약 동 독살하다
03	weigh	동 (무게가) 나가다, 저울에 달다
04	automatic	형 자동의, 기계적인
05	role	명 역할, 배역
06	exchange	동 교환하다, 주고받다 명 교환
07	contain	동 포함하다, 함유하다, 억누르다
08	trail	명 오솔길, 자취, 흔적
09	trait	명 특징, 특색
10	trial	명 시도, 도전, 재판

④

01	overcome	동 극복하다, 이기다
02	tiny	형 작은, 조그마한
03	exceed	동 넘다, 초과하다
04	bury	동 파묻다, 매장하다
05	stem	명 줄기, 대 동 비롯되다, 유래하다
06	diameter	명 지름, 직경
07	fascinate	동 매료하다, 마음을 사로잡다
08	furthermore	부 게다가, 뿐만 아니라
09	concentrate	동 집중하다, 전념하다 명 농축물, 응축물
10	general	형 일반적인, 보통의 명 장군

DAY 22 자연과 생태계

①

01	ecosystem	명 생태계
02	desert	명 사막, 불모지 동 버리다, 포기하다
03	creature	명 생명체, 생물, 창조물
04	mature	형 다 자란, 어른스러운 동 익다, 성숙하다
05	habitat	명 서식지, 거주지
06	maintain	동 유지하다, 지키다, 부양하다
07	tide	명 조수, 조류, 흐름
08	balance	명 균형, 평형 상태, 잔액 동 균형을 유지하다
09	grand	형 웅장한, 위대한
10	grant	동 주다, 인정하다, 승인하다 명 보조금

②

01	huge	형 거대한, 막대한
02	pile	동 쌓다, 포개다 명 쌓아 올린 것, 더미
03	react	동 반응하다, 반작용하다
04	exist	동 존재하다, 살아가다, 있다
05	shade	명 그늘, 빛 가리개
06	element	명 요소, 성분, 원소
07	layer	명 층, 막, 단계
08	horizon	명 수평선, 지평선
09	observe	동 관찰하다, 목격하다, 지키다
10	block	명 덩어리, 토막, 블록 동 막다, 차단하다

③

01	reason	명 원인, 이유
02	herd	명 무리, 떼 동 (짐승을) 몰다
03	filter	동 여과하다, 거르다 명 여과 장치, 필터
04	eco-friendly	형 친환경의, 환경친화적인
05	portion	명 일부, 부분, 1인분 동 나누다, 분배하다
06	deadly	형 치명적인, 극도의
07	tension	명 긴장(감), 갈등
08	migrate	동 이동하다, 이주하다
09	access	동 접근하다, 입수하다 명 접근, 접속, 입장
10	excess	형 여분의, 초과한 명 과잉, 지나침

④

01	expose	동 드러내다, 노출시키다, 폭로하다
02	shelter	명 보호소, 대피, 주거지 동 보호하다, 쉴 곳을 제공하다
03	absorb	동 흡수하다, 받아들이다
04	incredible	형 놀라운, 훌륭한
05	consist	동 구성되다, 이루어지다
06	peak	명 (산의) 정상, 봉우리, 정점
07	weed	명 잡초 동 잡초를 제거하다
08	scare	동 겁먹게 하다, 무서워하다 명 두려움, 공포
09	diminish	동 줄어들다, 약해지다
10	yield	동 굴복하다, 양보하다 동 내다, 산출하다 명 수확(량), 생산량

DAY 23 기후와 지리

음성 바로 듣기 ▶ 

①

01	climate	명 기후, 분위기
02	landscape	명 풍경, 경치, 경관
03	storm	명 폭풍, 폭풍우
04	average	형 평균의, 보통의 명 평균, 표준
05	drown	동 익사시키다, 침수시키다
06	happen	동 발생하다, 일어나다
07	rough	형 거친, 난폭한, 대강의
08	geography	명 지리학, 지리, 지형
09	effect	명 효과, 영향, 결과
10	affect	동 영향을 미치다, 작용하다

②

01	valley	명 계곡, 골짜기
02	influence	동 영향을 미치다 명 영향, 영향력
03	damage	명 피해, 손상, 배상금 동 손해를 입히다, 훼손하다
04	lack	명 부족, 결핍 동 부족하다, 모자라다
05	predict	동 예측하다, 예보하다
06	aware	형 알고 있는, 깨달은
07	correct	형 정확한, 맞는 동 바로잡다, 수정하다
08	earthquake	명 지진
09	due	형 ~으로 인한, ~ 때문인, 예정된
10	level	명 (가치·정도 등의) 수준, 위치 명 (수평)면 형 수평의, 평평한

③

01	shift	동 바뀌다, 옮기다 명 변화, 교체
02	narrow	형 좁은, 편협한 동 좁히다, 한정하다
03	drought	명 가뭄, 건조
04	boundary	명 경계(선), 한계
05	alarming	형 놀라운
06	harsh	형 혹독한, 가혹한, 거친
07	cease	동 그치다, 중지하다
08	estimate	동 예상하다, 추정하다, 평가하다 명 견적(서), 평가
09	plane	명 비행기, 평면 형 평평한
10	plain	명 평야, 평지 형 꾸미지 않은, 무늬가 없는, 보통의

④

01	forecast	명 예보, 예측 동 예상하다, 예보하다
02	incident	명 사건, 일
03	continent	명 대륙, 육지
04	spoil	동 상하다, 망치다, 버릇없게 키우다
05	tremendous	형 엄청난, 대단한
06	steep	형 가파른, 비탈진, 급격한
07	territory	명 영토, 영역
08	split	동 나뉘다, 쪼개다 형 쪼개진, 갈라진
09	flash	명 섬광, 번쩍임 동 번쩍이다, 비치다
10	deposit	동 퇴적시키다 명 매장량, 매장물 동 예금하다 명 보증금, 담보

DAY 24 자원과 에너지

①

01	resource	명 자원, 재원, 수단
02	fossil	명 화석
03	supply	명 공급(량), 배급 동 공급하다, 지급하다
04	common	형 흔한, 공동의
05	explanation	명 설명, 해석, 해명
06	nuclear	형 핵의, 원자력의
07	material	명 재료, 물질, 자료
08	essential	형 필수적인, 본질의
09	metal	명 금속 형 금속의
10	mental	형 정신적인, 마음의

②

01	solve	동 해결하다, 풀다
02	survive	동 생존하다, 견디다
03	source	명 공급원, 원천, 출처
04	produce	동 생산하다, 제조하다 명 생산품, 농산물
05	electronic	형 전자의, 전자공학의
06	coal	명 석탄
07	benefit	명 이점, 장점, 혜택 동 이익을 얻다
08	vacuum	명 진공청소기, 진공 (상태) 동 진공청소기로 청소하다
09	treasure	명 보물, 귀중품 동 소중히 하다
10	address	명 주소 동 연설하다 동 (문제를) 해결하다

③

01	shortage	명 부족, 결핍
02	renewable	형 재생 가능한
03	potential	명 잠재력, 가능성 형 잠재적인, 가능한
04	native	형 토착의, 원주민의, 타고난 명 원주민, 현지인
05	grain	명 곡물, 곡식, 낟알
06	extreme	형 극단적인, 극도의, 지나친 명 극단, 극도
07	typical	형 대표적인, 전형적인
08	contact	동 연락하다, 접촉시키다 명 연락, 접촉
09	content	명 콘텐츠, 내용물, 목차 형 만족하는
10	context	명 맥락, 문맥, 전후 관계

④

01	aspect	명 측면, 양상, 국면
02	float	동 떠다니다, 뜨다
03	ingredient	명 구성 요소, 재료, 성분
04	ban	명 규제, 금지, 금지법 동 금지하다
05	witness	동 목격하다, 입증하다 명 목격자, 증인
06	solar	형 태양의, 태양열을 이용한
07	starve	동 굶주리다, 갈망하다
08	attribute	동 (~의) 결과라고 생각하다, ~의 탓으로 돌리다 명 속성, 자질
09	appliance	명 가전제품, (가정용) 기기, 장치
10	plant	동 심다 명 식물, 초목 명 공장

DAY 25 # 환경 문제

①

01	environment	명 환경, 주위
02	release	동 배출하다, 풀어주다 명 발표, 개봉, 발간
03	disaster	명 재난, 재해, 참사
04	destroy	동 파괴하다, 망치다
05	waste	명 쓰레기, 낭비 동 낭비하다, 허비하다
06	period	명 기간, 시대, 마침표
07	announce	동 알리다, 발표하다
08	occur	동 발생하다, 생기다
09	quality	명 질, 품질, 특성 형 좋은 품질의, 고급의
10	quantity	명 양, 수량, 다량

②

01	protect	동 보호하다, 막다
02	loss	명 손실, 상실, 죽음
03	generate	동 생산하다, 발생시키다, 야기하다
04	amazed	형 놀란, 경악한
05	harm	동 해를 끼치다, 손상시키다 명 피해, 손해
06	intense	형 강렬한, 심한, 열정적인
07	amount	명 양, 총액
08	marine	형 해양의, 바다의
09	permanent	형 영구적인, 불변의
10	fine	형 좋은, 멋진 형 미세한, 섬세한 명 벌금

③

01	pesticide	명 살충제, 농약
02	alternative	명 대안, 양자택일 형 대체 가능한, 대안적인
03	respect	동 존중하다, 존경하다 명 존경심, 경의
04	vast	형 엄청난, 막대한, 광활한
05	refreshing	형 상쾌한, 신선한, 가슴이 후련한
06	responsible	형 책임이 있는, 원인이 되는
07	confuse	동 혼란스럽게 하다, 혼동시키다
08	separate	동 분리하다, 구분하다 형 분리된, 각각의
09	delicate	형 섬세한, 정교한, 연약한
10	dedicate	동 헌신하다, 전념하다

④

01	extinction	명 멸종, 절멸, (권리 등의) 소멸
02	superior	형 더 나은, 우수한, 우세한
03	consequence	명 결과, 영향, 중요성
04	fabric	명 직물, 천, 구조
05	interrupt	동 방해하다, 가로막다
06	concrete	형 구체적인, 실제의, 콘크리트로 된
07	acknowledge	동 인정하다, 시인하다
08	considerable	형 상당한, 꽤 많은, 중요한
09	discard	동 버리다, 폐기하다
10	matter	명 물질 명 문제 동 중요하다

DAY 26 법과 사회

①

01	legal	형 법률의, 합법적인
02	obey	동 지키다, 순종하다
03	arrest	동 체포하다, 억류하다
04	report	동 신고하다, 알리다 명 보고서
05	innocent	형 무죄인, 결백한, 순진한
06	caution	명 주의, 조심, 경고
07	charge	동 청구하다, 부과하다, 맡기다 명 요금, 책임
08	violate	동 위반하다, 어기다, 침해하다
09	law	명 법, 법률, 법칙
10	raw	형 날것의, 익히지 않은, 가공되지 않은

②

01	search	명 수색, 검색 동 수색하다, 찾다
02	raise	동 제기하다, 들어 올리다, 기르다 명 증가
03	aim	명 목적, 목표 동 목표로 하다
04	criminal	명 범죄자, 범인 형 범죄의
05	suspect	동 의심하다, 짐작하다 명 용의자
06	neutral	형 중립적인, 중립(국)의, 공평한
07	accuse	동 비난하다, 고발하다
08	firm	명 회사 형 굳은, 확고한
09	aid	동 돕다, 거들다 명 원조, 지원, 도움
10	interest	명 관심, 호기심 명 이익, 이해 명 이자, 이율

③

01	complex	형 복잡한, 뒤얽힌 명 복합 단지
02	organize	동 정리하다, 조직하다, 준비하다
03	plenty	명 많음, 다량, 풍부 형 풍부한, 충분한
04	phenomenon	명 현상, 사건
05	mount	동 오르다, 올라타다 명 산, 언덕
06	found	동 설립하다, 기초를 세우다
07	prove	동 입증하다, 증명하다
08	forbid	동 금지하다, 용납하지 않다
09	contrast	명 차이, 대조, 대비 동 대조하다
10	contract	명 계약(서) 동 계약하다

④

01	stamp	동 도장을 찍다 명 도장, 우표
02	secure	동 보호하다, 획득하다 형 안전한, 확실한
03	conference	명 회의, 학회, 협의
04	urge	명 충동, 욕구 동 촉구하다, 주장하다
05	confront	동 맞서다, 직면하다
06	persuade	동 설득하다, 납득시키다
07	scan	동 꼼꼼하게 살피다, 훑어보다
08	prohibit	동 금지하다, 방해하다
09	moreover	부 게다가, 더욱이
10	determine	동 결정하다 동 밝혀내다, 알아내다

DAY 27 정치와 행정

①

01	politics	명 정치(학)
02	facility	명 시설, 기관, 설비
03	vote	명 투표, 표 동 투표하다, 선출하다
04	candidate	명 후보(자), 지원자
05	civil	형 시민의, 민간의
06	limit	명 제한, 한도, 한계 동 제한하다, 한정하다
07	conservative	형 보수의, 보수적인
08	belong	동 속하다, 소속감을 느끼다
09	official	형 공식적인, 공인된 명 공무원
10	officer	명 직원, 관리, 장교

②

01	result	명 결과 동 (~의 결과로) 발생하다, 기인하다
02	survey	명 설문 조사 동 조사하다, 바라보다
03	notice	명 통지, 공고문 동 알아차리다, 인지하다
04	guard	동 경호하다, 지키다 명 경비 요원
05	profit	명 수익금, 이익 동 이득을 얻다
06	deny	동 부인하다, 부정하다
07	opinion	명 의견, 여론, 생각
08	rural	형 시골의, 지방의
09	urban	형 도시의, 도회지의
10	issue	명 문제, 쟁점, 사안 명 발행물, (출판물의) 호 동 발급하다, 교부하다

③

01	simplify	동 단순화하다, 간소화하다
02	committee	명 위원회
03	accompany	동 동행하다, 동반하다
04	proportion	명 비율, 부분, 규모
05	household	명 가구, 가정, 가족 형 가족의
06	absence	명 부재, 결석
07	primary	형 주요한, 최초의
08	spot	동 발견하다, 찾다 명 점, 얼룩, 지점
09	bother	동 방해하다, 신경 쓰다
10	border	명 국경, 경계, 가장자리

④

01	available	형 (이용) 가능한, 구할 수 있는
02	harbor	명 항구, 항만 동 정박하다, 숨기다
03	garage	명 주차장, 차고
04	notion	명 개념, 관념
05	suburb	명 교외, 시외
06	resident	명 거주자, 주민, 투숙객
07	investigate	동 조사하다, 수사하다
08	reinforce	동 보강하다, 강화하다
09	govern	동 통치하다, 다스리다
10	rate	명 (비)율 명 속도 명 요금 동 평가하다

DAY 28 경제와 금용

①

01	economic	형 경제의, 경제상의
02	budget	명 예산, 비용 동 예산을 세우다
03	possible	형 가능한
04	income	명 소득, 수입
05	crisis	명 위기, 중대한 기로
06	trade	동 거래하다, 교환하다 명 거래, 무역
07	offer	동 제공하다, 제의하다 명 제공, 제의
08	specific	형 특정한, 구체적인
09	several	형 몇몇의, 여러 가지의
10	severe	형 심각한, 극심한, 엄격한

②

01	invest	동 투자하다, (시간·노력 등을) 쏟다
02	wealth	명 부, 재산
03	provide	동 제공하다, 공급하다
04	merchant	명 상인, 무역상
05	finance	명 재무, 재정, 금융 동 자금을 대다
06	derive	동 얻다, 끌어내다, 비롯되다
07	credit	명 신용, 신뢰 동 믿다, ~의 공으로 인정하다
08	substitute	명 대체품, 대안 동 대체하다, 대신하다
09	debt	명 빚, 부채
10	bill	명 지폐 명 계산서, 청구서 명 법안 명 (새의) 부리

③

01	cancel	동 취소하다, 무효화하다 명 취소, 해제
02	replace	동 교체하다, 대체하다, 바꾸다
03	property	명 부동산, 재산, 소유물
04	refund	명 환불, 환불금 동 환불하다
05	branch	명 지점, 지사, 나뭇가지
06	recover	동 회복하다, 되찾다
07	hardship	명 어려움, 고난
08	assemble	동 모이다, 집합시키다, 조립하다
09	proceed	동 진행하다, 나아가다
10	precede	동 선행하다, 앞서다

④

01	stir	동 불러일으키다, 젓다 명 동요, 젓기
02	independent	형 독립적인, 자치적인
03	overall	형 전반적인, 종합적인 부 전반적으로, 대체로
04	approach	동 다가오다, 접촉하다 명 접근, 방법
05	challenge	명 과제, 도전 동 의욕을 북돋우다, 도전하다
06	impact	동 영향을 미치다, 충격을 주다 명 영향, 충격
07	accelerate	동 가속하다, 촉진시키다
08	collapse	동 실패하다, 무너지다, 붕괴되다 명 붕괴, 실패
09	purchase	동 구매하다 명 구매, 구입한 것
10	account	명 계좌, 계정 동 설명하다 동 차지하다

DAY 29 산업과 경영

①

01	industry	명 산업, 공업
02	policy	명 방침, 정책, 보험 증권
03	commercial	형 상업의, 상업적인 명 광고 방송
04	convey	동 전달하다, 운송하다
05	international	형 국제의, 국제적인
06	reveal	동 드러내다, 밝히다, 폭로하다
07	increase	동 증가하다, 늘다, 인상되다 명 증가, 증대
08	depend	동 의존하다, 의지하다
09	transfer	동 갈아타다, 옮기다, 이동하다 명 이동, 환승
10	transform	동 변형시키다, 바꾸다

②

01	launch	동 출시하다, 시작하다 명 개시 (행사)
02	deliver	동 배달하다, 연설하다, 출산하다
03	measure	동 측정하다, 재다 명 측정, 계량
04	claim	동 주장하다, 요구하다 명 주장, 요구, 권리
05	satisfy	동 만족시키다, 충족시키다
06	opposite	명 반대, 반대의 사람 형 반대의, 맞은 편의
07	strategy	명 계획, 전략
08	import	동 수입하다 명 수입(품)
09	trap	명 함정, 덫, 궁지 동 가두다, 함정에 빠뜨리다
10	present	형 존재하는 형 현재의 동 발표하다, 제시하다 명 선물

③

01	consult	동 상담하다, 상의하다
02	organic	형 유기농의, 유기체의
03	manufacture	동 제조하다, 생산하다 명 제조, 생산
04	negative	형 부정적인, 비관적인
05	peasant	명 소작농, 영세 농민
06	agriculture	명 농업
07	alter	동 바꾸다, 변경하다
08	combine	동 결합시키다, 연합시키다
09	compete	동 경쟁하다, 겨루다
10	complete	동 완료하다, 마치다 형 완성된, 완전한

④

01	advance	동 진보하다, 다가가다 명 진보, 발전
02	imply	동 시사하다, 암시하다
03	guarantee	동 보장하다, 약속하다 명 보증, 품질보증서
04	chief	형 주요한, 최고의 명 지배자, 장관
05	thrive	동 번창하다, 번성하다
06	gain	동 얻다, 벌다, 획득하다 명 증가, 이득
07	overlook	동 간과하다, 못 본 체하다
08	disappear	동 사라지다, 없어지다
09	initial	형 초기의, 처음의 명 머리글자
10	domestic	형 국내의, 국산의 형 가정의, 집안의

DAY 30 언론과 뉴스

①

01	magazine	명 잡지
02	article	명 기사, 글, 조항, 관사
03	press	명 언론, 신문사 동 누르다, 재촉하다
04	advertise	동 광고하다, 선전하다
05	recent	형 최근의, 근래의
06	diverse	형 다양한, 여러 가지의
07	document	명 문서, 서류, 파일 동 기록하다, (서류로) 입증하다
08	expert	명 전문가, 숙련가
09	explore	동 탐험하다, 답사하다, 조사하다
10	explode	동 (폭탄이) 터지다, 폭발하다

②

01	handle	동 다루다, 처리하다, 만지다 명 손잡이, 자루
02	phrase	명 문구, 구절, 관용구
03	annoy	동 짜증 나게 하다
04	obvious	형 분명한, 확실한
05	mention	동 언급하다, 말하다
06	entertain	동 즐겁게 하다, 대접하다
07	detail	명 세부 사항, 세부 묘사
08	conflict	명 갈등, 충돌 동 상충하다
09	thus	부 따라서, 이와 같이
10	medium	형 중간의 명 매(개)체, 도구 명 수단, 도구

③

01	depress	동 우울하게 하다, 낙담시키다
02	demand	동 요구하다, 필요로 하다 명 요구, 청구, 수요
03	identify	동 확인하다, 알아보다
04	award	명 상, 상패 동 수여하다, 주다
05	regret	동 후회하다, 유감으로 생각하다 명 후회, 유감
06	regard	동 여기다, 간주하다 명 관심, 고려, 존경
07	inquire	동 질문하다, 알아보다
08	script	명 대본, 각본
09	decline	명 쇠퇴, 감소 동 감소하다, 쇠퇴하다
10	declare	동 선언하다, 선포하다

④

01	deceive	동 기만하다, 속이다
02	external	형 외부의, 밖의
03	instantly	부 즉시, 즉각적으로
04	norm	명 표준, 기준, 규범
05	analyze	동 분석하다, 해석하다
06	clarify	동 명확히 하다, 분명히 말하다
07	defend	동 지키다, 방어하다, 변호하다
08	reputation	명 평판, 명성
09	exclude	동 제외하다, 차단하다
10	net	명 망, 그물망 형 (에누리 없는) 순

MEMO

미니 암기장

해커스 보카 고등 기본이 특별한 이유!

<꼭 알아야 할 고등 필수 어휘가 모두 있으니까!>

1. 수능·학평·교과서·EBS에서 엄선한 **고등 필수 어휘** 수록
2. 어휘력을 폭넓게 향상시키는 **혼동어 · 다의어** 제시

<단어 하나를 외워도 전략적으로 외우니까!>

3. 쓰임새를 같이 익혀 실전에 더욱 강해지는 **진짜 기출 예문**
4. 편리하고 효과적인 복습을 위한 **미니 암기장 & REVIEW TEST**

절취선

| 추가 자료 |

해커스북(HackersBook.com)에서
본 교재에 대한 다양한
추가 학습 자료를 이용하세요!